国家社科基金
GUOJIA SHEKE JIJIN HOUQI ZIZHU XIANGMU
后期资助项目

英汉专科学习型词典语境化设计研究

卢华国　著

南京大学出版社

图书在版编目(CIP)数据

英汉专科学习型词典语境化设计研究 / 卢华国著.
南京：南京大学出版社，2025.5. -- ISBN 978-7-305-
28848-7

Ⅰ. H316

中国国家版本馆 CIP 数据核字第 2025TN4466 号

出版发行　南京大学出版社
社　　址　南京市汉口路 22 号　　邮　　编　210093
书　　名　**英汉专科学习型词典语境化设计研究**
　　　　　YINGHAN ZHUANKE XUEXIXING CIDIAN YUJINGHUA SHEJI YANJIU
著　　者　卢华国
责任编辑　张淑文　　　　　　　编辑热线　025－83592401

照　　排　南京布克文化发展有限公司
印　　刷　苏州市古得堡数码印刷有限公司
开　　本　718 毫米×1000 毫米　1/16 开　印张 18.25　字数 327 千
版　　次　2025 年 5 月第 1 版　2025 年 5 月第 1 次印刷
ISBN 978-7-305-28848-7
定　　价　90.00 元

网　　址　http://www.njupco.com
官方微博　http://weibo.com/njupco
官方微信　njupress
销售咨询热线　025－83594756

国家社科基金后期资助项目
出版说明

后期资助项目是国家社科基金设立的一类重要项目，旨在鼓励广大社科研究者潜心治学，支持基础研究多出优秀成果。它是经过严格评审，从接近完成的科研成果中遴选立项的。为扩大后期资助项目的影响，更好地推动学术发展，促进成果转化，全国哲学社会科学工作办公室按照"统一设计、统一标识、统一版式、形成系列"的总体要求，组织出版国家社科基金后期资助项目成果。

全国哲学社会科学工作办公室

前　言

在国家"双一流"建设和教育部"四新"（新工科、新医科、新农科、新文科）建设的背景下，高校要培养在专业领域内有国际竞争力和话语权的新型人才。目前，专门用途英语（ESP）教学在大学英语教学中得到快速推进，相关研究也备受重视。ESP教学重视学生的专业语言解码和编码需求，强调其自主学习能力的培养，因而迫切需要与ESP教学配套使用的专科学习型词典。然而，受编纂实践以及传统术语学研究的影响，现有专科词典研编很大程度上依然遵循词典编纂的难词传统，往往不具备专业语言知识学习的辅助功能。相关统计数据表明，虽然外语专科词典的出版势头强劲，但是已经出版的外语专科词典大多为面向学科专家的词汇对照类和概念解释类词典，实用编码类词典不仅所占份额非常有限，而且只能部分满足ESP教学的需要。随着描写术语学的兴起，当今术语学界不再把动词、形容词等专业词汇排除在术语的研究范围之外，开始关注术语的语义和句法维度。这为编纂新型专科学习型词典奠定了理论基础，有助于创新文本设计，以满足ESP学习者理解和表达专业语言的双重需求。鉴于ESP教学的需求、专科词典的出版现状以及术语学研究的新发展，本研究希望进一步探索英汉专科学习型词典的创新研编。

学界整体上对专科学习型词典的设计特征关注不够，现有的专题研究还存在一些不足。设计特征一方面反映了词典设计者的理念和词典设计所依托的理论，另一方面又与有着具体功能的词典文本联系在一起，因而被视为词典学理论与实践的接口。目前，普通学习型词典的设计特征在词典学界得到深入细致的研究，是词典学研究的热点之一。相比之下，词典学界对专科学习型词典的研究虽然取得了一定的理论成果，但还存在着以下两个比较突出的问题：（1）从不同的角度切入，彼此之间关注点互不相同，显得零散而不系统，以致在某些认识上模糊不清。（2）大多依赖普通学习型词典的研编理论，对专科学习型词典的特殊性关注不够，往往造成"专科学习型词典＝专科词典＋语言编码信息"的片面理解。因此，本书作者拟对英汉专科学习型词典的设计特征展开系统研究。具体而言,本书首先对专科学习型词典编纂实践和理论研究进行回顾和反思,然后考察英汉专科学习型词典设计的特殊性,并从框架术语学视角探讨其设计特征研究的理论依据。本书还以气象学学科为例探讨英汉专科学习型词典设计的复合语境建构、文本创新表征和具体技术实现。

英汉专科学习型词典的描写对象为专业词汇和术语,具有鲜明的特点,其设计思考可借鉴术语学相关理论研究成果。英汉专科学习型词典设计特殊性的探讨主要涉及词典的类型定位、文本功能和使用需求三个方面。其中,类型定位有助于明确英汉专科学习型词典设计的对象,文本功能分析可帮助确定英汉专科学习型词典设计的信息类型,用户需求研究则可用以确定英汉专科学习型词典文本信息的呈现方式。随着当今术语学研究的描写转向,术语与专业词汇之间的界限变得模糊,术语使用的语境化特征更受关注。框架术语学强调术语概念的多维性,主张基于事件组织学科知识,对概念进行语境化表征,依托专用语料库归纳术语的概念特征,重视研究术语的搭配和句法特征。框架术语学在实现英汉专科学习型词典认知功能方面具有明显的优势,在发挥其交际功能方面也有潜在价值;对英汉专科学习型词典如何实现信息的系统性有着重要的启发,为词典信息的差别化呈现提供了理论依据。框架术语学把语料库作为最重要的数据来源,其数据提取理念以及使用的工具都对英汉专科学习型词典语境化设计有重要借鉴价值。就信息类型、呈现方式和获取技术而言,框架术语学给英汉专科学习型词典语境化设计带来了重要启发。

基于框架术语学的理论思考,参考描写术语学其他相关研究成果,本书作者以气象学为例,对英汉专科学习型词典的设计特殊性展开了具体研究。本研究认为,英汉专科学习型词典的设计特殊性主要体现为专业词汇和术语条目的语境化描写,其实质就是对词目的认知语境和交际语境的建构过程。认知语境可分为宏观和微观两个层面,前者指的是学科知识,包括学科范围和学科构成;后者指概念知识,包括概念之间的各种层级关系和非层级关系。就认知语境的建构而言,可把英汉气象学习词典的学科范围确定为二级学科意义上的单学科,厘清学科的内部构成以及各分支之间的关系。认知语境的建构还要求词典编者根据专业词汇的概念本质和概念扮演的语义角色,弄清楚概念可能激活的各种概念关系,在词典文本中借助定义、语境、图示等手段呈现专业词语之间复杂的概念语义关系。英汉专科学习型词典的交际语境可以分为组合和聚合两个维度,前者指的是术语的搭配特征和句法特征,后者是指术语之间包括多义、近义、反义、派生在内的各种替换关系。术语的组合维度对英汉专科学习型词典的词目确定、释义撰写和例证选择提出了新的标准,而术语的聚合维度对英汉专科学习型词典词条中的信息布局以及参见的设置也有重要影响。认知语境和交际语境在功能上呈现出互相融合的特点,在英汉专科学习型词典的语境化设计中应将二者融合表征。

语料库是英汉专科学习型词典设计的首要数据来源,语料库检索工具和术语提取工具可协助词典编者从中获取可靠的数据。为了满足英汉专科学习型词典对数据的提取需要,词典编者需要明确专用英语语料库的类型特征、语料的大致规模和语料的选择标准,对语料进行必要的处理。术语、搭配组合和概念或语义关系是撰写各类词典信息的基础。词典编者可以利用 TermoStat 和 Sketch Engine 从语料库中获取前述三类数据。为了更清晰地展示语境化设计这一复杂过程,本书建构了一个由语料库建设、数据提取和文本表征三个板块组成的技术实现模型。其中,语料库建设是技术实现的准备阶段,数据提取是实施阶段,文本表征是应用阶段,它们之间既彼此独立,又前后承接。

英汉专科学习型词典语境化设计不仅重视词典的信息类型及其文本呈现,还应该考虑信息的关联性、互补性、便查性和易读性。本书作者主要从宏观结构、微观结构和外部材料三个方面对用以表征英汉专科学习型词典复合语境要素的信息类型展开考察。在宏观结构层面上,英汉专科学习型词典的收词不仅需要考虑词性的分布问题,还需兼顾所涉学科的各个分支构成以及该学科与邻近学科之间的关系。在词典文本的微观结构层面上,形式方面的信息包括拼写(及构词)、发音、词类和屈折变化形式等,语义方面的信息主要涉及标注、释义、例句和插图等信息类型。外部材料中的信息可分为使用类信息和功能类信息,只有后者直接参与了复合语境的表征,具体包括学科导引、整页插图、语言提示、主题分类等信息类型。鉴于英汉专科学习型词典文本中还存在一些要素或特征横跨多个结构层面、涉及多种信息类型,编者在词典设计中应该努力重建词典信息之间的互补性和关联性,尽可能提高词典信息的便查性和易读性。本书还选择了 advect、atmospheric 等五个有代表性的词目设计样条,展示了如何把较为抽象的复合语境内容转变为具体的词典文本信息,基于样条编写问卷,根据受访者反馈分析了目标用户对样条的认可度,验证了语境化理念在实践中的可行性。

目　录

图目录

表目录

缩略语

《标准》	《中华人民共和国学科分类与代码国家标准》
《多功能》	《多功能汉英·英汉钢铁词典》
《商典》	《商贸英语学习词典》
BSLD	bilingual specialized learner's dictionaries
DIT	Dictionary of Information Technology
ECMDL	English-Chinese meteorology dictionary for learners
ESP	专门用途英语
LDSU	Longman Dictionary of Scientific Usage
OALD	Oxford Advanced Learner's Dictionary
OBEDL	Oxford Business English Dictionary for Learners of English
ODBM	Oxford Dictionary of Business and Management
SD	specialized dictionary
SLD	specialized learner's dictionary

第一章 绪 论

"词典是汇集人类对客观世界的认识,借以通向客观世界的工具。"(李开 1990:1)。人们借助词典工具对客观世界进行言语解读与阐释,实质上是对相关语言信息进行解码和编码的过程。词典作为工具书中的典型类别,其编纂满足了人类在信息存贮和提取方面的双重需求(allows humans to store and retrieve INFORMATION)(Hartmann & James 1998:117),也建构了具体的实践模式。就"信息"一词而言,"据考证,从公元 4 世纪起,该词有'教导'(formation or moulding of the mind or character, training, instruction, teaching)的意思,而从 15 世纪起,它有'关于某种特定事实'的知识(knowledge or facts communicated about a particular subject, event, etc.)的意思"(布莱尔 2014:17)。事实上,词典作为信息工具,其"教导"功能自古有之,其"特定知识"功能则不断丰富和完善。

人类词典信息的"教导"功能,往往可以追溯至中外词典编纂的"难词传统"以及语文类辞书编写的早期实践。以英语辞书编纂为例,早期的人们阅读时习惯在书中字行间或页边为难词提供注解(或翻译)。当这些文字积累到一定程度并按照专题或篇章汇编在一起时,就形成了词集。(Sauer 2009:19)有研究表明,难词大致可以分为语文类和专科类两种,前者是指从拉丁语、希腊语和法语引进的外来语,多属晦涩难懂的学究词汇,后者出现的时间较晚,主要包含法律、纹章学、建筑等领域的专业词汇。(McDermott 2005:173)这些词汇要么尚未被英语完全同化,要么仅出现于专业领域,都给读者造成了理解障碍,把它们集中在一起无疑为读者查阅生词提供了便利。同样,我国的汉语辞书编纂也始于难字解释。为阅读古代经典文献,字词训诂必不可少。最早的训释只是字里行间的零星批注,这种针对特定字词的批注积累到一定程度,就有人想到将它们加以整理,按照一定的方式编排并汇集成书。(雍和明、罗振跃、张相明 2006:119)我国古代汉语辞书中的难词也可分为语文类和专科类两种。例如,成书于汉代的《尔雅》"开创了中国古代词典的先河"(雍和明、罗振跃、张相明 2006：136)，现存十九篇，以解惑、解经为主要功能(同上：146)，前三篇《释诂》《释言》《释训》是古代文献词语训释的汇编，《释器》《释天》《释兽》等后十六篇的"收字范围大致限于百科名称""……包括社会生活和自然万物"。(同上：142)

上述两类词集可以看作中外语文词典和专科词典的雏形。今天的语文词典同样发挥着释疑解惑的功能，但是已明显不同于其前身，不仅收录传统意义上的难词，而且收录了大量的普通词汇。普通词汇通常有多个义项且用法灵活，一般不对母语用户构成认知困难，但往往是外语学习者编码活动中需要掌握的重点和难点。正是考虑到外语学习者的特殊困难，西方英语教学专家 20 世纪二三十年代开始了对词汇控制、短语和教学语法的研究，在英语语文词典的基础上创新设计出学习型词典这一新类型。(Cowie 2002)学习型词典的最大特点是特别重视对常用或积极词汇的处理，不仅对其意义进行了细致的划分和解释，而且提供了丰富详尽的使用信息。这一词典家族新成员的问世，顺应了全世界英语学习的热潮，激起了理论研究界的极大兴趣。英语学习型词典不仅取得了令人瞩目的商业成绩，而且在词典类型学意义上也非常成功，目前正不断推陈出新，呈现出谱系化的发展态势。(魏向清、耿云冬、卢华国 2014：242)

相比之下，专科词典的编写并没有明显受到来自语言教学领域的创新驱动。研究表明，"专门用途英语"(English for Specific Purposes，简称 ESP)的教学主张形成于 20 世纪 60 年代(Strevens 1988；Johns 1991；秦秀白 2003：79)，但鲜有文献对专科词典在专门用途英语教学中发挥的作用进行深入探讨。由于教学需求驱动的不足，专科词典在教导功能方面发展缓慢，很大程度上依然是学科专家的难词集。从形式上看，单语专科词典要么按照字母顺序呈现词目，要么根据概念关系对词目进行分类编排，大多采用词集(glossary)的形式。在内容方面，单语专科词典仅收录专业词汇，其中名词占据主导地位，在微观层面上往往对词目所指称的概念进行非常详尽的专业解释。双语专科词典的发展更不容乐观。这类词典多基于单语专科词典编译而成，收词方面与后者有同样的问题，微观层面上比后者则简单得多，通常仅提供词目的对译词。可以看出，双语专科词典多以特定领域的专家为目标用户，较少考虑外语学习者的专业语言学习需求，对专家以外的 ESP 学习者、职业译者等用户群体的实际需求更是缺乏充分关注。总体上说，现有专科词典虽然出版数量可观，但囿于词典编纂的难词传统，在设计方面创新乏力，难以引起理论界的研究兴趣(Tarp 2012)，几乎没有专科词典学家意识到对某些问题(如用户需求和设计特征)进行重新思考的必要性,这在我国表现得尤为明显。在丹麦奥胡斯学派的推动下,此种状况近年来有所改观,"专科学习型词典"这一术语也开始频繁出现在研究文献中,但仍遗留诸多问题亟待回答。

1.1　研究背景

专科词典之所以创新乏力,主要是因为用户需求驱动不足且相关研究滞后。近些年来,这种情况发生了明显变化,已经具备了进一步研编英汉专科学习型词典的条件,在我国,专门用途英语教学被视为英语教学改革的重要方向之一,迫切需要编纂能够与之配套使用的英汉专科学习型词典。此外,专科词典在整个词典家族中出版势头强劲,为专科学习型词典的研编提供了有利的大环境;积极型专科词典对编码信息的重视也为专科学习型词典研编创新积累了宝贵的经验。与此同时,术语学的描写转向为进一步探索专科学习型词典的设计特征也做好了理论准备。

1.1.1　专门用途英语教学

专门用途英语(ESP),是指与某种特定职业或学科相关的英语,是根据学习者的特定目的和需要而开设的英语课程(蔡基刚、廖雷朝 2010:47)。专门用途英语(ESP)在大学英语教学中的重要性得到不断凸显,我国针对大学英语制定的系列纲领性文件中相关表述清晰地体现了这一点。《大学英语教学大纲》在 1980 年和 1986 年版中明确地提出了大学英语教学目标是"使学生具备比较顺利地阅读有关专业的英语书刊的能力",以便"能以英语为工具,获取专业所需要的信息"(蔡基刚 2017:7)。1999 年版的《大学英语教学大纲》把"专业阅读改为专业英语,使这一阶段的教学任务更加明确","明确规定专业英语是必修课程"(邵永真 1999:15)。2007 年颁布的《大学英语课程教学要求》要求学生能够听懂专业英语授课、阅读专业英语文献、撰写专业英语摘要和小论文以及摘译所学专业的英语文献资料。2017 年正式颁布的《大学英语教学指南》不再使用专业英语这一传统说法,首次将 ESP 正式列入大学英语课程体系,充分体现了大学英语教学界对课程体系的新思考和新认识(季佩英 2017:16)。

专门用途英语经历了如下五个阶段(Hutchinson & Waters 1987:9-15):(1) 语域考察(register analysis)时期,语言学家们致力于考察特定领域

（如机械制造、生物工程、商业贸易等）英语文献在词汇、句法等方面与其他领域的差异。（2）修辞篇章分析（rhetorical/discourse analysis）时期，研究超越了词汇句子层面，关注句子如何构成段落、段落如何构成篇章，内容包括定义、描写、叙述、论证、说明的方式，如何写主题句并扩展成段落，细节安排等。（3）目标情景分析（target situation analysis）时期，细致分析运用外语的情景，及其交际内容、方式、途径、媒介、手段等特点，研究语言特征和所需技能。根据分析设置课程和教学大纲，将语言分析与学习者目的结合。（4）技能策略分析（skills/strategies analysis）时期，研究分析重点由语言表层形式转向更深层次——语言使用中的思维过程。（5）以学习为中心（learning-centred approach）时期，兼顾社会对外语人才知识技能的要求和学生的学习需求，注重教学过程中实现教学目标。前四个阶段的共同特点是探讨语言的运用，其中前三个阶段探讨语言的表层结构特点和本体知识，第四阶段探讨使用语言的过程。第五阶段则将语言运用与语言学习有机结合，兼顾社会需求和学生需求。（程世禄、张国扬 1995；王蓓蕾 2004）。

  虽然词汇、语法等不再是专门用途英语后三个阶段的研究焦点，但依然是这几个阶段的研究基础，是教学中的重要组成部分。这从其他学者对专门用途英语特征的描述中也可以看出来。例如，斯特雷文斯（Strevens 1988：2）总结了专门用途英语的四个根本特征：（1）专门用途英语教学设计必须满足学习者的特别需求；（2）语言教学在内容（主题和话题）方面与特定的学科、职业和活动相关；（3）专门用途英语教学以语篇分析和在句法、词汇、语篇、语义等方面与前述活动适应的语言为主[①]；（4）专门用途英语教学与普通用途英语（EGP）之间形成鲜明的对照。达德利-埃文斯和圣约翰（Dudley-Evans & St. John 1998：4-5）对专门用途英语的定义进行了重新表述，认为它具有如下三个根本特征：（1）专门用途英语以满足学习者的特别需求为目的；（2）专门用途英语利用它所服务的学科的方法和活动；（3）专门用途英语以与这些活动适应的语言（语法、词汇、语体）、技能、篇章和类型为重点。虽然达德利-埃文斯和圣约翰二人对专门用途英语根本特征的总结与斯特雷文斯有所不同，但都强调了语法、词汇等语言本体知识在专门用途英语教学中的重要性。

[①] 原文：... centred on the language appropriate to those activities in syntax, lexis, discourse, semantics, etc. , and analysis of this discourse...

　　语言本体知识一直是我国专门用途英语教学的重要内容之一。刘法公（2001）认为，专门用途英语的教学任务就是解决学生在英语学习的基础阶段没有掌握或尚未完全掌握的专门语体内的英语知识和技能问题，使学生逐步具备以英语为媒介进行某专业学科交流的能力，主张采用包括词义比较、搭配辨析等在内的对比教学法。在语言本体知识中，词汇始终扮演着一个重要的角色，甚至被认为是专门用途英语存在的理据，"一篇专业文献，最大的信息载体是专业词汇，而不是普通词汇"（范谊 1995：46）。由于我国的词汇教学大多在二语环境中进行，学习者面对的是不同于母语的参数系统，他们没有母语学习者所具有的内在词汇能力，既不知道词汇在不同语境中的含义，也无法使用词汇正确指称世界。这个问题在专门用途英语词汇教学中表现同样突出。张济华、王蓓蕾和高钦（2009：40）对同济大学的学生进行调查之后发现，虽然有部分学生在学习专门用途英语课程之后已经能够阅读原版的专业书籍，但是依然有高达 43% 的学生反映专业词汇是他们的最大障碍。专业词汇不仅给学生造成困惑（Gavioli 2005：91；Coxhead, Demecheleer & McLaughlin 2016），而且还是大学英语教师"向 ESP 教师转型的最大障碍"（张济华、王蓓蕾、高钦 2009：40）和"增长专业知识的瓶颈"（张济华、高钦、王蓓蕾 2009：20；Sidorenko, Rozanova & Shamina 2020：298）。

　　比较而言，专业词汇在语言编码活动中对 ESP 学习者的挑战更大。为了弄清楚学生在写作中对专业词汇的使用情况，本书作者在大学英语教学的第三学期，要求大气科学专业两个班的学生根据温室效应的形成图示写一篇 150—200 词的英语习作，并给出 infrared radiation（红外线辐射）、reemit/re-emit（重新释放）、atmosphere（大气）、energy balance（能量平衡）等 8 个专业词语供学生参考。本书作者收回学生习作 65 篇，排除存在抄袭嫌疑的 7 篇，最后还剩 58 篇。把这些习作转换成纯文本格式，用作微型文本库的语料。借助语料库检索软件 AntConc，本书作者统计了学生习作中对 reemit/re-emit 的使用情况，检索结果如图 1-1 所示。

　　在该微型文本库中，reemit/re-emit 共出现 44 次，其中 24 次有误，出错率达到了 55%。这些错误可归纳为六类，具体如表 1-1 所示（标星号的为错误用法，括号中的为正确用法）。

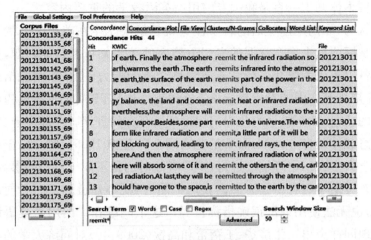

图 1-1　re-emit 检索结果截图

表 1-1　re-emit 误用统计

错误用法*（正确用法）	出现次数	举例
(1) reemit*（reemits）	8	And then the atmosphere reemit infrared radiation...
(2) reemit*（reemitted）	2	The last part of the energy is reemit by infrared radiation...
(3) reemited*（reemitted）	5	And then the infrared radiation is reemited to earth.
(4) reemit*（reemitting）	2	..., leading to reemit infrared rays,...
(5) reemit*（reemission）	1	... that gas can reduce the reemit of infrared radiation.
(6) reemit vi.*（reemit vt.）	6	... then they will reemit, just like infrared radiation.

　　在(1)、(2)和(4)中,学生本该使用 reemit 的变位形式,却误用了动词原形;在(3)中,学生虽然意识到应该使用 reemit 的过去分词,但是出现了拼写错误;在(5)中,学生把动词 reemit 误用作名词形式;在(6)中,学生误把及物动词 reemit 当作不及物动词使用。① 这些问题有的可以通过语法学习加以解决,另外一些困难的克服则有赖于 ESP 学习者对专业词汇知识有针对性的学习②。

---

①　reemit(含 re-emit)在美国当代语料库(COCA)中共出现了 13 次,在英国国家语料库在线版中共出现了 3 次,在 Springer examplar 专用语料库的气象文本中共出现 3 次,均被用作及物动词。

②　本书作者翻阅图书馆收藏的词典后发现,只有《新英汉科学技术词典》(孙复初 2009)收录 reemit,给出翻译、词性和短语(re-emit v. 重发[放,辐]射　re-emitted radiation 重发辐射),其他英汉综合性语文词典、学习型词典和气象类专科词典均未收录该词。这显然无法满足 ESP 学习者的编码使用需求。

　　我国的专门用途英语教学不仅重视传授本体知识,而且还提倡培养学生的自主学习能力。《大学英语课程教学要求》曾明确大学英语的教学目标是:"培养学生的英语综合应用能力,特别是听说能力,使他们在今后学习、工作和社会交往中能用英语有效地进行交际,同时增强其自主学习能力,提高综合文化素养,以适应我国社会发展和国际交流的需要。"(教育部高教司2007:4)。随着全球经济一体化、文化多元化时代的到来以及我国大学新生的进校英语整体水平的提高,专门用途英语教学将是我国大学英语教学的重要发展方向。因此,提高学生的自主学习能力理应成为专门用途英语教学的目标之一(蔡基刚 2004:28)。李永才(2007:233)指出,"ESP 是一门实践性很强的课程,其听、说、读、写、译五项语言技能,仅靠课堂上 ESP 教师语言知识的传授和训练是不够的,需要通过学生个人的反复实践,进行自主学习才能提高和掌握"。可见,培养学生的自主学习能力还与专门用途英语课程的特点有关。

　　鲁宾和汤普森(Rubin & Thompson 1994:50)在《如何成为一个更加成功的语言学习者:走向自主学习》一书中强调,词典同教师和教材一样是语言学习不可或缺的重要资源,并指出:"大多数认真学习语言的学生认为,及早购买词典对于他们的语言学习很有帮助,因为词典是他们丰富词汇的无尽源泉。"魏向清(2009:76)认为:"现代辞书,特别是学习型词典,因其编纂理念源于最新的教学与研究理论,加之其对学习者认知特点的研究,在诸多方面进行了创新,非常适合学习者自主学习语言与文化知识,特别是词汇的深度习得。"对于专门用途英语教学而言,词典资源更显重要,因为"在没有专业课教师的情况下,专门学术英语和专门商务英语不可能得到一一咨询,语言教师就需要对专业词汇采用一种询问的姿态。学生是否完全理解了该术语? 如果没有,他/她如何能够查到其意思? 这就涉及使用字典或其他资源了"。(黄萍 2007:24)

　　在专门用途英语教学过程中,专业词汇既是教学的难点,也是重点。要解决专门用途英语学习(尤其是编码活动)中专业词汇所造成的困难,需要有针对性地为学习者提供帮助。我国的专门用途英语教学还注重培养学习者的自主学习能力,正确选择和使用工具书是其中一项重要内容。因此,编纂服务于专门用途英语教学的专科学习型词典,既能够解决教学中面临的词汇瓶颈问题,又为提高学习者的自主学习能力创造了必要的条件,是我国专门用途英语教学中一个不容忽视的方面。

1.1.2 英汉专科词典研编现状反思

雍和明、罗振跃和张相明(2006:502)指出,"相对于语文词典,专门辞典与百科辞典的最大特点就是与其他相关学科领域密切影响、互相促进。相关学科的发展状况直接影响专门辞典和百科词典的编纂出版,而专门辞典和百科辞典的发展也有力地促进相关学科的普及和提升"。专科词典是专门词典中的一个子类别,以一个或多个学科中的特有或常用词汇为收录对象,为这些词汇提供解释或/和翻译。专科词典与相关学科的关系尤为密切,主要体现在以下两个方面:首先,拥有相应的专科词典是学科成熟的标志之一。只有相关学科的知识积累到一定程度才有必要对这些知识进行归纳和整理,才能够产生编纂专科词典的基础和需求。其次,学科的发展意味着学科知识的不断更新和细化。为此不仅需要修订原有的专科词典以反映学科发展的新动态,而且必须推出分类更细的专科词典体现学科分支结构的新变化。

正是由于相关学科的迅速发展,专科词典在词典家族中发展最快,出版势头最为强劲。魏向清等(2014)把 1978 年至 2008 年间中国辞书的发展状况分为初步发展期(1978—1987)、快速发展期(1988—2000)和平稳发展期(2001—2008)三个阶段。从他们收集到的辞书出版数据可知,30 年间我国共出版辞书 12 216 部(不含百科全书),各类辞书在每个阶段的具体出版数量如图 1-2 所示:

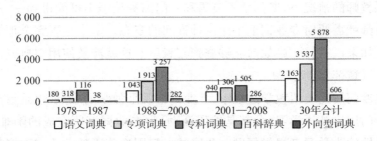

图 1-2　三个时期各类词典出版情况

由图 1-2 可知,无论是在初步发展期,还是在快速发展期,又抑或是平稳发展期,专科词典出版数量在各类词典中都稳居第一。三个时期共出版专科词典 5 878 部,几乎占到辞书总量的一半(48%)。恰如雍和明、罗振跃和张相明(2006:502)所言,"专科词典……改革开放之后发展势头尤其强劲,成为辞典大家庭中出版数量最多的出版类型"。

　　考察专科词典的发展情况,不仅要了解各个时期的数量分布特点,还应该研究专科词典在语种方面所表现的特征。1978 年至 2008 年间我国共出版外语词典 6 236 部,各类外语词典在每个阶段的出版情况如图 1-3 所示:

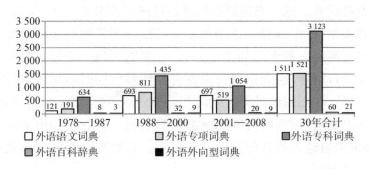

图 1-3　三个时期各类外语词典出版情况

　　由图 1-3 可知,在辞书发展的每一个阶段,外语专科词典的出版数量与其他类别的词典相比都稳居第一,其出版总数达到 3 123 部,占各类外语词典出版总量一半以上(50.1%)。外语专科词典之所以在其他类词典中表现突出,不仅得益于改革开放以来各行各业的蓬勃发展,而且也是对这些行业所产生的对外交流和学习需要的积极响应。然而,"我国虽然出版了不少双语专科词典,但是就编纂的宏观结构及微观结构而言,不少词典还存在缺憾"(文军 2001:23)。我国专科词典的出版数量固然可观,但是量的增加并不必然带来质的提高。以往专科词典的编纂者常常在词典学专业素养或学科专业知识方面存在不同程度的局限,因而研编质量良莠不齐,在内容和结构方面均存在不足,其中外语或双语专科词典中的问题尤为突出。

　　考虑到平稳发展期出版的辞书在读秀学术搜索数据库中收录较为全面,本书作者决定首先以 2001—2008 年间出版的英汉双语专科词典为样本对辞书出版和编纂进行调查,以期进一步弄清楚这一时期外语类专科词典研编的真实情况。本研究从南京大学双语词典研究中心研发的"中国改革开放 30 年以来大陆出版纸质辞书信息查询系统"中析出 2001 年至 2008 年我国出版的所有外语类专科词典共计 1 054 部,从中排除英语单语专科词典和小语种及多语种专科词典后,还剩下 866 部英汉专科词典。把这些词典名称逐一输入读秀学术搜索图书数据库进行检索。借助该数据库的试读功能,基于前言和部分正文页对英汉专科词典的设计特征进行评估,从而确定这些词典的类型特点。对于那些无法预览的词典,本书作者又尝试在图书馆对其纸质版本逐一进行查询。

　　统计结果显示,共有 86 部词典既无法试读也不能借阅,剩下的 780 部词典大致可以分为如下三个类型:①词汇对照类专科词典。该类词典包括英汉、汉英和双向三种类型,主要特征是词典左项由一种语言的词汇充当,右项则是另一种语言的词汇,二者之间是一种翻译对应关系。②概念解释类专科词典。这一类词典根据语种可进一步分为汉英、英汉、双解和双向四种类型,根据解释的详细程度又可以分为简明型和详解型。其主要特征是左项由一种语言的术语充当,右项则以另一种语言对术语所表征的概念进行解释,或者以同一语言进行解释但同时给出术语另一种语言的对译词。③实用编码类专科词典。这一类词典彼此之间在结构和内容方面的差别最大,判断的唯一标准是看它们在微观结构中是否收录了例句、搭配或短语等组合信息中任意一项。各类英汉专科词典的统计结果如图 1-4 所示:

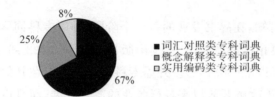

图 1-4　2001—2008 年各类英汉专科词典出版情况

从图 1-4 可知,对照类词典的出版数量在专科词典中占绝对多数,解释类词典次之,编码类词典最少。前两种词典都以学科专家为目标用户,只有第三种词典能够兼顾词典用户的语言编码需求。鉴于我国的英语学习和使用环境,用户不仅需要了解专业概念的内涵及其对译词,在语言生成方面也需要从词典中获得帮助。因此,编码类专科词典在出版总量中所占的低比重显然不能满足我国词典用户专业英语编码的需求。

实用编码类专科词典不仅在平稳发展期出版的专科词典总量中所占比重最小,而且学科或行业分布非常不均匀。经济类排名第一,实用编码类专科词典的出版数量达到了 22 部;医药类次之,共出版了 12 部;综合科技类(指不涉及具体学科[如《科技英语词语用法词典》]或同时涵盖多个学科[如《初级英汉数理化词典》]的专科词典)以 6 部编码类词典排名第三;法律类紧随其后,共出版了 4 部。出版两部编码类专科词典的学科或行业有航海、旅游和体育;仅出版 1 部的有出版印刷、传媒、航天、化工、环境、火电、计算机、水利、文学和信息技术等学科或行业。从这些统计数据可知,尽管编码类专科词典的出版涵盖了 18 个学科或行业门类,但是气象、教育、军事、服饰、建筑、农业等许多学科或行业在这一时期并没有出版任何编码型词典,这将对这些领域的涉外交流和传播产生不利影响。

此外,前述实用编码类专科词典在信息类型设置方面彼此差异很大。有的词典中编码信息仅包含例句。例如,《新编英汉汉英旅游词典》通常仅为词目配备 1 到 3 个例句,略去词性等对编码活动同样重要的其他语言信息。有的词典则几乎包含了普通学习型词典中所有常见的编码信息。例如,《实用经贸英语用法词典》中编码信息除例句,还包含词性、语法信息、用法说明、同反义、短语、搭配等信息类型。《英汉双解出版印刷词典》不仅提供词性、例句、用法说明和派生等信息,部分词条还采用了复式编排结构,一定程度上兼顾了词目之间的概念关系。此外,还有少数词典不仅提供组合信息帮助用户进行编码活动,而且还采用分类编排的方式,以方便用户根据要表达的意思寻找满足自己需要的词语。例如,《汉英医学常用同义词手册》按照健康、情感、意念、性质等 17 个主题对医学同义词进行分类编排。前述 60 部词典虽然都面向词典用户的编码需求,但是在应该收录哪些信息类型以及如何呈现这些信息方面存在明显的分歧。由此可知,这一阶段我国的实用编码类专科词典研编还处于一个摸索阶段。

魏向清等(2014)收集的词典出版数据截止于 2008 年,距今已过去了十多年。在此期间,专科词典研编在质和量上是否又有新变化? 为了弄清这个问题,笔者以读秀学术搜索系统为数据来源,经过多次尝试检索、比较返回结果后,选定"词典""辞典""字典""名词"和"术语"为检索关键词,把时间跨度设定为 2009 年至 2020 年,使用爬虫软件"后羿采集器",从读秀学术搜索系统中获取词典出版数据共 10 500 条。笔者逐条审核,剔除以下四类数据:(1) ISBN 号不同但实质上重复的数据;(2) 冠以"词典"但收词量太小的词汇书(如《床头灯幼儿英文词典》);(3)"词典体"文学作品(如《马桥词典》);(4) 词典学和术语学专著和论文集。对于剩余的9 384 条数据,笔者进一步加以处理和标识:(1) 首先借助读秀预览功能、孔夫子旧书网上的图书简介及照片和在线文献传递服务,了解词典的宏观结构和微观结构特征。(2) 为了与 1978 年至 2008 年期间的辞书出版数据类型划分尽量保持一致,笔者参考魏向清等(2014:10-16)对汉语类辞书和外语类辞书的描述性分类,逐一标出语文、专项、专科、百科和外向型五种词典类型。

为了方便观察辞书出版变化趋势,图 1-5 以每 4 年为一个分期展示了2009 年至 2020 年 12 年间各类辞书出版的统计情况:

图 1-5 2009—2020 年各类词典出版情况

从图 1-5 可知,专科词典出版数据由前三个时期的稳居第一(见图 1-2)滑落至第三位,出版总量与排在第一位的专项词典和第二位的语文词典一样呈现出持续下降的趋势。尽管如此,专科词典近 12 年来年均出版 198.42 部,高于前三阶段 189.6 部的年均出版量,整体出版数量依然可观。

在标记词典类别时,笔者还对语言维度加以区分,凡是涉及非汉语语种的统一标注为外语词典。图 1-6 基于筛选出的词典数据绘制,反映了各类外语词典的出版情况:

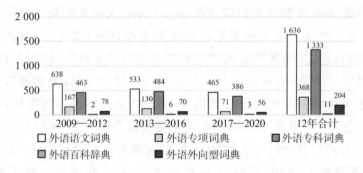

图 1-6 2009—2020 年各类外语词典出版情况

由图 1-6 可知,2009 年至 2020 年期间,外语专科词典始终位居第二,与 1978 年至 2008 年期间的词典出版情况相比,出版势头有所下滑,但是年均出版 111.08 部,依然高于前 31 年 107.74 部的年均出版量,整体出版形势不容小觑。

对于英语单语和英汉双语专科词典,笔者依据同样的标准将其标记为词汇对照类、概念详解类和实用编码类三种。图 1-7 为 2009 年至 2020 年期间英语和英汉专科词典的出版情况:

图 1-7 2009—2020 年英语和英汉专科词典出版情况

由图 1-7 可知,与前 8 年相比,英语(汉)专科词典在 12 年间的出版趋势同样发生了变化,词汇对照类和概念解释类位次发生对调,分别占据第一、第二位。实用编码类词典依然位居第三,年均出版量为 7.17 部,与 2001 年至 2008 年期间的年均出版量(7.75 部)基本相当。在微观结构层面上,实用编码类专科词典在信息类型设置方面似乎较为随意,彼此之间差别明显。这类专科词典涉及的学科主要集中在经贸、医学、法律等领域,学科分布不均的情况依然存在。总体而言,无论就质和量而言,实用编码类词典的研编与前 8 年相比都无实质改观,无法从根本上满足我国专门用途英语学习者对词典的使用需求。

1.1.3 术语学研究的描写转向

一般认为,现代术语学理论发轫于 20 世纪 30 年代的维也纳,维斯特 (Wüster)是其创始人。维斯特起初主要关注术语的标准化问题,基本没有涉及理论层面,后来才开始对某些术语问题进行深入思考,自此涉足理论层面。(张鹏 2011:15-16)维斯特的基本观点得到了维也纳学派的继承和发展,最终形成了普通术语学理论(General Terminology Theory)。(Cabré 2003:166)

普通术语学观点主要体现为术语工作应该遵循的一系列重要原则。泰默尔曼(Temmerman 2000:4-16)总结了以下五个原则:(1)概念优先原则。(2)概念有着清晰的界限。(3)内涵式定义是界定概念的理想方式。(4)单义原则。(5)共时原则。这五个原则与普通术语学所追求的目标——术语标准化——密不可分。为了使这一目标具有理论上的可行性,普通术语学把概念视为描述和组织术语知识的起点,强调概念先于术语而存在(原则 1)。概念在术语学中的优先地位不可避免地导致术语学研究的共时性(原则 5),从而把术语的历时之维排除在术语学研究之外。术语标准化的工作内容之一就是为概念划界。为了统一对术语的不同认识,需要确定概念在概念系统中的位置,明晰概念之间的关系(原则 2),"属+种差"式的内涵定义因而是界定概念的首选定义方式(原则 3)。消除歧义是实现术语标准化的核心内容,普通术语学因而特别强调术语单义性和单参照性(原则 4)。

术语学研究自萌芽时期便与专科词典研编关系密切。维斯特正是基于自己的专科词典编纂经历开始了对术语问题的理论思考,其观点和看法最终形成普通术语学的理论基础。术语学不仅能够从专科词典编纂中获取研究素材,也能够为专科词典编纂提供指导。我国学者郑述谱(2008:5)指出,"就专科词典编纂活动的内容、对象、指导理论、工作要求或工作成果来说,无论从哪一方面看,术语学及其属下的术语编纂,与一般词典学相比,与专科词典编纂的关系都更密切、更直接",因而呼吁把术语学作为专科词典编纂的学科依托。在专科词典设计方面,普通术语学至少可以帮助编者确定专业词语的术语性(termhood),撰写规范的术语释义或选择标准化的术语译名。此外,普通术语学对概念的组织方式可为专科词典宏观结构层面上的系统编排(或主题编排、分类编排)提供指导。

普通术语学以标准化为目标,坚持概念先于术语,认为术语需遵循"应该一规则",表现出鲜明的规定主义色彩,主要体现在以下几个方面:首先,把名词以外的词性排除在术语的范围之外。其次,不考虑术语的句法特征。术语仅仅是"指称真实世界中的概念的抽象符号,根本不属于语言"①(Faber 2009:111),其形态、句法和语义特征都不是术语学的考察对象。再次,尽可能消除术语中的同义和多义现象。术语学家出于为概念命名和正名的目的,往往在同义术语或术语的多个义项中进行取舍。最后,排除术语的历时维度,只关心概念或概念体系的现状而不涉及概念或概念体系的发展变化。普通术语学对术语的种种限定对专科词典的宏观结构和微观结构都产生了明显的影响:专科词典的词目几乎清一色由名词构成。对于这些名词词目,单语专科词典通过系统编排和内涵式定义来表征概念之间的"属一种"关系和"整体一部分"关系,而双语专科词典往往仅提供概念在另一语言中的标签,即术语词目的对译词。

近大半个世纪以来,普通术语学的相关原则在术语工作中被奉为圭臬,其权威地位几乎无人能够撼动。尽管如此,术语学界一直不乏不同的声音,

---

① 原文:Terms were not even language at all, but rather abstract symbols referring to concepts in the real world.

如果说早期尚显犹豫的话，那么进入 21 世纪后这种批评和质疑已变得更加自信。一般认为，术语学研究不仅应该关注术语的认知维度和语言维度，而且还应该重视术语的交际维度。（Sager 1990：13；Cabré 2003：187）事实上，现代术语学研究正是从这三个维度对普通术语学存在的问题做出回应并提出新的观点，从而促使术语学描写转向的发生。

　　就交际维度而言，比较有影响力的研究理论有社会术语学（Socioterminology）和交际术语学（Communicative Terminology）。社会术语学（Gaudin 2003）认为术语标准化只是一种理想，多义现象和同义现象在术语和专业文本中不可避免。对特定术语的选择往往反映了术语用户群体的知识、社会和职业背景，交际参与者之间的权力关系以及文本发出者或组织者所处的地域和时代。术语变体凸显了概念系统和定义动态的一面，术语学研究无法对此视而不见。交际术语学（Cabré 2000，2003）是继社会术语学之后的又一描写术语学流派。该理论流派虽然强调术语的交际维度，但是同时承认术语是一个包含认知维度和语言维度的多面体，认为术语同普通词语一样，其特别之处就在于术语在认知、语言和交际方面受到的系列限制或所满足的系列条件确定了它们在专业领域中的术语性。

　　语言维度是术语学研究的一个传统维度。普通术语学虽然也关注语言层面，但是仅仅把术语作为概念的标签，一般仅限于对词汇范畴的研究，认为术语的形态变化和句法规则与通用语言是一致的，应从通用语言中吸取相关知识（冯志伟 2001：34）。形成于 20 世纪 70 年代的魁北克学派在语言维度上向前迈进了一步，虽然也坚持概念优先的原则，但是不再把术语单纯看作概念的标签，而是将其视为能指和所指的结合。（Rondeau 1984：19）英国术语学家塞杰（Sager 1990）较早提出了在语料库辅助下进行术语研究的主张。他反对把术语看作独立于语境的概念标签，主张抛弃完全从概念入手的研究方法，借助语料库在真实的语境中研究术语。布里戈、雅克曼和洛姆（Bourigault，Jacquemin & L'Homme 2001）三位学者编辑出版的论文集汇报了计算术语学（Computational Terminology）的新进展，全方位介绍了如何从语料库和网络文本中识别和提取术语、术语对译词以及术语之间的各种概念关系。计算术语学把概念的标签——术语作为研究的起点，所倡导的语料库方法又不可避免地触及术语其他的语义和句法特征。洛姆（L'Homme 2007，2020）更是直接提出了术语学研究的词汇驱动路径（lexicon-driven approach），以详解一组配词汇学、框架语义学等词汇语义学理论为基础，探讨了围绕术语形成的组合和聚合关系与对理解和使用术语至关重要的知识结构。对术语语言维度的研究为在二语环境中学习专业词汇提供重要的启发和指导。

认知维度是术语学研究的又一个传统核心维度。但是普通术语学把关注的重心放在概念定义、概念关系以及概念系统等术语工作中对实现术语标准化不可或缺的环节。社会认知术语学(Socio-cognitive Terminology)(Temmerman 1997,2000,2006)是描写术语学中的另外一个比较有影响力的理论流派。该流派虽然也重视术语的认知维度,但是借鉴了认知心理学和认知语言学中的相关理论,对认知维度的理解和研究明显不同于普通术语学。该流派最显著的理论特色在于认为范畴和概念边界模糊,具有原型结构,因而内涵式定义并非最佳定义方式;概念表征呈现为认知模式,与普通术语学中依靠"属—种"和"部分—整体"关系建立起来的概念系统完全不同。社会认知术语学还是目前唯一真正考察术语历时维度的术语学理论。对历时维度的关注使社会认知术语学能够揭示隐喻机制在术语创造中所发挥的作用。与传统术语学一样,框架术语学(Frame-based Terminology)遵循术语学研究的知识驱动路径(knowledge-driven approach),但是借鉴了原型理论、框架语义学等认知语言学相关成果,主张基于专业学科中反复发生的原型事件组织概念知识,重视认知域在专业概念多维表征中发挥的作用(Faber 2012)。该理论不仅为描写术语的句法特征提供了可能,而且突出了语境因素对理解专业概念的影响,为提高专业知识学习效率提供了新思路。

普通术语学把术语中名词以外的其他词性以及术语的句法和语用维度都排除在术语学的研究范围之外,这或许对面向学科专家的专科词典编纂没有什么影响,但是对旨在满足 ESP 学习者的专业语言理解和表达需求的专科学习型词典编纂而言无疑是一种损失。比较而言,描写术语学突破了普通术语学对术语的种种限制,也开阔了专科学习型词典设计的新视野。首先,描写术语学重视术语的交际维度,突出了语境因素在专业知识传播中的重要作用,对语境的多层次描写改变了术语学家对术语语境的片面认识,为专科学习型词典的语境化设计提供了理论支撑。其次,描写术语学淡化了术语与词语之间的界限,不再把术语视为指称概念的抽象标签,而是将其视作存在于具体专业文本中的鲜活词语。这种改变对术语学的学科名称也产生了影响,使专业语言研究或专门用途语言研究在某种意义上几乎成了术语学研究的同义词。术语学开始引入语言学的研究成果和研究方法,这为专科学习型词典的内容结构设计以及数据获取方式带来了新的启发。最后,描写术语学对术语认知维度的拓展,改变了术语学家对术语概念系统的层级树状的传统认知,使术语的非层级概念关系和句法维度开始得到重视。

这为专科学习型词典在文本结构中对信息关联性和互补性的表征提出了新要求。总之,描写术语学,尤其是认知视角下的描写术语学对专科学习型词典学的信息类型、呈现方式和技术手段的选择都产生了积极的影响。

1.2 研究对象

鉴于进一步研究专科词典研编的时机已经成熟,本书将以气象学为例,探讨英汉专科学习型词典的设计特征,有以下几点考虑:

首先,专科学习型词典编纂和研究整体滞后,已经不能适应新的形势,有必要开辟新视角对其展开进一步研究。随着英语教学改革的呼声越来越高,专门用途英语教师和学生迫切需要能够与教学配套使用的工具书。术语学研究的描写转向也为设计高质量的专科学习型词典做好了理论准备。然而,词典学界对专科学习型词典的研究兴趣普遍不高,倾向于认为与普通学习型词典研编相关的理论和经验同样适用于专科学习型词典,对专科学习型词典应该具有什么样的设计特征更是看法不一。受此影响,市面上具有学习型特征的专科词典在专科词典出版总量中所占比例少且彼此差异大。近年来丹麦的奥胡斯学派探讨了专科学习型词典的功能,但是也带来了一些新的争议。因此,在描写术语学的关照下对专科学习型词典进行更为系统的研究就显得适逢其时。

其次,设计特征为系统研究专科学习型词典提供了一个理想的入口。学习型词典编纂是一项严谨的语言文化活动,其产品指向非常明显,但是在编纂过程中离不开对词典学、语言学等相关理论成果的借鉴,因而兼具实践性和理论性的双重特点。设计特征是当前学习型词典研究的一个热点,一方面直接关乎词典文本的形成过程及其最终面貌,另一方面又间接体现了编纂者的语言观、词典观、习得观和设计观,反映了相关理论在词典编纂过程中所发挥的指导作用。设计特征充当了专科学习型词典理论和实践之间的重要研究界面(interface),从设计特征切入对专科学习型词典进行研究,能够更好地展示框架术语学理论对专科学习型词典研编的实践指导价值。

再次,对英汉双语维度的选择体现了对中国专科学习型词典用户使用需求的特别关照。本研究之所以选择考察双语专科学习型词典而不是单语专科学习型词典,是因为这类词典涉及母语(汉语)和外语(英语)两个语言维度,比英语单语专科学习型词典的国别化程度更高,用户针对性也更强。值得注意的是,双语词典涉及的两种语言在词典中的地位是不平等的。一般而言,词目语言是描写的对象,释义(译义)语言是描写的工具,前者是编者处理的焦点,后者为前者服务。本研究把专科学习型词典的双语维度限定为英语和汉语两种语言,把它们分别确定为词目语言和释义语言,其目的是凸显英语在专科学习型词典中的重要地位,满足我国广大 ESP 学习者的词典使用需求。

最后,本研究选择气象学为例,有以下几个原因:第一,天气和气候是气象学关注的传统议题,天气变化与个人生活息息相关,气候变迁又与人类命运休戚与共。选择气象学这一学科具有非常明显的现实价值。第二,气象词汇或术语与普通词汇之间虽然关系紧密,但是有着一定的特殊复杂性,给 ESP 学习者带来了理解和使用障碍,具有典型性和代表性,值得探究。第三,从总体上看,国内外专科学习型词典的编纂和研究都以经贸和计算机方面的居多,法律方面的次之,极少涉及气象学。结合气象学展开研究可以丰富专科学习型词典的研究和编纂。第四,本书作者教授过气象英语类课程,对气象学有一定的了解,这在一定程度上为分析和理解术语概念提供了便利。

本书对英汉专科学习型词典设计特征的探讨主要从内容特征、结构特征和技术特征这三大层面展开。第一,本研究将探讨英汉专科学习型词典应该满足目标用户的哪些信息需求。第二,本研究还将探讨如何建设面向英汉专科学习型词典编纂的专用语料库以及如何从语料库中提取词典编纂必需的语言知识和专业知识。第三,本研究将探讨英汉专科学习型词典如何在兼顾词典信息系统性、关联性的同时以易查和易懂的方式呈现所选择的各类信息。如此,本研究将从理论到实践,对英汉专科学习型词典的设计特征进行较为系统全面的研究和探讨。

1.3 研究目标

本研究针对我国专门用途英语教学中所产生的词典使用需求和英汉专科学习型词典的相关研编现状,拟在借鉴和反思框架术语学相关理念和方法的基础上,构建适合专科学习型词典研编特点的理论框架和实践模式。具体来说,本研究的主要研究目标可分为如下两个方面:

在理论方面,鉴于词典学界普遍认为专科学习型词典研编只需借鉴普通学习型词典理论这一错误认识,本研究旨在构建能够充分考虑英汉专科学习型词典研编特殊性的词典学理论。具体而言,本研究拟考察英汉专科学习型词典的设计特殊性,尝试对学习词典学研究中的语境化概念进行拓展,确定英汉专科学习型词典设计特征的构成要素,最终确立起英汉专科学习型词典设计的一般原则。

在应用方面,本研究旨在确立满足英汉专科学习型词典研编需要的专用语料库建库原则,探讨如何借助相关检索工具从语料库中提取词典设计需要的各种数据,结合英汉气象学习词典的编纂来验证这些原则和方法的可行性。本研究拟通过样条设计为英汉专科学习型词典编纂提供参考,以期提升该类型词典对中国学习者专门用途英语词汇能力发展的辅助功能。

1.4 研究方法

为了实现以上两方面的研究目标,本研究将采取综合性研究方法,主要包括理论演绎法、文本评述法和语料调查法。理论演绎法主要用于考察专科学习型词典设计的特殊性和复合语境观,思考其作为理论架构的解释力是否合理与充分。具体来讲,通过批判和借鉴词典功能论等相关论述,明晰英汉专科学习型词典在词典类型、文本功能和用户需要方面的特殊性。通过考察框架术语学三个研究焦点在专科学习型词典设计中的适用性,构建起英汉专科学习型词典设计的复合语境观。文本评述法主要用于分析和比较现有英语专科学习型词典和英汉专科学习型词典的文本内容特征和结构特征。对样条的描写也使用了文本评述法。语料调查法指使用语料库工具对语料进行检索,发现某些语言特征在文本中的分布特点,主要用于评估我国 ESP 学习者在语言编码中存在的困难以及获取英汉专科学习型词典编纂必需的各类数据。

本研究涉及词典学本体研究、框架术语学、计算术语学、二语词汇习得等研究领域,具有跨学科的研究特点。又由于以专科学习型词典为考察对象,本研究不可避免地涉及某些具体的学科知识。例如,只有基于气象学知识才能准确解读术语之间的概念关系。本研究的跨学科性质使得其研究方法也体现出一定的综合性。本研究将综合应用以下相关研究手段:(1)全局视域和有限分析相结合:英汉专科学习型词典的信息类型包括语言信息和专业信息,它们因具体的学科和具体的词目而不同。只有结合个别学科并选取有代表性的词目进行探讨,才能避免泛泛而谈,对英汉专科学习型词典设计在内容、结构和技术方面的一般特征的探讨才能做到有的放矢。(2)定量与定性分析相结合。利用检索工具,可从专用语料库中获取英汉专科学习型词典编纂所需要的语言数据和概念数据,但是正确解读和合理使用这些数据离不开定性分析。(3)内省分析和文本研究相结合。现代词典学研究虽然强调实证研究,但是词典编纂者的主体经验依然是词典设计不可或缺的重要资源。设计不为用户所熟悉的英汉专科学习型词典需要分两步走:首先借助内省分析考察词典的设计特征;然后尝试编纂样条,评析其特点,通过发放问卷了解目标用户的真实看法,以验证前述设计特征在编纂实践中的可行性。(4)理论与实践相结合。本研究不仅致力于理论框架构建,还将尝试以英汉气象学习词典设计特征的研究推动专科学习型词典的编纂实践。本研究所提出的编纂原则集中体现了相关研究的理论特色,对样条的设计和技术实现手段的描述则体现了研究的实践指向。

1.5　本书结构

　　本书内容共由七部分组成。除第一章绪论和第七章结语,主体部分共五章,分别为英汉专科学习型词典语境化设计的现状梳理(第二章)、英汉专科学习型词典语境化设计的理据探讨(第三章)、英汉专科学习型词典语境化设计的要素考察(第四章)、英汉专科学习型词典语境化设计的技术实现(第五章)、英汉专科学习型词典语境化设计的文本表征(第六章)。本章为绪论,重点介绍本研究的选题背景、研究对象、研究方法、研究目标和结构。第二章为背景梳理,主要涉及"核心术语""专科(学习型)词典研究述评""ESP 教学及相关评述"和"气象(学习)词典研究评述"等内容。第三章是本研究的理论框架,旨在探讨英汉专科学习型词典设计的特殊性,从框架术语学视角考察相关的设计理据。第四章将重点探讨英汉专科学习型词典的认知语境和交际语境以及两种语境之间的功能融合。第五章将探讨如何建设面向语境化设计的气象英语语料库以及如何从语料库中提取所需要的各类数据,从技术上为英汉专科学习型词典做好数据准备。第六章将从复合语境要素表征的文本结构和信息类型、信息之间的关联性与互补性以及信息表征的便查性和易读性等方面论述认知语境和交际语境在词典文本中的具体实现。第七章将介绍学科发展的新背景和新趋势,简要阐述对后续研究的展望。

第二章　英汉专科学习型词典语境化设计的现状梳理

本章将重点回顾与专科学习型词典设计特征相关的前期理论与实践探索,旨在从中汲取合理的思想给养,发现现有理论研究与实践探索中可能存在的局限或不足,以此为参照进一步明确本研究的具体目标和方向。具体而言,首先是本研究核心术语的工作定义。针对本研究的三个核心概念,即"专科学习型词典""语境化"和"设计特征",本书对相关前期研究进行了梳理,然后结合本研究的内容及目标对它们的内涵和外延进行了必要的限定(2.1)。其次是相关前期研究的文献回顾。本书分别对专科(学习型)词典研究(2.2)、ESP 教学及相关研究(2.3)以及气象(学习)词典研究(2.4)这三个方面进行了评述。与本章其他部分内容一样,后两节内容为从学理上探讨专科学习型词典语境化设计奠定了基础,但是由于涉及的文献相对较少,在本章中所占篇幅也相应较小。

2.1　核心术语

本书的研究主题"英汉专科学习型词典语境化设计"含有"专科学习型词典""语境化"和"设计"三个核心术语。在进一步展开论述之前,有必要考察这三个术语的概念内涵,具体原因如下:首先,专科词典历史悠久,可以追溯自中东地区编纂于 4 000 年前的宗教词典(Vrbinc, A. 2013:149),但是专科学习型词典是一个较新的概念,学界对这类词典还看法不一。其次,语境化已经成为学习词典学研究的重要内容,但是目前还没有研究结合术语词目的特点,从术语学视角审视这一研编原则。最后,鉴于词典的文化产品属性,词典设计日益受到词典学界重视。然而,对设计特征的传统认识已经不能适应数字时代的词典编纂要求。因此,探讨这三个术语的概念内涵是本书论述英汉专科学习型词典语境化设计的前提。

2.1.1　专科学习型词典

在"专科学习型词典"这个术语中，"学习"无疑体现了该类词典最突出的特征，但是"学习"的内涵到底指什么，目前尚存在不少争议（孙文龙 2019）。因此，本节将围绕"学习"这一特征，首先探讨"谁使用词典学习"和"使用词典如何学习"这两个问题，然后将专科学习型词典与相关概念进行比较，最终明晰该概念在本研究中的内涵。

学界普遍把"学习型词典"等同于英文中的 learner's dictionary，既然这类词典为学习者而设计，确定谁使用词典学习是考察其设计特征的前提。哈特曼和詹姆斯（Hartmann & James 2002:82）将 learner's dictionary 视为 pedagogical dictionary（教学型词典）的下义词，认为这类词典"主要针对非母语语言学习者，其介入学习过程的程度因不同的文化而异"。二人把学习者确定为二语学习者，这种理解符合英语单语学习词典发展的历史和现状，已经成为学习型词典设计的普遍共识。然而，塔普（Tarp 2011）批评了哈特曼和詹姆斯二人对这两个英文术语上下义关系的论述，认为 learner's dictionary 与 pedagogical dictionary 除了视角不同（即前者从学生切入，后者突出教师视角），并无实质区别，学习者也不应该被狭隘地限定为"非母语学习者"，还应该把"母语学习者"和"学科学习者"包括在内。寇伍斯（Gouws 2020:148）进一步指出，学习者有时既是语言学习者，又是学科学习者。这些讨论拓展了学习者概念，对理解专科学习型词典的服务对象有一定的启发。就英汉专科学习型词典而言，其目标用户既是非母语学习者，又是学科学习者，或者更确切地讲，主要指 ESP 学习者。用户学习某一语言和学科，可以使用不同类型的工具书。因此，理解词典的"学习性"还必须弄清楚学习者如何使用词典进行学习。众所周知，通过检索工具书，用户要么核实已有的知识，要么获取新的知识。从这个意义上讲，所有的工具书都表现出或多或少的学习性（learner-orientedness）。针对这个问题，塔普（Tarp 2010:40）指出，"为了不降低学习型词典这一概念的针对性，应该区分两种类型的词典：一种是为了辅助持续学习而设计，另一种是为了满足用户临时的需求而设计，与具体学习过程无关。只有前一种词典才是严格意义上的学习型词典"①。塔普的看法进一步明确了什么样的词典才算是严格意义上的学习型词典。区分词典辅助下的一般性学习和持续性学习为英汉专科学习型词典如何确定内容特征、结构特征乃至技术特征指明了方向。

在词典家族中,有一类词典部分兼顾了用户的专业知识获取或语言编码需求,其学习导向也比较明显,需要与本研究探讨的专科学习型词典加以区分。以下三种词典是该类词典中的代表:(1) 百科学习型词典(encyclopedic learners' dictionary)。这种词典是介于百科词典与学习型词典之间的混合类型,同时提供语言信息和文化知识。从斯塔克(Stark 1999)的描述看,当前出版的学习型词典几乎都可算作百科学习型词典,但它们不特别指向某一学科,与本研究中的专科学习型词典是两个不同的概念。(2) 积极型或学习型专科词典(specialized dictionary for active purposes 或 active learners' dictionary of English for technology)。这种词典在专科普通型词典基础上加入了语言信息(主要是搭配、语法等信息)(文军 1998;Kopecka 2005),以满足用户语言交际中产生的编码需求。它们虽然也提供学科知识,但是仅提供简短释义或翻译,在概念关系的呈现方面系统性不强,无法满足用户的知识获得需求。(3) 术语学习词典(terminological study dictionary)。据王丽英和王东海(2009)、王东海和王丽英(2010)的描述,这类词典是面向母语用户的单语单科词典,为术语规范服务,主收基本术语,酌收一般术语,在释义和设例方面重视突出学科的系统性和术语之间的概念关系,但是基本不涉及语言编码信息,与面向二语学习者的专科学习型词典有着明显的差异。这三种词典虽然能够对专科学习型词典的设计有一定的参考价值,但都不是严格意义上的专科学习型词典。

如前所述,注解的目的是方便理解和学习拉丁文本,汇总了注解的词集因而表现出一定的学习性。诞生于词典萌芽时期的这一特点在词典家族中得到延续和发展,成为词典价值的重要体现。然而,一般词典的学习性只是为了满足用户临时产生的对知识的局部查询需求,专科学习型词典在此基础上还须向前迈进一步,即除了满足用户了解释义、拼写等一般性的查询需求,还必须以更系统的方式展示认知对象在各个维度上的不同特点。换言之,普通工具书提供的信息可以是单维和自足的,而学习型词典提供的信息

---

① 原文:However, in order to avoid diluting the very concept of a learners' dictionary, a distinction should be made between dictionaries conceived to assist an on-going learning process and those conceived to satisfy users' spontaneous needs with no relation to a specific learning process. Only the former type of dictionary should be considered a learners' dictionary in the narrow sense of the word.

则必须是多维和系统的。由此可见,学习型词典的学习性是从严格意义上讲的,即通过展示词语之间的各种联系来辅助有更高要求的用户进行有意识的和持续性的语言学习。英汉专科学习型词典以 ESP 学生和译者等不具有学科专业知识背景或专业知识非常有限的二语学习者为目标用户,以帮助他们获取专业知识和使用目的语进行交际为旨归。作为学习型词典的一种,专科学习型词典提供的信息也必须是多维和系统的,不能只满足于为专业词语提供组合维度上的搭配、句型等基本的编码信息,还应该以系统的方式呈现所涉及的学科体系和概念网络,在学科的整体背景中呈现术语或专业词语之间的重要联系,以帮助词典用户在习得专业二语的同时习得所涉学科的专业知识。这便是严格意义上的专科学习型词典,其设计特征是本研究的关注重点。

综上所述,百科学习型词典、积极(学习)型专科词典等词典类型虽然不属于严格意义上的专科学习型词典,但是对后者的特征设计有重要的参考价值。为了表述方便,本章 2.2 节把这类词典与严格意义上的专科学习型词典统称为专科(学习型)词典。此外,当需要突出词典类型和特点时,本研究将统一使用"学习型词典";当涉及某一具体学科时,本研究则使用"学习词典"这一术语(如英汉气象学习词典)。

2.1.2 语境化

由于语境在词汇习得中发挥了重要作用,在学习型词典中提供各类语境信息,对学习型词典进行语境化设计,已经成为学习型词典编纂应该遵循的一般原则。术语与通用词汇之间存在一定的差异,以术语为描写对象的双语专科学习型词典固然应该遵循学习型词典语境化设计的一般原则,但是又有着自身的特别之处,这与术语学和词典学采取的研究路径不无关系。

在二语词汇习得领域,研究者很早就留意到教师普遍对语境在词汇学习中的辅助作用持肯定态度。例如,贾德(Judd 1978:73)注意到人们大都赞同在语境中教授词汇……脱离语境教授的词汇往往被遗忘,主张为了完全掌握词汇或短语的含义,学生必须重视词汇或短语所出现的语境。奥克斯福德和科鲁克(Oxford & Crookall 1990)对去语境化(de-contextualized)的词汇学习提出了批评,认为这种方式之所以不可取,是因为脱离了交际语境学习词汇,即便是知晓其意义,也无法使用它们进行交际。奥克斯福德和斯卡尔切拉(Oxford & Scarcella 1994)认为虽然脱离语境的词汇学习可能帮助学生记忆要考试的词汇,但是这些词汇大多数情况下会很快被遗忘。内申(Nation 2001)也强调只有借助语境才能传达并实现词汇意义。哈伊杜克(Hajduk 2008:261)指出词汇学习是一个艰难的过程，需要将词汇置于语境中，认为词汇的语境化是教师提高学生词汇学习效率、丰富其词汇知识的重要工具。从这些论述可知，在二语词汇教学中提供语境信息早已成为共识。

　　作为增加词汇习得深度的重要工具和资源，学习型词典在设计中自然应该重视语境这一制约词汇习得的重要因素。事实上，词典编者早已经注意到了语境在语言学习中的作用，而且对语境这一概念的理解逐步从"上下文"(co-text)拓展到了其他层面。英语学习型词典先驱帕尔默、威斯特和霍恩比在异国从教的过程中，认识到二语学习者在语言学习方面存在着特殊困难，这为第一代英语学习型词典的设计提供了重要的参考。例如，《英语习语及句法词典》(*Idiomatic and Syntactic English Dictionary*, Hornby 1942)编者对英语动词的句型进行了细致的分类，提供了大量常用的搭配、短语和例证。可以看出，此处的语境信息还停留在"上下文"层面。《柯林斯COBUILD英语词典》(*Collins COBUILD English Language Dictionary*, Sinclair 1987)在语境化设计方面进行了新的尝试，不仅从语料库中选择真实例句，以展示词语的典型用法并补充必要的百科文化信息，而且首创整句释义法(full sentence definition)，把搭配、型式等信息巧妙地融入词典释义中。作为学习型词典家族中的后起之秀，《麦克米伦高阶英语学习词典》(*Macmillan English Dictionary for Advanced Learners* 2nd edition, Rundell 2007)把语境化设计向前推进一步，在词典文本中首创"Other ways of saying..."和Metaphors这两个板块，把学习型词典中的语境概念提升到了情景语境和认知语境的层面。

　　随着学习型词典设计不断推陈出新，语境化正逐渐引起词典学家的重视。哈尔马(Kharma 1984)最早在词典学领域使用"语境化"(contextualization)这一术语。他指出语境包括情景语境(context of situation)和语言语境，但是仅仅探讨了词典中的语言语境，认为词典可以通过提供释义、语法信息、例句、语体或文化提示、搭配限制、译语和词根词缀等信息实现(双语)学习型词典的语境化。汉克斯(Hanks 1987)认为词典的去语境化倾向反映了传统词典编纂仅仅关注孤立的词义，指出词汇一旦脱离语境就没有意义，词典只有通过例证才能实现词项的语境化。我国学者也注意到了语境化在学习型词典设计中的重要性。例如，赵彦春(2003:2)认为解码词典的特征是词汇释义的去语境化，而词汇释义的语境化则是编码词典的特征。魏向清(2011)结合英语学习型词典的研编史把语境化分为内向文本语境化、内外结合语境化和认知互动语境化三个时期,对英汉学习型词典的语境化进行积极的探索。耿云冬(2013)指出语境是一个多层次概念,重点探讨了如何从再语境化(re-contextualization)切入英汉学习型词典配例。

无论从词典编纂实践还是理论研究看,语境化都已经成为学习型词典设计的一般原则。这是因为词语在进入词典的过程中首先经历了去语境化。具体讲,在编纂过程中,编者把词汇从语言系统的聚合和组合关系中抽离出来,形成相对独立的词条;对词汇意义进行切分,形成相对独立的义项。对双语词典编纂而言,词典编者还需要为外语释义寻找对译词。该过程不仅遮蔽了词语之间丰富的语义联系,而且有可能造成原语词语和译语词语之间的虚假对等关系。这一去语境化的过程需要借助语境化设计加以矫正,即在双语学习型词典文本中添加括注、例句、参见、用法说明等信息类型,以恢复或重建词汇在各编纂环节中丢失的语境信息。

专科学习型词典编纂的语境化不仅体现了该类词典与普通学习型词典的共性,而且反映了其描写对象和理论依托的特殊性。专科学习型词典以术语为描写对象,以术语学为理论依托。术语学遵循称名学的研究路径(onomasiological approach),而词典学遵循语义学的研究路径(semasiological approach)。把术语学知识应用于专科学习型词典编纂中,意味着调整原有的称名学研究路径,适应新的语义学研究路径,或者说在遵循语义学研究路径的同时兼顾称名学路径,这在专科学习型词典中体现为术语知识的语境化。

术语学传统上被视为研究如何以一种或多种语言对某一专业领域中的专业知识概念进行组织(structure)、描写和指称(designate)的学科(Faber & León-Araúz 2016:3)。一般认为,在这三项工作中,构建概念结构是其他二者得以实施的基础,这是因为只有确定概念在知识结构中的位置以及概念之间的关系,才能对概念进行界定并加以命名。从这个意义上讲,知识结构为认识概念提供了必要的背景知识,充当了概念的认知语境。这种把相关概念组织在一起形成知识结构,基于知识结构识别、指称概念的研究途径被称作称名学路径(Riggs 1993;叶其松 2007)。

传统术语学把概念视为描述和组织术语知识的起点,强调概念先于术语而存在。为了界定概念,传统术语学主要基于"属—种"关系和"部分—整体"关系构建了层级的概念结构,根据被研究概念所属的上位概念、包含的下位概念以及该概念与同位概念之间的差异加以定位,在明晰相关概念之间关系的基础上对该概念进行界定,最终确定用以指称该概念的语言标签,即术语。随着术语学描写转向的发生，术语学家不再把术语视为指称概念的抽象标签，而是把术语看作表达专业意义的词汇单位，认为术语与普通词词语一样还处于丰富的聚合和组合关系中，这些关系也是知识结构的重要组成部分。为了描写这些关系，洛姆（L'Homme 2012b）借鉴了详解-组配词汇学（Explanatory Combinatorial Lexicology）提出的词汇函项理论（Lexical Functions）。除了传统术语学的"属—种"关系和"部分—整体"关系，她还考察了搭配关系、谓词—论元结构、同义关系、反义关系和派生关系，进一步丰富了术语及概念的认知语境。

框架语义学给称名学研究方式带来了新的启发，丰富了术语学对知识结构的构建。洛姆（L'Homme 2018）根据谓词的论元数量是否相同，论元是否性质相同以及是否拥有共同的附加语，辨认出可能"唤起"（evoke）同一框架的术语。通过与框架网（FrameNet）相比，洛姆或借用已有框架，或对它们进行修改，或创建新框架，确立了适合术语学研究的框架体系。最后，通过继承（Inheritance）、总分（Subframe）、先后（Precedence）、使用（Use）、透视（Perspective）、致使（Causation）、参见（See also）、相反（Opposition）、属性（Property）等关系把识别出的框架相互关联起来，形成更大的场景（Scenario），用以从整体上展示专业域事件之间的互动关系。框架术语学（Frame-based Terminology）同样受到框架语义学的启发，主张基于专业域中反复发生的典型事件组织术语概念。该理论把术语概念按照语义角色分为施事、过程、工具、受事、结果等范畴，范畴内部的概念之间呈现出传统的层级关系，属于不同范畴的概念之间则由因果、处所、时间等非层级关系联系在一起。围绕具体概念形成的概念系统不仅取决于概念所属的学科，而且受制于概念所属的类型以及概念在专业原型事件中充当的语义角色（Faber，León-Araúz & Reimerink 2014）。

普通术语学建构的层级树状概念系统，虽然为理解术语提供了最基本的认知语境，但是其首要目的是在概念系统中为术语概念定位、划界并确定语言指称，最终消除术语歧义，实现术语的标准化。普通术语学把术语视为抽象的概念标签，不考虑术语的句法维度，不利于专门用途英语学习者在二语环境中学习和使用专业知识。描写术语学把术语重新定义为"专门用途语言中专业知识的语言表达"（冯志伟 2011:20），认为术语不仅是知识单位，同时还是语言单位和交际单位（Cabré 2003:183）。费伯和莱昂-阿劳斯（Faber & León-Araúz 2016）在前人研究的基础上，构建了包含层级关系的多维度术语语境，根据涵盖范围将其语境分为局部（local）语境和全域（global）语境，每一类别由语义、句法和语用三个维度组成，具体涉及语义关系、谓词—论元结构、搭配、语法和词汇衔接、术语变体、交际场景、学科领域和文化等术语信息。她们还指出术语语境的表现形式包括语言语境、文化语境和图形语境(Faber 2015:25-29),从术语知识传播的角度肯定了语境的重要作用,认为语境赋予术语意义,术语也只有参照语境才能被正确理解、习得和使用。

与术语学不同,词典学主要遵循语义学研究路径,即以孤立的、单个的词语为研究起点,考察与词语相关的语义信息(Kageura 2015)。具体讲,在宏观结构层面上,为了方便检索,词典按照字母顺序编排词目;词目之间即使存在语义关联,也因为基于字母表的编排顺序而被彼此隔离。在微观结构层面上,词典考察词目的含义是否有多种解读(reading),每一种解读又该如何定义,不同的解读之间是否相互关联以及以什么样的方式相互关联(Geeraerts 2013:487;Louw 2000:121;Zenner et al. 2015:5)。就普通专科词典而言,其信息类型较为单一:宏观结构层面上,词目按照字母顺序编排,几乎清一色由名词术语组成;微观层面上,绝大多数词目只有一个义项,单语专科词典常常以"属概念+种差"的方式对义项进行释义,双语专科词典往往仅提供该义项的目标语对译词,很少配备包含术语词目的例句。由于以孤立的方式呈现概念,非专家词典用户难以推知概念之间的隐性关系,也难以对学科形成整体认识(Bowker 1998:634)。

专科学习型词典旨在帮助二语学习者在专业语言解码和编码活动中正确理解和使用专业术语,因而有必要在普通专科词典的基础上,针对语义学研究路径存在的局限,借鉴现代术语学理论,从各个层面上建构多维度的动态语境。具体讲,在宏观结构上,根据学科范围和构成确定收词范围和收词类型;在中观结构层面上,通过设置参见、专栏、插图等重建术语词目之间的概念关系和语义关系;在微观结构层面上,根据词目类型,通过释义、例句等提供差别化的语义、搭配和句法信息;在学科导引和附录中设置专题,以汇总或补充其他结构层面上提供的专业知识和语言知识。

在本研究中,专科学习型词典参考普通学习型词典的研编理论,借鉴现代术语学理论的相关成果,在各个结构层面补充和丰富语境信息的过程被称为专科学习型词典的语境化(contextualization)。

2.1.3 设计特征

现代设计学认为,所有产品都是设计的结果。作为文化产品的词典也不例外。事实上,词典设计早已经引起了词典学家的注意。对"设计"的最

早表述出现在穆夫温（Mufwene 1984）、奥斯曼和维甘德（Hausmann &
Wiegand 1989）以及斯塔克（Stark 1999）等人的文献中。而此时正是英语学
习型词典从第二代向第三代的过渡时期。有理由相信，词典编者在学习型
词典编纂实践中对设计的关注只会出现得更早。哈特曼和詹姆斯
（Hartmann & James 2002:37）基于上述文献，在《词典学词典》中对包括词
典在内的工具书的"设计"做了描述，即设计是统辖实用工具书编纂的总体
原则，不仅包括内容方面的特征（信息类别）和文本呈现方面的特征（编纂安
排），而且还涉及用户的查询需求和使用技巧。在这个定义中，哈特曼和詹
姆斯不仅辨认了词典文本设计的两大特征（内容特征和结构特征），而且指
出了词典文本设计同用户查询需求和技能之间的关系。学习型词典特别重
视目标用户的使用体验，上述描述为正确理解这类词典的设计指明了方向。

　　产品设计需考虑一系列的外部和内部因素，是外部因素的内在化（柳冠
中 2011:24）。学习型词典设计背后的理据也是多元和复合的，大致可分为
外部理据和内部理据两类。前者包含了很多方面，始终围绕着"人"这个核
心，其中最重要的就是词典用户及其需求，代表了词典设计的限定性；后者
也包含多方面，始终围绕"物"这一广义概念，包括词典设计的技术、载体和
工艺，代表了词典设计的可能性。可以说，词典设计就是内外理据融合的过
程。从这个角度看，哈特曼和詹姆斯对词典设计的传统描述显然忽略了词
典设计的内部理据。在当下及未来词典编纂技术化与词典文本数字化发展
的大趋势中，技术、载体和工艺影响了词典设计的方方面面，对学习型词典
产品的最终面貌几乎产生了决定性的影响。因此，只有把技术纳入研究中，
才能真正反映出学习型词典的设计原则。也就是说，学习型词典设计特征
不仅应该包括内容特征和结构特征这两大传统维度，而且应该包含技术特
征这一新维度。

　　"设计特征"作为词典学术语在《百科学习型词典——用户视角下的设
计特征研究》（Stark 1999）一书中被多次使用。在国内，陈国华和田兵
（2008）首次使用"设计特征"这一术语，二人在 2009 年出版的《英语高阶学
习词典设计特征研究：兼及多义词的认知语义结构和义项》一书中对几本单
语学习型词典的设计特征进行了系统的研究。然而，这些研究均未对设计
特征这个术语本身进行考察。魏向清、耿云冬和卢华国（2014:139;175;
214-215）首次对这一概念进行了细致的分类。他们在学习型词典的设计特
征两大传统维度（即内容特征和结构特征）的基础上增加了技术特征。他们
认为内容特征是指"在词典文本设计过程中编者以满足用户认知需求为旨
归，对自然语言及其所负载的相关知识加以取舍时所体现出的特点"，结构

特征是指"在词典文本设计过程中编者以满足用户检索需求为旨归,对词典信息内容进行结构化表呈时所体现出的特点",而技术特征则是指"词典产品设计过程中对所涉及的各类技术及其应用的具体考量,是实现词典设计内容和结构特征的技术保障"。

在本研究中,设计特征研究同样包含内容、结构和技术三个主要方面,其中内容特征是指词典对各种信息类型(以拼写、发音等语言文化信息为主)的取舍以及处理所选取的信息的原则和详尽程度。结构特征是指词典对所选取信息的编排和呈现方式,主要体现在总观、宏观、中观和微观四个结构层面上。技术特征则是指词典编者在语料搜集、加工和提取,信息存储、呈现和检索等各个设计环节对包括载体和工艺等在内的各种技术的选择和应用。由于技术特征中载体和工艺一般与具体的词典类型和主题无涉,本研究将把专用英语语料库的建设原则以及基于语料库的数据提取方法和工具作为技术特征的考察重点。

2.2 专科(学习型)词典设计特征研究述评

得益于学习型词典的产品定位,词典的设计特征受到前所未有的重视。专科学习型词典的市场和用户指向更加鲜明,对设计特征的研究也更加重视。事实上,正是因为早期的词典编者考虑到专科词典用户的表达需求,借鉴普通学习词典,在专科词典中加入了一些编码信息,使得专科学习型词典初具雏形。专科学习型词典的成型过程本质上是一个在设计特征方面不断完善的过程。

设计特征不仅是专科学习型词典发展史研究的核心要素,而且是理论研究的重要对象。早期的专科学习型词典学研究仅限于针对某些设计特征的零散讨论,尚未上升到系统的、理论的高度。例如,在 1995 年出版的《专科词典学手册》(*Manual of Specialized Lexicography*)一书中,贝延霍尔茨(Bergenholtz)和塔普(Tarp)用了整整一章详细地介绍了专科词典中包括语法、组合、同反义、语言标签、发音和例证在内的各种语言信息。尽管这些内容特征与专科学习型词典关系密切,但是由于该书着眼于整个专科词典学,对这些设计特征的论述显得较为单薄和零散。随着词典编纂实践的发展,研究者对专科学习型词典的特殊性日渐重视,开始构建符合专科学习型词典特点的词典学理论。例如,富埃尔特斯·奥利韦拉和阿里瓦斯-巴尼奥(Fuertes Olivera & Arribas-Baño 2008)在专著《专科学习词典学》

(*Pedagogical Specialized Lexicography*)中第一次明确提出了专科学习
词典学这一概念,以商务词典为例,从宏观、中观和检索等结构层面以及释
义、翻译和例证等方面对专科学习型词典的语义表征进行深入细致的探讨。
虽然针对专科学习型词典所展开的研究采取了不同视角,有着不同的关注
重心,但都把设计特征作为研究的出发点或归宿。

　　词典批评也是词典学作为人文科学研究的一个重要组成部分。对普通
学习型词典和专科词典的批评催生了专科学习型词典这一学习型词典家族
中的新成员。例如,贝儒安(Béjoint 1988)指出普通语文词典在科技词汇收
词及释义方面沿袭了普通词汇的处理方法,从而产生了一些问题和困难,他
认为在科学精确性和公众可及性之间寻找一个均衡点依然是词典编纂中需
要解决的一个难点。M. 维尔宾克和 A. 维尔宾克(Vrbinc, M. & Vrbinc,
A. 2014)则以普通学习型词典《牛津英语高阶词典》(*Oxford Advanced
Learner's Dictionary*)(OALD)第三版、第四版和第八版为例,重点讨论了
学科标签设置中存在的过于笼统、过于具体以及标签使用不一致等问题,并
提出了改进的建议。昆提-阿再(Nkwenti-Azeh 1995)对两本专科词典和一
本语文词典进行了比较,发现前者一般不收录词源信息,而在其他词典信息
类型方面与后者基本相似。富埃尔特斯·奥利韦拉和贝拉斯科-萨克里坦
(Fuertes Olivera & Velasco-Sacritán 2001)对普通学习型词典 OALD 第四
版和商务英语词典《牛津商务英语学习词典》(*Oxford Business English
Dictionary for Learners of English*)做了比较,发现两者在信息类型方面
完全相同。这些评论对专科学习型词典的特征设计都有着重要的借鉴意
义。此外,专科学习型词典的不断完善也必然伴随着对之前出版的专科词
典的批评和借鉴。例如,玛格丹(Mugdan 1989)在比较多本单语和双语专
科词典后,指出了这些词典在词性、屈折变化、构词法和句法特点等语法信
息方面的不足,就如何改进专科词典中的上述问题以更好地满足用户的接
受和产出需求提出了一系列的建议。总之,词典批评不宜泛泛而谈,应该做
到有的放矢,设计特征因而成为专科学习型词典批评研究的重要抓手。

2.2.1　专科(学习型)词典设计特征理论研究述评

　　鉴于设计特征在专科学习型词典研究中的重要地位,本节将从理论和
实践两个方面对专科词典设计特征研究进行评述。词典学界目前对专科
学习型词典应该具有什么样的设计特征还没有形成统一的看法。因此,
本研究从实用角度出发,拟以有关设计特征是否能够辅助词典用户获取

专业知识和使用目的语进行交际为选择标准,从而确定纳入综述范围的研究文献。至于这些文献或词典是否使用或冠以"专科学习型词典"则不在考虑之列。

(一) 研究内容

内容特征和结构特征是词典设计特征研究的两大传统维度。前者涵盖收词(包括范围、数量与选择标准)、释义或译义方式、语法信息、例证、概念或语义关系、搭配等方面,其中释义方式是研究的重点。后者包括宏观层面上词目和副词目的编排、微观层面上同形异义词和一词多义的编排、例证等其他信息的编排和布局,中观层面上词目之间参见的设置与指向以及正文外材料的设置等方面。从搜集的文献看,内容特征和结构特征是国内外专科学习型词典设计特征研究的焦点。这与词典设计特征研究的用户视角不无关系。一般说来,词典用户对词典的查阅总是始于对某种信息的需求,只有在查阅时才会注意词典信息的呈现方式。因此,词典用户的使用需求首先是一种信息需求。确定专科学习型词典需要包含的信息类型或具有的内容特征是词典编纂者在专科学习型词典设计中需要首先解决的问题。如何编排或呈现已经确定的信息类型决定着用户的查询是否成功、体验是否理想。结构特征自然就成为专科学习型词典设计特征研究的另一个要点。

技术特征指词典编者在语料搜集、加工和提取,信息存储、呈现和检索等各个设计环节中对包括载体和工艺等在内的各种技术的选择和应用。信息的存储、呈现和检索等各个设计环节对用户的使用习惯有着直接影响。例如,与纸质词典相比,电子词典在信息存储量和信息读取速度方面享有绝对的优势。电子词典用户在信息查得率和检索速度方面有着比纸质词典用户更好的使用体验。然而,载体和工艺反映的是词典设计共性的一面,与具体的词典主题和类型没有直接关系。因此,针对专科学习型词典设计中的技术和工艺要素的专题研究并不多见。比较而言,以语料库技术为代表的语料搜集、加工和提取技术与词典类型关系更为密切,为获取专科学习型词典设计必需的信息内容提供了保障,在专科学习型词典设计特征研究中日益受到重视。例如,语料的代表性是所有语料库建设中需要考虑的一个重要因素,但在服务于专科学习型词典编纂的语料库中,语料的代表性主要表现为涉及各种交际场景的专业文本类型之间的平衡性,这与普通用途的语料库明显不同。因此,研究以语料库建设和应用为代表的设计特征对提高专科学习型词典的研编水平有着非常重要的意义。

(二) 主要观点

在明晰了设计特征的三大维度涉及的具体内容之后,本节将结合相关文献考察和评析词典学界在专科学习型词典设计方面取得了哪些成就,还存在哪些不足。需要说明的是,虽然我国于 20 世纪 90 年代与西方几乎同步开始了对专科学习型词典的研究和编纂,但是总体而言这一领域的研究较为薄弱,相关文献较少。而西方同行则对这一专题始终保持一定的热度,近年来不断有成果问世,吸引了越来越多学者的关注。因此,这一节的文献回顾与评述重心将放在国外。对国内的相关研究成果不再分述,而是在对国外观点进行分类概述的同时,依据相关性将其穿插其中。

1. 内容特征

(1) 收词方面:①专科(学习型)词典收词应该首先确定学科范围。贝延霍尔茨和塔普(Bergenholtz & Tarp 1995:59)根据词典所涉及的学科把专科词典分为单学科、多学科和子学科三类,但是并没说明哪一种词典更适合学习者用户。其他学者对此也看法不一。例如,章宜华(2009:32)指出,"从功能范围来讲,初期的词典其专业覆盖面不宜太窄,即先编写综合性或多学科性的词典,再逐渐向单一学科词典发展"。而寇伍斯(Gouws 2010:66)则认为,"在同一本词典中同时处理多个学科可能给用户造成困惑,尤其是当每一个词目单都有自己的正文前和正文后材料并形成一系列二级框架结构的时候"①。

②在词目选择方面,最大化(尽可能覆盖更多的专业词汇)和最小化(只选择最核心或最常见的专业词汇)是专科(学习型)词典两个基本的收词原则。贝延霍尔茨和塔普(Bergenholtz & Tarp 1995:102)主张将二者结合起来,根据重要程度对术语进行分类,对不同的类别进行不同的处理。鲍克(Bowker 2003:156)把这两种收词方式与专科词典所涉及的学科范围结合起来,认为子学科词典往往采取最大化的收词方式,而多学科则倾向于采用最小化的收词方式。寇伍斯(Gouws 2010:59)从词典功能角度对这两种收词方式进行了探讨。他指出,为了帮助用户理解文本,专科词典需要采用最大化的收词方式;服务于文本产出的专科词典宜采用最小化策略。总体而言,专家对专科(学习型)词典采用什么样的收词方式还没有达成一致看法。

---

① 原文:The juxtapositioning of fields in one dictionary may be confusing to the users, especially if each central list text has its own front and back matter texts, constituting a range of secondary frame structures.

③词目的特点和类型也是专科学习型词典内容特征设计研究关注的一个重点。文军(1996:64)特别强调了积极型双语专科词典应该收录科学技术通用术语、学科常用的形容词和动词等准共有核心词汇。鲍克(Bowker 2010:159)肯定了在专科词典中收录普通语言词汇对用户的重要意义。与前述观点不同,石静、何家宁(2012)强调了词目的专业特性,指出商务英语学习词典的收词立目范围应涵盖与商务活动有关的领域,在保证数量的基础上要注意词目的"商务"性质,不收录一些与商务活动无关的词目。洛姆(L'Homme 2003)从词性及派生关系角度切入这一问题,指出名词在专科词典的收词中占绝对多数,而动词、形容词和副词则处于边缘位置的现状,主张基于详解-组配词汇学(Explanatory and Combinatorial Lexicology)揭示专业域的词汇结构,增收专业动词及其派生词。尼尔森(Nielsen 2018:80)指出专科词典收词可以是单词、复合词、多词单位、词素、缩略语和数字词。其他研究还涉及对文化相关词汇(Sánchez Cárdenas 2010)和行话、俚语等非正式词汇(Gläser 2000)的收录。

(2) 释义方面:释义是词典编纂的一项核心工作,相关文献比较丰富。①选择什么样的定义方式是专科学习型词典编者首先需要考虑的一个问题。富埃尔特斯·奥利韦拉和阿里瓦斯-巴尼奥(Fuertes Olivera & Arribas-Baño 2008)指出专科学习型词典应该采用整句式定义方式。夸瑞(Kwary 2011)的看法则有所不同,他认为服务于编码的专科学习型词典宜采用整句式释义,服务于解码的专科学习型词典宜采用可替换式释义。克鲁泽和海德(Kruse & Heid 2021)结合数学词典进行考察后指出分析式定义、when 式定义和整句式定义在专科词典中都具有适用性。

②控制难易程度是专科(学习型)词典释义研究的另一个重要方面。寇伍斯(Gouws 2010:64)关注了专科(学习型)词典的释义用词,指出针对专家和半专家撰写的简短释义可使用专业术语,针对外行撰写的简短释义则不能使用专业术语。尼尔森(Nielsen 2018)持相同观点,以 gene 一词展示两种释义的区别。劳尔森(Laursen 2010)建议针对非专家用户的专科(学习型)词典应避免使用行话,去除释义中的非原型特征。

③词典的功能是影响专科(学习型)词典释义的重要参数。尼尔森(Nielsen 2011)认为编者在释义时应该考虑用户的语言能力和专业水平,讨论了编者如何通过回答"是什么""做什么"和"与其他概念有什么关系"这三个问题以更好地体现释义的交际功能和认知功能。王丽英和王东海(2010)认为专科(学习型)词典的释义要抓住两点:一是对术语所指称的学科基本概念的内涵与外延的描写,二是术语语用上的易误因素辨析,前者保

证了术语学习词典的专科性与专业性,后者保证了其学习性与交际性。

④对专科(学习型)词典释义的研究还借鉴了原型范畴理论、生成词库理论(León-Araúz,Faber & Pérez Hernández 2008)、详解-组配词汇学和词汇函项理论(Frawley 1988;L'Homme 2003,2010)等语言学相关成果。与单语专科(学习型)词典相比,双解或双语专科学习型词典主要采取译义的方式,因而还涉及对释义或词目的翻译。

a. 释义方法或模式是译义的重要内容。文军(1996)认为编者应该考虑词典的容量,根据被释义词通用与否以及专业内容含量的多少来确定到底是采用释义法(提供对应词)还是定义法(以译语对词义进行阐释)。夸瑞(Kwary 2010;2011)指出专科(学习型)词典在释义时应该根据用户的语言水平是初级、中级还是高级,分别采用"母语","母语+外语"和"外语"模式。b. 相关研究还总结了译义的一般原则。章宜华(2009)主要针对双语专科学习型词典提出了释义的百科原则、多维原则和整体原则,认为括注是体现诸原则的重要手段。富埃尔特斯·奥利韦拉(Fuertes Olivera 2011)探讨了专科词典中术语存在一对多的翻译关系时该如何选择的问题,指出编者应该遵循关联(relevance)、规定(proscription)和借译(recreation)三原则。

(3) 语言或专业信息方面:①语法信息:玛格丹(Mugdan 1989)最早对专科学习型词典中的语法信息进行了系统的探讨。在比较多本单语和双语专科词典后,她指出了这些词典在词性、屈折变化、构词法和句法表现等语法信息方面的不足,就如何改进专科词典中的上述问题以更好地满足用户的接受和产出需求提出了一系列的建议。贝延霍尔茨和塔普(Bergenholtz & Tarp 1995:111-116)在《专科词典学手册》(*Manual of Specialized Lexicography*)中指出语法信息的缺失对词典功能(产出和翻译)的影响,主张结合正文外与词条中的语法信息以实现互补,并评价了专科词典中三种语法信息的呈现模式。安德森和勒鲁瓦耶(Andersen & Leroyer 2008)把语音、拼写、形态、句法、语义或术语、语体、语用和文化信息都纳入语法信息的范畴,从词典功能角度考察了旅游词典这样一种兼具双语词典和学习型词典特点的混合类型,在选择和收录语法信息方面存在的优缺点。

②短语和搭配:贝延霍尔茨和塔普(Bergenholtz & Tarp 1995:117-126)强调了收录词语组合(word combination)对专科词典发挥辅助产出和翻译功能的重要意义,将其分为搭配和多词型术语,认为辨识词语组合必须考虑词语之间的句法关系以及组合的专业相关度。马萨(Marzá 2009)指出术语总是与其他词语结伴出现,必须在语境中加以分析,这是编纂服务于产出的积极型词典的基础。富埃尔特斯·奥利韦拉等(Fuertes Olivera et al.

2012)把所有由两个以上词语构成、小于句子的单位都视为搭配,认为这类信息不仅能够满足用户的生成和翻译需求,还可以帮助用户掌握学科的概念结构。布恩迪亚·卡斯特罗和桑切斯·卡德纳斯(Buendía Castro & Sánchez Cárdenas 2012)指出了专科工具资源(词典、术语库)很少提供搭配和用法的现状,认为术语搭配、语义结构和句法结构等信息在专业文本产出中发挥重要作用。可以看出,现有文献对搭配的看法虽然存在不同,但都肯定了搭配在编码中发挥的重要作用。

③语义(或概念)关系:a. 语义关系中讨论最多的当属同义、反义等关系。贝延霍尔茨和塔普(Bergenholtz & Tarp 1995:126-130)指出同义和反义可以增加专科词典的百科信息含量,能够帮助用户理解术语以及生成科学文本。昆提-阿再(Nkwenti-Azeh 1995)则把同义和反义看作专科词典表达概念关系的重要手段。b. 概念关系是专科学习型词典需要重点处理的信息类型。章宜华(2009:34)强调专科学习词典应该模拟人类的认知过程,把握好自然语言中的上下位关系、部分—整体关系、属性—宿主关系、材料—成品关系、事件—角色关系、值—事件关系、值—属性关系、值—实体关系等关系特征。特塞多尔·桑切斯、洛佩斯-罗德里格斯和费伯(Tercedor Sánchez, López-Rodríguez & Faber 2012)认为专科词典应该借助层级和非层级关系(搭配、上下义及其他复杂的语义关系)再现词语之间的关系网络。c. 由于单学科专科词典中的多义现象比较少见,鲜有对词条内义项关系的论述。范德梅尔(Van der Meer 2010)是一个例外。作者指出,虽然有必要在专科学习型词典中明示隐喻型术语字面义与引申义之间的关系,但是限于篇幅,专科学习型词典只能有选择地对此类术语进行有限的处理。

④例句:例句是专科学习型词典内容特征的另一个重要组成部分,引起了不少学者的研究兴趣,相关研究涉及以下内容:a. 例句的分类。贝延霍尔茨和塔普(Bergenholtz & Tarp 1995:137-142)把例句分为真实例句(citations)、改编例句(citation examples)和自造例句(competence examples)。b. 例句的功能。贝延霍尔茨和塔普(Bergenholtz & Tarp 1995:137-142)指出例句提供的隐性信息是对释义、语法和搭配的补充,在语言生成和翻译方面能够发挥辅助功能,主张在例句设置方面应该考虑语言(源语还是译语)和科目特征(文化依存型还是文化无关型)等因素。文军(1996)同样强调例句的辅助作用,认为例句除揭示常用句型、语法特点、搭配范围,还应该在内容上体现出专业相关性。富埃尔特斯·奥利韦拉和阿里瓦斯-巴尼奥(Fuertes Olivera & Arribas-Baño 2008)认为例证是专科学习型词典的显著特征,具有展示词义、语法信息、搭配信息、语用信息和文化

百科知识的功能。艾哈迈德等(Ahmad et al. 1994)通过问卷调查了词典编者对例句的作用、例句来源和选择标准的看法,肯定了例句对术语的拓展和补充作用。布尔坎(Brkan 2007)指出,在解码型专科词典中,例句能够补充释义,区分多义词义项并帮助用户正确使用词语;在编码型专科词典中,例句不仅能够发挥前述三项功能,而且可以展示语法结构、同反义关系、搭配以及词语在专业领域中的语体信息,因而这类词典需要配备更多的例句。
c. 现有词典中的例句设置情况。尼尔森(Nielsen 2014)比较了例句在普通词典和专科词典中的设置情况后指出,例句在专科词典中没有受到应有的重视。富埃尔特斯·奥利韦拉和阿里瓦斯-巴尼奥(Fuertes Olivera & Arribas-Baño 2008)考察了几本专科词典的用例情况,指出词典中的配例还存在一些问题,双语专科词典存在问题更多,因此需要向普通学习型词典学习。

⑤插图:贝延霍尔茨和塔普(Bergenholtz & Tarp 1995:159-166)指出插图在专科词典中能够提供百科信息和发挥装饰功能,把插图分为具体、部分抽象和完全抽象三种,总结了插图与文字的四种互动关系。费伯等(Faber et al. 2006)把图形分为形象、抽象和动态三种,认为只有当图形聚焦于释义中所激活的核心模板信息并且当图形的形象、抽象或动态程度最佳时,图形才能够与释义形成配合,突出概念的多维性以及学科域特有的概念关系,使用户对专业概念有更好的理解。安蒂亚和伊沃(Antia & Ivo 2013)概述了现有文献对图表与文本关系的研究(意义、分类和功能),梳理了对定义(词典定义、术语定义和百科定义)的理解和图表的分类(方程、表格、图解、曲线图、地图、图画),探讨了图表种类与定义种类之间、图表功能与定义之间的关系以及学科知识本体(或性质)对图表的选择和图表与文本之间互动关系的影响。

2. 结构特征

词典学研究关注词典的各种结构,但相关讨论大多泛泛而谈,并不与具体的词典类型相结合。(Gouws 2010:55)例如,贝延霍尔茨和塔普(Bergenholtz & Tarp 1995)结合框架结构、分布结构、宏观结构、微观结构、参见结构、索引结构等层面对专科词典的结构进行了简单的介绍。这些描述基本适用于其他类型的词典,因而展示了专科词典同普通词典在结构方面的共性。尽管如此,也有不少学者从专科(学习型)词典的特殊性出发,探讨其结构特征。这些论述主要围绕专科(学习型)词典的宏观结构、微观结构、中观结构和正文外材料展开。

(1) 宏观结构:针对专科词典中词目大多完全按字母顺序编排的特点,文军(1996)主张积极型双语专科词典可以将围绕某词目构成的合成词作为副词目置于该词目之下,形成复式结构。他认为,这样编排在一定程度上可改变语义联系因词目分立而被隔断的状况。富埃尔特斯·奥利韦拉和阿里瓦斯-巴尼奥(Fuertes Olivera & Arribas-Baño 2008:43)也持类似观点,认为虽然可以按照字母顺序编排词目,但是还应该增设副词目,以反映学科的概念结构。鲍克(Bowker 2003:157)的看法则有所不同,认为系统编排具有明显的教学价值,能够更好地帮助用户理解整个学科领域以及展示概念在学科领域中的位置。特塞多尔·桑切斯等(Tercedor Sánchez et al. 2012)借鉴心理语言学和认知科学关于心理词库的研究成果,指出面向译者的专科词典应该同时采用字母编排和系统编排两种方式。寇伍斯(Gouws 2013)根据学习者所处的学习阶段探讨了专科词典的结构特点。他指出,服务于基础阶段的专科词典的宏观结构由主题编排部分(由图到词)、字母编排部分(由词到义)和字母编排翻译索引三部分构成;服务于中级阶段的专科词典应该按主题编排词目并设置简要介绍相关学科的正文外材料。服务于高级阶段的专科词典可采取汇合结构(amalgamated macrostructure,即严格按照字母表顺序编排所有词目)或抽屉结构(drawer structure,即先按主题对词目进行分类,然后对各类别词目按照字母顺序进行编排),而采用后者更能够与教学衔接并促成词典文化(dictionary culture)的形成。

(2) 微观结构:虽然多义现象在专科词典(尤其是单学科词典)中并不突出,但是依然有学者讨论了义项的编排问题。文军(1996)认为义项排列可遵循使用频率原则,按照通用、少用、罕用的顺序排列义项。徐庆凯(1984)认可按照频率高低顺序编排义项的重要性,但是认为当义项之间频率不相上下的时候可采用历史顺序或逻辑顺序排列。富埃尔特斯·奥利韦拉和阿里瓦斯-巴尼奥(Fuertes Olivera & Arribas-Baño 2008)指出专科学习型词典应该区分同形异义和一词多义,一词多义的各个义项宜分开编排,使用数字编号比使用字母编号能够更好地体现专科词典的教学导向。如何呈现搭配也是专科学习型词典宏观结构设置中需要处理的一个重要方面。洛姆(L'Homme 2002)指出,由于专业词汇搭配是一种复杂的语言现象,用户使用这些搭配时存在困难,肯定了在专科词典中收入搭配的重要意义。她认为在词典中呈现搭配的时候应该考虑关键词(keywords)的句法结构、含义和行动元结构(actantial structure)。茹斯等(Jousse et al. 2011)专门描述了《信息和网络词典》(The DiCoInfo)中搭配的呈现方式,即先根据词汇函项把搭配分为中级类别(intermediate class),在此基础上确定一个总属类别,最后基于 XML 以三个层级予以呈现。

（3）中观结构:在专科词典中,对中观结构的使用不仅能够避免重复和节省空间,而且有助于重建词目之间丰富的语义和概念关系。因此,与其他词典类型相比,专科词典特别重视在词典文本中对中观结构的设置。贝延霍尔茨和塔普(Bergenholtz & Tarp 1995:215-219)在《专科词典学手册》(*Manual of Specialized Lexicography*)中专辟一节把互参结构分为词典内和词典外两种,介绍了参见结构在补充信息和节约空间方面发挥的功能以及字母和符号等中观结构的表现形式。昆提-阿再(Nkwenti-Azeh 1995)认为参见可使专科词典更充分地展现在收词和释义中无法处理的同义关系。在针对中观结构的研究中,尼尔森(Nielsen 1999)的论述最为详尽和系统。他厘清了与中观结构相关的系列核心概念,把中观结构分为使用相关类与功能相关类两种,指出后者可用以展示概念和语义关系,辅助用户对这些关系的理解。尼尔森还强调说,在设计中观结构时,为了减少用户付出的信息成本,编者应该充分考虑参见所能够表现的精细度以及查询的路径和次数。章宜华(2009)同样强调了中观结构设置的重要性,认为借助中观结构可以重建框架成分之间、框架与框架之间或框架与外部材料之间的形态关系、概念关系、语法关系和语域关系。奥利韦拉和彼得斯(Oliveira & Peters 2009)认为,可把知识本体应用于电子词典 Termbank 的中观结构设计中,以向学生传授术语的概念知识以及学科的概念结构。

（4）学科介绍:学科内部有着一定的体系,有时仅仅依靠中观结构难以体现知识的系统性。因此,设置学科导引(subject field introduction)就成为专科学习型词典结构特征设计的一个特色。贝延霍尔茨和塔普(Bergenholtz & Tarp 1995:154-159)把百科部分(encyclopedic section)视为专科(尤其是单学科和子学科)词典的一个重要组成部分,认为这一组件可提供搭配、例证等信息,在理解和翻译方面能够给外行用户(layman users)以重要帮助。他们还指出了借助参见把百科部分与词目表进行整合的可能性。这可以看作相关文献中对学科简介的最早论述。贝延霍尔茨和尼尔森(Bergenholtz & Nielsen 2006:283)指出,专科词典正文外信息中的学科介绍(the subject-field component)与术语编纂所倡导的系统原则对应,一定程度上可以弥补词目字母编排无法呈现,但是对学习型词典发挥学习功能至关重要的系统性。他们甚至把学科简介视为专科词典的一个重要教学维度。富埃尔特斯·奥利韦拉(Fuertes Olivera 2009b)从词典功能出发探讨了语言、学科数目、目标用户等参数对专科词典学科简介设置的影响。塔普(Tarp 2010)以具体词典为例说明专科学习型词典可以借助学科导引实现辅助知识系统学习的目的。

3. 技术特征

贝延霍尔茨和塔普(Bergenholtz & Tarp 1995:92,94)在针对专科词典编纂材料的论述中,指出内省式编纂可能导致信息出现缺失和错误等问题,认为使用语料库是解决该问题的途径之一。但是整体而言,专科词典学家对语料库的兴趣远不及普通词典学家浓厚。(Bowker 2010:166)富埃尔特斯·奥利韦拉和阿里瓦斯-巴尼奥(Fuertes Olivera & Arribas-Baño 2008)研究了8本商务词典之后,指出语料库使用对词典例句的选择和收录产生的影响还非常有限。

近年来,随着语料库语言学对学习词典学影响的不断深入,专科词典学家也开始研究专用语料库在专科词典编纂中的应用问题。例如,李蓝(2006)结合《商务英汉词典》探讨了双语平行专用语料库在双语专科词典的收词、释义和设例中发挥的重要作用。寇伍斯(Gouws 2010:62)认为词典编者在专用语料库的辅助下,不仅能够识别备选词目和术语的多义现象,而且还可以借助上下文关键词(KWIC)功能从索引行中寻找常见搭配。鲍克(Bowker 2010)指出,语料库在频率统计和例句选择方面可为专科学习型词典编纂提供帮助,在词典编纂中使用语料库还有望创造出一种主收专业词汇、兼收与专业相关的高频普通词汇的混合型(hybrid)专科词典。她还设想了学习者专用语料库和口语专用语料库在丰富专科学习型词典内容和完善其功能方面可能发挥的积极作用。洛加尔和科桑(Logar & Kosem 2013)描述了如何使用 LUIZ、Sketch Engine 和 GDEX 从语料库中分别提取术语、搭配信息和例句,以快速编纂公共关系在线术语词典。恩科莫(Nkomo 2011)阐述了如何选取语料建设语料库,从中提取词表以及基于索引行撰写词汇释义。塔普(Tarp 2016)反思了语料库在术语释义中的局限性,认为词典学家可以在语料库中搜寻相关的术语和释义,但是只有当专家根据专业知识来评判语料库中的数据时,语料库才能在词典编纂的挑选数据阶段有所帮助。在确定词目方面,除了使用 Wordsmith Tools 从专用语料库中获取词频信息,还可以使用 RANGE_GAL_AWL 程序把词汇列表分为通用词汇、学术词汇和表外词语(off-list words),从而方便选择术语词目(Impong & Vitayapirak 2019)。

语境信息在语言编码活动中发挥了重要作用,自然受到词典学家的特别关注。威廉姆斯(Williams 2003)认为语料库可使词典中去语境化的意义实现再次语境化,帮助用户在意义与文本之间架起一座桥梁,在专科(学习型)词典编纂中同样可以在收词立目与释义撰写方面发挥语境化作用。洛姆(L'Homme 2009:248-249)使用检索工具从约两百万词的计算机和网络语料库中提取与名词术语构成典型搭配的名词、动词和形容词以及与形容词和动词形成搭配关系的副词。她肯定了网络在提取搭配词方面对专用语料库的补充作用。帕克曼和屈布勒(Pecman & Kübler 2012)指出,在双语专科词典编纂中不仅要借鉴术语学理论成果,还应该吸收短语学的相关理论,基于语料库对搭配、语义韵和语义偏好等短语现象进行研究,以更好地满足专家和学习者用户的需求。石静和何家宁(2013)以 market 为例,指出MI 值、Z 值、T 值等搭配强度计算方法均存在不足。比较而言,Sketch Engine 不仅能够找出包含目标词的高频搭配,过滤嘈杂信息,而且可以通过消歧对各种搭配进行分类,以帮助编者在词目释义与搭配和例子之间进行匹配。

　　一般认为基于语料库的词频信息在确定词典收词方面发挥了重要作用,但是威廉姆斯(Williams 2003)认为这种确定词目的方法在专科词典中未必可行。他主张基于互信息(MI)在专用语料库中检索常用术语的搭配,然后遵循同样的步骤,以搭配词为检索词从语料库中发掘出更多的搭配词,最后形成一个最多包含 5 层的搭配网络(collocation networks),把网络节点作为专科学习型词典词目的备选用词,据此确定专科词典的词目表。葛雷芬斯泰(Grefenstette 2016)主张使用 Word2vec 和定向爬虫从网络直接提取编纂专科词典需要的专业词汇,可以不必使用传统术语提取方法中不可或缺的参照语料库。

(三) 研究方法

　　哈特曼(Hartmann 2001:111-112)曾经感言:"关于词典学研究采用或应该采用的不同方法尚未有多少文献;实际上,据我所知,关于词典编纂过程本身是否以及如何成为一种研究活动,也没有任何明确的陈述。"[①]随着用户范式的兴起,流行于应用语言学领域的各种实证研究方法也开始受到词典学家的重视。例如,何家宁和张文忠(2009)、塔普(Tarp 2009)、卢(Lew 2011)等对用户研究中经常使用的问卷法、访谈法、观察法、报告法等实证研究方法进行了系统的梳理。魏向清、耿云冬和卢华国(2014)从词典的设计特征研究角度切入,在实证研究法的基础上归纳了另外两类方法:主体认知法和文本比较法。这三类方法同样可用于专科(学习型)词典的设计特征研

---

① 原文:Not much has been written about the various ways in which research on lexicographic topics is or should be carried out; indeed to my knowledge there are no explicit statements on whether and in what way the lexicographic process itself qualifies as a research activity.

究。但是与普通学习型词典学相比,专科(学习型)词典学对设计特征的研究还不够深入,涉及的具体方法比较有限,主要有以下三种:

(1) 文本评述法,是指就信息内容及其呈现方式对单个词典文本进行分析或对多个文本进行比较的研究方法。前者如克洛佩克(Chłopek 2013),他基于认知语言学的语义观考察了《朗文商务英语词典》(*Longman Business English Dictionary*)纸质版和光盘版的结构特点,发现该词典纸质版在宏观结构层面上把字母编排和概念编排相结合,在微观结构层面上提供语法、用法、搭配和例句信息,在中构结构(mesostructure)层面上提供词性、语法代码等专题,而光盘版则弥补了纸质版在语境化方面的不足。尼尔森和穆里耶(Nielsen & Mourier 2005)的文本评述法是多本词典文本评述法中的代表。他们就词典功能、数据类别以及信息成本(information cost)探讨了网络会计学词典的本质,参考目标用户群、功能、范围、词目以及相关信息域(relevant data fields),比较了 4 本双语和 10 本单语网络会计学词典,指出了这些词典存在的问题以及如何改进才能使词典更好地满足用户的需求。

(2) 实证研究法,主要有问卷法和报告法两种。前者是指调查者根据研究目的编制问卷,请被试就问卷中的问题做出选择或回答,以了解他们对词典某一或某些设计特征的看法与意见。(耿云冬 2014:62)卢萨克和米利奇(Glušac & Milić 2020)向诺维萨德大学的 21 名 ESP 教师和 705 名学生分别发放试卷,调查结果显示学生主要使用双语网络词典,教师则青睐手机词典;词典主要用来查找词义,学生对所有词典信息存在误解。他们据此认为师生都应该接受词典使用培训,词典应该成为必需的教学资源。报告法则是指被试者在完成自己的词典行为后进行书面汇报,调查者据此了解被试对词典设计特征的需求和看法。例如,库维略(Cubillo 2002)组织 ESP 学生基于特定专业文本动手自己编纂词典,以考察他们对词典的期待或认知与对词典的需求和使用之间的关系。库维略发现学生青睐双语词典,重视对译词、发音和例证等信息类型,赞同在词典中收入通用词汇和(半)专业词汇。

(3) 主体感知法,属于自上而下式的研究方法,研究的目的是评判现有的专科(学习型)词典设计特征或者开发出的新设计特征,具体又可分为经验内省法和理论演绎法两种。前者是指研究者依据自己的词典编纂或使用经验,以内省方式研究设计特征。最典型的是丹麦奥胡斯学派对专科(学习型)词典设计特征的研究。例如,塔普(Tarp 2010:51-52)把用户场景分为交际场景、认知场景和实践场景,详尽地列出构成各场景的多个小类。他根据用户场景把专科词典功能分为交际功能、认知功能和实践功能。这些分类和描述既不是对现有词典文本的总结,也不是从用户调查中获取的认识,而是以词典编纂和使用经验为基础进行内省思辨的结果。理论演绎法是指研究者基于相关学科的理论知识储备以演绎的方式进行设计特征研究。洛姆(L'Homme 2003)可算作其中的代表。她主张在详解-组配词汇学的关照下揭示专业域的词汇结构,认为专科词典应该增收专业动词及其派生词。茹斯等(Jousse et al. 2011)基于详解-组配词汇学中的词汇函项描述了在专科词典中如何呈现专业词汇的搭配。洛姆(L'Homme 2012a)还探讨了如何应用框架语义学的研究方法对专科词典中的例句进行标注以突出专业词语的论元结构。

在上述三种方法中,文本评述法是词典批评研究使用最多的方法,在专科(学习型)词典设计特征研究中使用非常普遍,其中又以两个或两个以上文本之间的比较尤为常见。问卷法和报告法虽然被广泛应用于普通学习型词典设计特征研究中,但是在专科(学习型)词典研究中对问卷法的使用还不够普遍,对报告法的使用目前仅见库维略(Cubillo 2002)一例。主体感知法中的经验内省法是设计特征研究方法中最传统的一种,凸显了专科(学习型)词典设计特征研究与词典使用和编纂实践之间的密切关系。理论演绎法则体现了专科(学习型)词典设计特征研究的跨学科特征,是专科(学习型)词典学设计特征创新的重要途径。这三种方法既相互区别,又相互联系,在研究中有时形成互补关系。例如,主体感知法通常为文本评述法提供理论依据,同时还为获取设计实证调查所需的数据提供了前提,在具体的研究中往往与后两者结合使用。

从前述对相关文献的综述中可以看出专科学习型词典设计特征研究还存在以下几个主要问题:

(1) 术语使用混乱。首先,对于"专科学习型词典"这一概念,不同的研究者使用的术语各不相同。例如,文军(1995)把针对 ESP 学习者编纂的专科学习型词典称为积极型双语专科词典,章宜华(2009)使用的则是双语专科学习词典这一术语。专科学习型词典的英文术语同样存在混乱现象。例如,富埃尔特斯·奥利韦拉(Fuertes Olivera 2009a)使用的是 pedagogically-oriented dictionaries,次年又开始使用 specialized dictionary for learners 这一术语。科佩茨卡(Kopecka 2005)则把专科学习型词典称为 active learner's dictionary of English for technology。术语使用上的混乱反映了研究者对专科学习型词典到底有什么样的本质特征存在不同的理解。其次,虽然都强调了加强专科词典学习功能的重要性,但是同一研究者在不同的文献中对专科学习型词典和专科普通型词典不做区分。例如,在富埃尔特斯·奥利韦拉(Fuertes Olivera 2010)编著的论文集中,贝延霍尔茨、尼尔森、塔普、洛姆、鲍克等都统一使用了 specialized dictionary for learners 这一术语,但是在其他文献(如 L'Homme 2012a;Nielsen 2013)中,他们往往只使用 specialized dictionary 这一外延更广的术语。把专科词典等同于其下位概念——专科学习型词典,就否认了专科词典家族中的其他成员,淡化了专科学习型词典在类型学上的特殊性。

(2) 从不同角度切入,彼此之间缺少整合。例如,文军(1996)和章宜华(2009)对专科学习型词典的论述主要从教学研究视角切入,偏重应用,把词典设计同教学要求相结合,注重探讨专科学习型词典同专门用途英语教学之间的衔接问题。塔普(Tarp 2010)、寇伍斯(Gouws 2010)等重点关注的是词典功能论对专科学习型词典编纂的指导作用。他们往往从编者视角出发,选择专科学习型词典的个别设计特征进行评述,注重对专科学习型词典潜在用户及其潜在需求的分析,特别强调通过文本设计实现专科学习型词典的多功能,以满足不同层次用户的不同需求。洛姆(L'Homme 2003)和特塞多尔·桑切斯等(Tercedor Sánchez et al. 2012)的研究则比较微观。他们借鉴术语学相关研究,重点探讨在词条的微观结构中如何表征术语的搭配和概念关系,对专科学习型词典的其他设计特征关注很少。

(3) 大多依赖普通学习型词典研编理论,对专科学习型词典的特殊性关注不够。例如,文军(1996)对积极型双语专科词典宏观结构和微观结构层面的设想主要借鉴了普通学习型词典在结构和内容方面的设计特征。富埃尔特斯·奥利韦拉和阿里瓦斯-巴尼奥(Fuertes Olivera & Arribas-Baño 2008)参照普通学习型词典在结构和内容方面的特征,以释义、对译词和例证为重点逐一分析了 8 本商务词典,指出专科学习型词典编纂必须把普通学习词典学的原则纳入专科学习型词典的编纂实践中。在技术特征方面,专科学习型词典设计同样借鉴了普通学习型词典的数据获取方法。例如,鲍克(Bowker 2010)总结了语料库在专科学习型词典编纂中的使用情况,预测了语料库在专科学习型词典中可能发挥的作用,但是并没有提及服务于专科学习型词典编纂的语料库在建设和数据提取方面的特别之处。诚然,专科学习型词典首先是学习型词典,具有普通学习型词典的一般特征,其设计亦遵循学习型词典的语境化和差别化的总体编纂原则。但是专科学习型词典与普通学习型词典存在着明显的差异。因此,普通学习型词典的设计特征对专科学习型词典是否适用以及在多大程度上适用都是需要思考的问题。否则,现有的论述很容易造成"专科学习型词典=普通专科词典+编码语言信息"这一简单理解。

　　术语使用混乱导致研究对象定位不明,不同视角缺乏整合,致使相关研究难以形成合力,过于依赖普通学习型词典研编理论又使专科学习型词典设计创新乏力。早在 2012 年,塔普(Tarp 2012)就指出虽然专科词典出版数目可观,但是过去 20 年专科词典理论研究却发展缓慢(in slow motion)。如今,距塔普发表该文又过去了十多年,本书作者整理最近 5 年相关文献发现,前述问题仍不同程度存在,在专科学习型词典设计方面依然缺少令人耳目一新的创见。

2.2.2　专科(学习型)词典设计特征实践研究述评

　　通过对专科(学习型)词典设计特征理论研究的内容、观点和方法的述评,本书作者厘清了国内外专科(学习型)词典设计特征理论研究的脉络。既然设计是一项实践性非常强的创造性活动,设计特征又是从设计实践中概括出来的编纂原则,就非常有必要结合具体的词典文本进一步考察设计特征在专科学习型词典中的体现,以阐明前述理论认识与专科(学习型)词典设计实践之间的互动关系。如前所述,专科学习型词典研编还处于摸索阶段,学界对专科学习型词典应该具有什么样的设计特征还没有形成统一的意见。本部分选择的词典呈现出不同程度的学习性。评述的目的是考察国内外专科(学习型)词典在设计实践中已经取得的成绩,对严格意义上的专科学习型词典设计可能带来的启示。本节述评将涉及英语单语和英汉双语两个类别,评述不求面面俱到,仅通过代表性辞书的编纂案例,重点考察这两类词典在内容、结构和技术方面的实践特点。

(一) 单语专科(学习型)词典设计特征实践研究述评

　　1. Godman., A. & Payne., E. M. F. (eds.), 1979. *Longman Dictionary of Scientific Usage*. London:Longman Group.

　　《朗文科技用法词典》(*Longman Dictionary of Scientific Usage*)(以下简称 LDSU)的编者在前言中指出,"该工具书可为使用英语学习科学的中学高年级学生和已接受过非英语教育但需要使用英语的大学新生提供实际帮助;对那些母语非英语但需要接触英语材料的科技工作者也同样有用;也能为科技英语教师提供帮助"①(iii)。LDSU 的词目表分为三个部分:第一部分包含 1 300 个基础术语,第二部分包含 8 500 个生物、化学和物理学术语,第三部分由 190 词根或词缀组成。就词性而言,前两部分词目以名词为主,兼收动词和形容词,副词则以内词目的形式列出。各部分采用二级分类编排原则,即首先按照科学原则分类,然后按照语义是否相近进行二次分类编排。例如,基本术语被分为空间、物质、形状、存在、构成、运动、变化、时间、过程和知识等 10 个类别。空间部分收录了 86 个词语,其中 single、sole、solitary、lone、isolated、segregated、unique 等 7 个近义词词条被编排在一起。分类编排虽然能够更好地满足用户的表达需求,但是存在检索不便的缺点。为了解决这个问题,LDSU 在词典的附录中设置了字母顺序索引,帮助用户在词典中快速定位目标词语。

在微观结构中,LDSU 几乎提供了在普通学习型词典中所有常见的信息类型。现以 single 为例说明 LDSU 在微观结构方面的特点。为了方便表述,本书作者为词条的每一部分都添加了序号。

①**AA051 single**(②*adj*.) ③describes one object, organism, action or process which is separate from others, ④ *e.g.* **a** separate experiments are carried out on photosynthesis, each single experiment determines one condition for photosynthesis to take place. ⑤ Note that several objects, etc. , can be described as single, and each one is considered separately; it does not exclude other single objects from a group, which may also be considered. —⑥ **singly** (*adv*.) ⑦ ↓ sole[1] (Sn) • SOLITARY (Sn) • LONE (Sn) • ISOLATED • SEGREGATED • UNIQUE ↑ SURROUNDINGS → PARTICULAR

在这个词条中,词目 single 前的代码①**AA051** 表示 single 在 LDSU 中的编排位置,其中字母 AA 表示 single 是与空间相关的一个概念,数字 51 表示 single 空间这一主题中的第 51 个词目。在 single 词条的其他信息类型中,

---

① 原文:This is a reference book and practical aid for students studying science through English during their final years at secondary school and for those students using English in their first year at a University but whose education has been in a language other than English. The book will also be of use to those for whom English is not their first language, but are working in the scientific field and need access to English material. It will also be helpful to those teaching English to science students.

②表示词性(*adj.*),③是释义,④是例证,其中包含 each single experiment 这样一个搭配,⑤是用法说明,⑥是派生词(singly),⑦是参见信息。在参见信息中,↓ 表示 sole、SOLITARY 等词编排在 single 之后,↑ 则表示 SURROUNDINGS 编排在 single 之前,→则表示其后的词与 single 在语义上相关,括号中 Sn 表示括号之前的词与 single 构成近义关系。

　　LDSU 除了在编排方面独具特色,近义词辨析图示是其另一个突出的特点。例如,对上文提到的 single 的 6 个近义词,LDSU 使用图 2-1 清晰地展示了这些词之间的区别(p6)。

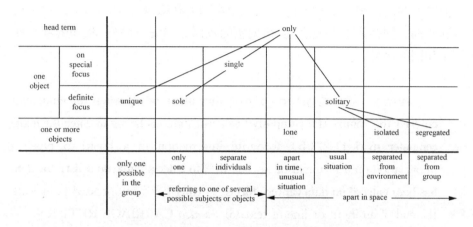

图 2-1　single、sole、unique 等近义词辨析图示

　　从图 2-1 可知,unique 和 sole 与 single 的区别在于前两者的语义中有确定的关注对象,而后者则没有;unique 与 sole 之间的区别在于 unique 强调被修饰对象在整组中具有独特性,而 sole 的含义并不突出这一点。其他词之间的区别此处不再赘述。

　　2. Collin,S. M. ,& Collin,P. H. (eds.),2002. *Dictionary of Information Technology* (Third Edition). Peter Collin Pub Ltd.

　　《信息技术词典》(*Dictionary of Information Technology*)(以下简称 DIT)收录了 13 000 条信息科学术语。因为信息技术本身横跨计算机、电子和电信等领域,所以 DIT 的收词不仅涵盖硬件、软件、编程、网络、多媒体、图形处理、数据库、桌面出版、电信、电子等学科,而且涉及无线电、电视、摄影、电影等领域。DIT 还酌情收录了在计算机技术发展过程具有重要地位的产品名称、公司名称和商标名称。从表面上看,DIT 属于多学科词典,但是 DIT 仅收录各学科中与信息技术相关的词汇,与一般的多学科词典又存在明显不同。与 LDSU 类似,DIT 的收词在词性上涵盖名词、动词、形容词和副词,表现出明显的学习倾向。DIT 按照聚合方式编排所收词目,即以词集的形式把一些具有形态或词源联系的派生词和多词型术语归在同一主词目下。例如,在 alpha 主词目之后,收集了 alphabetic character set、alphabetically、alphabetical order 和 alphabetize 等四个派生词或多词型术语。章宜华和雍和明(2007:58)、斯文森(Svensén 2009:376)等学者都肯定了这种编排方式的教学价值。

与 LDSU 类似,DIT 在词条内对信息类型的选择和呈现也体现出了一定的学习倾向。现以动词 enter 为例说明 DIT 在微观结构层面上的词条内容和布局。同样为了方便表述,给词条的各部分都编了序号,相同的项目使用了相同的序号。

> **enter** ①*verb* ②(**a**) to go in:③**they all stood up when the chairman entered the room; the company has spent millions trying to enter the home computer market** ②(**b**) to write information in a book; to type in information on a terminal or keyboard:③**to enter a name on a list; the data has been entered on data capture forms;** ④**enter key**=key pressed to indicate the end of an input or line of text;⑤ *see also* CARRIAGE RETURN
>
> ⑥◇**entering** ①*noun* ②**act of typing in data or writing items in a record**

在该词条中,①是词性信息,②是释义。特别值得一提的是,为了便于用户理解,词典中的释义用词被控制在 500 个常用单词以内。词典为 enter 提供了两个义项,其中(a)是词目的一般含义,(b)是其专业含义。虽然词典没有特别说明义项的排列顺序,但是结合其他多义词词条可知,词典基本上遵循非专业义项在前、专业义项在后的编排原则。③为例句。词典为前述两个义项各配置了两个与信息科学相关的例句,前两个例句的专业性明显比后两个低。④是多词型术语,⑥是派生词,都是词条的副词目,词典为它们各自提供了释义。⑤提供的则是副词目 enter key 的参见信息。

除了上述几类词条信息,DIT 还视情况为一些词目配备了以下 3 类信息:(1)注解(note),告诉用户词目有无复数形式、特殊的复数拼法、动词的不同变化形式以及句型用法。注解可以看作对词典中语法信息的补充。例如,在 argue 词条中,词典提供了如下注解:you argue with someone about or over something. 该注解告诉用户与 argue 经常搭配的介词。(2)评述

(comment)。借助评述,词典为术语提供释义和例句以外更多的专业知识。例如,在 mains electricity(居民用电)词条中,提供了如下评述:In UK this is 240 volts at 50 Hz; in the USA, it is 120 volts at 60 Hz. 该评述补充了在释义和例句中无法提供的专业知识。(3) 引证(quote)。词典还从专业杂志等刊物上选取例句以展示词目在真实文本中的用法。例如,在 algorithm 词条末尾处,词典提供了如下引证:"The steps are: acquiring a digitized image, developing an algorithm to process it, processing the image, modifying the algorithm until you are satisfied with the result. *Byte*."该引证来自 *Byte*,为 algorithm 提供了 develop、process、modify 3 个动词搭配词。

(二) 双语专科(学习型)词典设计特征实践研究述评

1. 文军. 1995. 商贸英语学习词典. 重庆:重庆大学出版社.

《商贸英语学习词典》(以下简称《商典》)被编者称为"一部集语文词典、专科词典之长而编成的新型经贸英语学习词典"。该词典是国内第一部在名称中冠以"学习"二字的专科词典,其目标定位非常明确。《商典》的收词涵盖了经济、股票、保险、旅游、贸易、商业、税务等 19 个学科,但是仅涉及其中与商贸相关且频率最高的常见词 8 千余条。在《我国双语专科词典现状与积极型词典的编纂》(代前言)中,编者把这些词汇称为"准共有核心词汇"(sub-common core vocabulary),把它们大致可分为如下三类:1) 科学技术上的通用术语,不为某一学科独有,却具有属于某一学科的独特义项;2) 某一学科常用的形容词、动词等,不仅使用频率高,而且具有较强的搭配能力;3) 某一学科所囊括的基本概念、基础知识方面的名词术语,属于最能体现某专业"专科"的部分。虽然编者在前言中主张对词目采用单式结构和复式结构相结合的编排方式,但是《商典》整体上依然按照字母顺序编排词目,复式结构并不明显。

《商典》的学习特色不仅反映在词典名称和收词方面,微观结构中的信息类型和编排也体现了学习型词典的一般特征。现结合 branch store 简要描述《商典》的词条结构。

①branch store②/ˌbrɑːntʃˈstɔː/③*n.* ④分店(设在总店所在地区以外的商店):⑤Well, you see, the contract will be signed by the head office, but it may be executed by one of the branch stores. 你知道,将来由总公司签合同,可能由某个分公司来执行。A branch store often is not an economic entity. 分公司通常不具有独立的法人地位。

该词条由①词目、②音标、③词性、④释义、⑤例句及其翻译等组成。各词条提供的信息类型总体上差别不大,部分词条提供的信息类型略有不同,有的增设学科标签(如【会】)、词形变化(如 pl. arrival notices)或缩略语(如【缩:asst】),有的则不设例句。在前述几种信息类别中,音标特别值得一提。从上文可知,无论是 LDSU 还是 DIT 都没有收录音标。从这一点也可以看出《商典》的编者对我国词典用户在二语学习中的实际困难了解得更全面。《商典》为专业程度较低的词目仅提供对译词,对专业程度较高、用户难以理解的词目则在对译词的基础上以括注形式进行简单定义(如本例中的“设在总店所在地区以外的商店”)。对于多义词词目,词典遵循“使用频率原则”,按照通用、常用和罕用的顺序编排义项。

除上述 8 项基本信息类型外,《商典》还根据词目的类型和特点提供其他四类典型的学习信息:(1) 同/反义词。(2) 参见。这两种信息类型为用户提供了与词目词在语义或概念上相关的词目。例如,在 absorption costing 词条中,词典提供了如下信息:【同】full costing;【参】costing,marginal costing,overhead。由于在宏观结构中已被立为词目,词条内的同/反义词和参见词均不再提供对译词或释义。(3) 注释,用于解释与词目词相关的用法。例如,词典在 absenteeism 词条中提供了如下信息:【注】不与 a/an 连用,无复数,谓语只用单数动词。(4) 搭配。《商典》为大部分词条提供了搭配信息,突出地体现了其编码特点。例如,在 advance bill 词条中,词典提供了如下搭配信息:【搭】accept,draw,sign an advance bill 接受/开立/签发▷预支票据。当词目是多义词时,词典根据义项对这四类信息进行分类,以序号标出与这些信息对应的义项。

2. 徐树德,赵予生.2010.多功能汉英·英汉钢铁词典.北京:化学工业出版社.

《多功能汉英·英汉钢铁词典》(以下简称《多功能》)是一部双语双向专科词典。李亚舒认为该词典“开双语科技词典利用英文原版引例辨析词义、析误匡谬之先河,填补了双语科技词典编纂的一项空白”。(序第 1 页)其中汉英篇收录词条 36 000 余条,英汉篇收录词条 43 000 余条,涉及的专业主要包括烧结、球团、焦化、炼铁、炼钢、连铸、模铸、压力加工等。此外,词典还收录了与钢铁专业关系密切的粉末冶金、耐火材料、金属学、热处理、机械、铸造、化工、焊接、环保、电气、计算机、企业管理等专业词汇。词典分为汉英和英汉两部分。汉英部分依次按照汉语拼音字母顺序、声调顺序和笔画数目排列；英汉部分则严格按照英文字母表顺序编排。

为了节省篇幅，编者在英汉部分仅为词目提供了对译词。比较而言，汉英部分内容更丰富，也更能够体现词典的多功能特色。现从词典中选取前后相邻的 6 个词条，结合它们简要概述词典在微观层面上的内容和结构特点：

安大略自硬高铬模具钢 Ontario

安得逊张拉成形法 Androform process

安卡不锈钢 Anka

安科海绵铁粉 Ancor iron powder

安全标准 safety standard

安全不爆炸浓度 nonexplosive concentration〔气体的〕

从这些词条可知，《多功能》仅为词目提供了英语对译词，略去了语文词典中常见的词性、发音等信息类型。因此，《多功能》的词条内容和结构颇为简单。词典的多功能特色主要体现为部分词条中设置的以下几类信息内容：

(1) 辨析。徐树德和李气纠(2010)指出辨析可分为三类：

1) 用词辨析。例如，在"全连铸"词条中提供如下信息：

【辨析】是钢铁工业中使用频率较高的术语之一。将其翻译成 sequence casting 或 full continuous casting 是错误的。sequence casting 的含义应为"多炉连浇"。

2) 语法辨析。例如在"直接还原铁"词条中提供了如下信息：

【辨析】若译成 direct reduction iron 看似准确，其实不符合英文钢铁专业约定俗成的习惯表达方式。从技术上讲，"直接还原铁"即通过铁矿石直接还原法"被还原出的金属铁"，故其中的"还原"应选用过去分词形式。

3) 词序辨析。例如，在"板坯连铸机"词条中提供如下信息：

【辨析】译成 slab continuous caster 或 slab continuous casting

machine,在词序上不符合英语通常的习惯用法。

（2）例证。词典设置例证通常是为了进一步延伸和补充词义,更多是为了与前述"辨析"形成佐证,说明具体的用法。

（3）简释。对于那些反映本专业新知识、新概念的词目,词典设置了简要概念解释。

就内容而言,除《多功能》,前述各词典的收词都涵盖了名词、动词、形容词等重要词性,在词条层面或注重对各信息类型的全方位收录(例如,LDSU 和《商典》均收录了词性、释义、例句、搭配等普通学习型词典中常见的信息),或突出某(几)个信息类型(例如 DIT 控制释义用词,突出了注解与评述,而《多功能》则为英语对译词设置了详尽的辨析信息)。从宏观结构看,LDSU 采用二级分类编排模式,突出了词典的编码功能;DIT 按照字母顺序采用聚合方式编排词目,一定程度上兼顾了词典用户的编码与解码需求;《商典》和《多功能》都按照字母顺序编排,方便用户从词形出发查找相关信息。在微观层面上,《多功能》的结构最简单,绝大多数词条仅包含对译词;其他 3 本词典采用"基本信息(释义、例句等)在前,附加信息(同反义、参见、搭配)在后"的词条信息布局。其中《商典》还特别注重多义词义项的编排顺序。在这 4 本词典中,DIT 和《多功能》都重视使用真实例句;《商典》无论在收词还是义项的编排方面都重视频率信息的参考价值;LDSU 也表现出明显的语料使用意识。在普通学习型词典编纂中,语料库在获取上述三类信息的过程中都发挥了举足轻重的作用。然而,就前述 4 本词典而言,无论是在词典前言中,还是从相关评述中,都没有证据表明在编纂过程中使用了语料库这一重要工具。富埃尔特斯 • 奥利韦拉和阿里瓦斯-巴尼奥(Fuertes Olivera & Arribas-Baño 2008)指出语料库在专科学习型词典中应用非常有限。本节针对上述 4 本词典的分析再次印证了这一点。

2.3 专门用途英语教学与词典使用研究述评

国外有研究者很早就注意到了词典与 ESP 教学之间的关系。例如,李特维克(Litwack 1979:385-386)指出,在设计针对实习生的 ESP 教学大纲时应该考虑到词典使用这一因素,把学生对词条的编排方式、词目的拼写和发音变体、词典中参见以及各种词缀的了解作为阅读教学的一项目标。斯韦尔斯(Swales 1985:21)认为没有解决词汇问题是导致 ESP"不成熟"的原因之一,提出在 ESP 教学领域编纂 ESP 工具书以解决学习者的大部分词汇问题。图莫洛(Tumolo 2007)通过研究发现,与根据语境猜词和利用构词法知识一样,使用词典也是教师在 ESP 课堂上用以展示未准备(unplanned)词汇意义的手段。在对猜测词义与使用词典这两种学习策略进行比较后,迪亚卜(Diab 1989)指出,虽然应该把前者整合进入 ESP 课程设计和实施中,但是就可靠性而言,尚无法取代后者。较近的一项问卷调查表明,在教学的不同阶段使用普通词典和专科词典作为辅助手段,一定程度上可以提高学生对运动专业术语的学习效果。(Milić,Glušac & Kardoš 2018)

　　我国的 ESP 教学也关注工具书的使用。2007 年颁布的《大学英语课程教学要求》不仅在理解和生成方面对学生的专业英语能力提出了明确的要求(即听懂专业英语授课、阅读专业英语文献、撰写专业英语摘要和小论文以及摘译所学专业的英语文献资料),而且还肯定了词典在专业英语学习中的辅助作用(即能借助词典翻译所学专业的文献资料)。黄萍(2007:24)肯定了词典介入 ESP 自主学习的必要性。她指出,"在没有专业课教师的情况下,专门学术英语和专门商务英语不可能得到一一咨询,语言教师就需要对专业词汇采用一种询问的姿态。学生是否完全理解了该术语? 如果没有,他/她如何能够查到其意思? 这就涉及使用字典或其他资源了"。盛俐(2012)也持类似观点,主张发挥网络资源丰富、更新速度快且信息展示多样化的优点,积极转换教学模式,培养学生们在网络词典辅助下进行自主学习的能力。还有研究者调查了 ESP 学习者对词典的看法。例如,黄媛和秦志红(2012)对医学英语学习者进行了调查,发现超过 80% 的受访者认识到医学英语词典在自己学习中的重要性,其中 36.0% 认为非常重要,49.0% 认为很重要,只有 11.3% 和 3.7% 认为不重要或一点都不重要。

　　虽然词典在 ESP 教学中的辅助作用得到认可,但是现有的词典并不能满足 ESP 教学的需求。在针对 405 名约旦大学护士专业的 ESP 学生的问卷调查中,迪亚卜(Diab 1989)发现在最受欢迎的两本词典中,普通用途双语词典 *Al-Mawrid* 收录了许多学生不需要的信息(如有关军衔的附录信息)。此外,词典按照历史原则对词目进行释义,为术语提供的释义信息也显不足,这都难以满足用户对术语释义的查询需求。大型专科词典 *Medical Dictionary* 仅提供阿拉伯语对应词,没有收录发音、例证和插图等信息,同样不能满足 ESP 学生的学习需求。威廉姆斯(Williams 2006)发现,由于没有合适的工具书,ESP 学生往往过度依赖双语专科词典中提供的简单对应关系。

　　我国出版的专科词典大多以专家为目标用户,属于双语词汇对照类型,虽然有可能部分满足学生的英语解码需求,但是在帮助学生进行专业英语编码活动方面几乎不能发挥任何作用。文军(1995)指出此种编纂现状已无法满足社会实际需求和适应我国外语教学的需要。他探讨了宏观结构中词目的选择和编排,微观结构层面上的拼写、读音、词性、数、格及词语缩写、语域、释义、例句、同义结构、使用说明和副词目等信息类型的收录和呈现,提出了编写积极型双语专科词典的构想。章宜华(2009)对全国30多所大专院校的120余名学生进行了问卷调查,调查对象为科技英语专业学生或至少学过一门用英语讲授的专业课的学生。大多数学生对现有的英汉专科学习型词典表示不满,只有19%的受访学生认为部分双语专科词典能解决他们专业学习过程中碰到的英语词汇理解问题。陈劲波(2007)让13名化学专业的ESP学生把3篇关于化工技术或产品的英文短文翻译成汉语,通过问卷和访谈获取他们对所使用的专科词典的评价。他发现学生反映的问题主要集中在以下两个方面:词典的内容设置(收词量、发音、词义、搭配)不能满足ESP学习需要;词典内容陈旧,不能反映科学技术的最新发展。

研究者不仅指出词典不能适应ESP教学的现状,而且积极了解ESP学生的词典需求。库维略(Cubillo 2002)让ESP学生基于特定专业文本自己动手编纂词典,据此比较了词典用户对词典的期待与他们对词典的需求和使用之间的差异。为了弄清楚词典用户的使用需求,章宜华(2009)对全国20多所大学的2 000余名英语专业学生(包括专业课接受双语教学和全英语教学的学生)进行了问卷调查,收回有效答卷1495份。调查表明,对于词典微观结构中的三大信息类型——释义、注释和例证,学习者需求最大的是句法模式、搭配结构和惯用搭配,对这些信息的认可度达81%—92%;其次是用法说明、例证的辅助释义功能、语义辨析和用法提示。章宜华发现学生对双语专科词典中的语言生成信息的需求十分强烈。

国内外都有学者对词典在ESP教学中发挥的作用予以了关注,还有研究对ESP学习者的词典需求进行了调查,指出当前的词典研编现状已经难以适应ESP教学的需求。总体而言,相关研究的数量非常有限,高质量的研究则更为少见。

2.4 气象(学习)词典研编述评

如前所述(见第1.2节),本书将以气象学为例,基于词典学、术语学相关理论探讨如何对英汉专科学习型词典进行语境化设计。在考察英汉专科学习型词典应该具有什么样的设计特征之前,有必要弄清楚国内外气象词典的出版情况以及现有的气象词典编纂和研究可为英汉专科学习型词典语境化设计提供什么借鉴。

为了考察国外现有英语气象词典的出版和设计,笔者以 meteorology、dictionary 及其近义词为关键词,在网络(谷歌图书、亚马逊书店以及国外知名大学的图书馆的英文网站)上进行检索。对获取的信息进行整理后,排除百科全书和其他语言的词典,还剩下 28 部气象词典,其名称多冠以dictionary 或 glossary。借助谷歌图书和亚马逊书店的预览功能,笔者根据词条内容把这些词典分为单语概念解释型和双语词汇对照型两类。从可供预览的词条以及词典前言和相关介绍可知,这些词典主要以气象专家为目标用户。只有个别词典表现出了一定的学习倾向。例如,《德·英—英·德气象与气候词典》[*Dictionary of Meteorology and Climatology*(German-English/English-German)]的收词就包括了名词、形容词、副词和动词四种词性,而且在词条中提供了较为丰富的用法信息。在 Atlantic 词目中,词典不仅提供了词性信息(Atlantic①名词和 Atlantic②形容词),而且指出该词目用作名词时只有单数形式,提供了两个名词短语(North Atlantic 和South Atlantic)和一个近义词(Atlantic Ocean,该词组本身已被立为词目)。《天气与气候档案词典》(*The Facts on File Dictionary of Weather and Climate*)是一本单语概念解释型气象词典,也体现出一定的学习特点。该词典以美国气象专业在校大学生为目标用户,仅收录气象学中最重要的2 000 多个词汇,为其中 900 多个较为生僻的词汇标注了发音,在术语变体之间建立了参见。但是由于面向本族语用户,词典在微观结构层面仅提供术语定义,缺少词性、例句等最基本的语言信息,显然不适合中国气象英语学习者使用。

国内气象词典编纂也存在类似情况。笔者从"中国改革开放 30 年以来大陆出版纸质辞书信息查询系统"中筛选出所有的气象词典,查询读秀、孔夫子旧书网对数据进行补充和更新。统计表明,1978 年至今,我国共出版汉外类气象词典 24 部,涉及英语语种的有 18 部,同样可以分为概念解释型和词汇对照型两类。在这些词典中,《英汉汉英大气科学词汇》是一本双语双向词汇对照型词典,在气象英语工作者中有一定的影响力。该词典在 1987 年版的《英汉大气科学词汇》的基础上重新扩充编写而成的,共收集了 3 万多条词目,在蓝本的基础上增补了 1.2 万多条,搜罗了近 20 年来出现的大气科学技术新词目。词典还增加了汉英对照的大气科学词汇以及各种实用备查的附录。因此,《英汉汉英大气科学词汇》的收词不可谓不全。然而,从词性角度看,该词典词目几乎清一色由名词术语构成。例如,词典收录了 absorb 的名词派生词

（如 absorbance、absorptance、absorption、absorptimeter）以及包含其名词和形容词派生词的复合术语（如 absorbed dose、absorptive power 等）共 29 个名词术语，但是没有收入 absorb、absorptive 等非名词词性词语。从微观结构层面看，该词典仅提供词目与其对译词（如 absorbance 吸光度【化】，吸收度），不提供发音、语法、例句等用法信息。这样一本词典无法满足气象英语学习者的使用需求。

国内外不仅编纂的气象词典类型比较单一，而且鲜有针对气象词典研编的理论研究。笔者从谷歌学术和读秀外文期刊中仅检索到两篇与气象词典编纂直接有关的英语论文：塔尔曼（Talman 1925）探讨了气象词典编纂中的收词问题。他认为难以把科学和非科学天气术语区分开来，主张把方言词汇、口语词汇乃至气象文献中出现的鬼词（ghost words）等术语变体都收入词典，而不管编纂者是否持赞成态度。作者主张如实记录文献中的各种气象词汇，这与描写主义的词典编纂思路是一致的。如此编纂而成的词典，虽然大而全，但是明显超出了气象英语学习者的需求范围。缪勒、科卡诺娃和扎哈罗夫（Müller，Kocánová & Zacharov 2022）考察了西方气象词典编纂的历史和现状。他们区分了 glossary 和 dictionary，认为前者重在为专业词汇释义，后者则提供了专业词汇的一种或多种外语对译词，如果词典左项是母语术语，词典编纂旨在方便译出；如果词典左项是外语术语，则词典编纂旨在方便译入。文中提出的见解早为词典学界所熟知。国内虽然有气象科学史和词典史方面的专著（如《中国气象史》和《中国辞典史论》）偶尔提及气象词典，但仅有寥寥数语。卢华国、李平和张雅（2013：71）发表的《中国气象词典编纂史述略》一文是国内唯一一篇关于气象词典的专论。该文指出我国出版的"外汉词典类型单一，多为双语或多语词汇对照型，缺乏为非气象专业译者和 LSP 学生编纂的积极型词典"，但是未能对此继续进行深入研究。

从气象词典研究和编纂看，国内外既缺乏真正意义上的气象学习词典，也没有可以直接借鉴的设计范例和思路。英汉专科学习型词典语境化设计必须开阔视野，充分考虑现有各学科词典的设计经验和不足情况，以现代词典学、术语学相关理论为基础，在归纳和演绎中探索英汉专科学习型词典语境化设计的要素、手段和表征。

2.5　小结

本章首先界定了专科学习型词典、语境化和设计特征等三个核心概念，认为在本研究中专科学习型词典专指能够同时满足 ESP 学习者知识获取需求和英语交际需求的专科词典类型；语境化则是在词典各个结构层面补充和加强语境信息的过程；设计特征包括内容特征、结构特征和以专用语料库技术应用为代表的技术特征。

鉴于设计特征的重要性，本章从理论和实践两个方面对相关成果进行了梳理：(1) 设计特征理论研究方面，本章首先从整体上概述了设计特征涉及的内容维度，理顺了各维度之间的关系，然后对相关文献逐一回顾，分门别类地归纳了学界在内容特征、结构特征和技术特征方面取得的成绩，最后还评述了文本评述法、实证研究法和主体感知法三种研究方法，指出它们在专科学习型词典研究中的适用性。(2) 在设计特征实践研究方面，本章选取了英语单语和英汉双语专科（学习型）词典各两本，评述了这些词典在内容、结构和技术方面的特点，发现它们虽然在信息类型和信息呈现方面表现出了一定的教学倾向，但是在数据获取方面并没有应用语料库技术。

通过梳理文献，本书作者发现专科学习型词典设计特征研究目前还存在以下三方面的问题：(1) 术语使用混乱，用多个术语指称专科学习型词典，对专科词典和专科学习型词典有时不做区分。(2) 从不同角度切入，彼此之间缺少整合，相关观点有时甚至相互抵触。(3) 大多依赖普通学习型词典研编理论，对专科学习型词典的特殊性关注不够。

基于对 ESP 教学和相关研究的评述，本章发现专科学习型词典研编中存在不少问题，现有的词典还不能发挥其辅助 ESP 教学的功能。本章还简要概述了气象学习词典的编纂和研究情况，发现虽然国内外都编纂了一系列的英语单语或双语气象词典，但是这些词典在设计特征方面的学习倾向还不够明显，气象学习词典设计特征方面的理论研究更是尚告阙如。因此，非常有必要借鉴词典学、术语学相关理论，深入探讨英汉专科学习型词典语境化的设计理据。

第三章　英汉专科学习型词典语境化
设计的理据探讨

　　从第一章绪论有关专科词典出版数据的统计和第二章专科学习型词典设计特征的文献综述可以发现,在设计特征研究方面,学界对专科学习型词典的认识还存在某些误区,即倾向于把专科学习型词典等同于"专科词典＋语言编码信息",认为设计的关键就在于增加语言编码信息。而在编纂实践中,许多编者认为专科学习型词典在编码语言信息设置方面仅需模仿普通学习型词典,所以针对后者的研编理论同样适用于前者。本研究认为,消除这种错误认识的关键在于专科学习型词典的设计者不仅要遵循设计的总体原则,而且必须考虑设计的特殊性,寻找与之适应的理论依据。本章为全书的理论基础,旨在探讨双语专科学习型词典设计的特殊性,并从框架术语学视角考察相关的设计依据。具体来讲,本章3.1节将从以下三个方面考察英汉专科学习型词典语境化设计的特殊性:(1)英汉专科学习型词典类型定位特殊性(3.1.1);(2)英汉专科学习型词典文本功能特殊性(3.1.2);(3)英汉专科学习型词典用户需求特殊性(3.1.3)。本章3.2节将从以下三个方面探讨英汉专科学习型词典设计的理论基础:(1)框架术语学视角下的概念组织(3.2.1);(2)框架术语学视角下的概念多维性(3.2.2);(3)框架术语学视角下的知识获取(3.2.3)。本章3.3节为框架术语学对英汉专科学习型语境化设计的启示。

3.1　英汉专科学习型词典语境化设计的特殊性

　　哈特曼和詹姆斯(Hartmann & James 2002:37)认为,设计是"统辖实用工具书编纂的总体原则",既要考虑内容方面的特征(信息类别)和文本呈现方面的特征(信息编排),还应该重视用户的查询需求和使用技巧。这个总体原则明确了设计中应该考虑的核心要素，反映了词典设计共性的一面。然而，不同类型的词典设计在对上述各要素的选择和组合方面各有不同，因而需要制定不同的个性化设计方案。英汉专科学习型词典的设计特殊性主要体现在类型定位、文本功能和用户需求三个方面。其中，类型定位明确了专科学习型词典设计的对象，文本功能确定了专科学习型词典设计的信息类型，用户需求则指明了专科学习型词典以何种方式呈现所收录的信息类型。它们共同为制定适合英汉专科学习型词典的设计方案奠定了理据基础。

3.1.1　英汉专科学习型词典类型定位特殊性

词典设计具有明显的产品指向，需要针对具体的词典类型制定具体的设计方案。因此，考察设计的特殊性就意味着必须首先明确设计的对象。就英汉专科学习型词典而言，编者需要首先从整体上弄清楚词典家族大致有哪些词典类别，专科学习型词典在词典分类体系中占据了一个什么样的位置，与其他成员之间有什么样的关系。对这些问题的回答是确定英汉专科学习型词典内容特征和结构特征的前提。

"任何客观对象都可以无例外地进行分类研究，尤其是当它有多个或无数个个体产生后，尤有必要分类"(李开 1990:29)，词典也不例外。研究表明，对词典的分类尝试始于 20 世纪 40 年代，苏联学者谢尔巴(Shcherba)堪称词典分类理论的先驱(雍和明、彭敬 2013:50)。在谢尔巴之后，马尔基尔(Malkiel 1962)、兹古斯塔(Zgusta 1971)、吉拉兹(Geeraerts 1984)等人都从不同角度提出了词典的类型学设想。我国学者李开(1990)、雍和明和彭敬(2013)、王东海(2014)等人也提出了自己的词典分类模式，在词典学界都颇具影响。从这些研究可知，无论着眼于整个词典体系，还是针对词典家族中的某个具体类型，不同的研究者所提供的分类方案之间往往存在较大的差异，但共同之处在于这些研究大都从多个视角切入词典的类型划分。例如，谢尔巴(Shcherba 1940)基于六组对比特征构建了词典的类型框架；马尔基尔(Malkiel 1962)提出了三条分类标准；谢伯克(Sebeok 1962)的词典类型体系由 17 个具有"区别性和分辨性"的限定特征构成。我国学者同样主张从多个维度对词典进行分类。李开(1990:29-39)从外部形态、综合形态、描写形态、效用评价等四个方面提出了构建词典类型体系的设想。杨祖希、徐庆凯(1991:27-30)指出应特别关注辞书类型划分的多标准性、相对性和交叉性。

与其他分类相比,雍和明和彭敬(2013:86)的分类构想综合性最强。他们把前人提出的各种标准、特征或参数纳入词典交际的三角框架中,据此对词典类型进行了系统和连贯的描述。他们认为,词典交际模式的三个参与方(即词典编者、词典情景和词典用户)都包含了系列选项,这些选项体现了词典类型的共有或独有特征,具体参见表 3-1:

表 3-1　词典的交际分类

词典的交际分类	编者视角	词典性质		共时性词典与历时性词典
				描写性词典与规定性词典
				积极型词典与消极型词典
		词典功能		普通词典与专门词典
				学术词典与教导词典
				编码词典与解码词典
	词典情景	语场	信息域	语言词典与百科词典
			词汇域	标准语词典与地方语词典
			主题域	普通语言词典与专门主题词典
			语言域	单语词典与双语/多语词典
		语式	信息呈现结构	字母编排词典、主题编排词典与图解编排词典
			信息呈现方向	单向词典与双向词典
			信息呈现方式	编纂型词典与翻译型词典
			信息呈现媒介	印刷型词典与多媒体词典
		语旨	普通用户	源语用户词典与目的语用户词典
			语言学习者	本族语学习词典与外族语学习词典
	用户视角	年龄因素		成人词典与儿童词典
		语言层次		初级词典、中级词典与高级词典
		经济角度		平装词典与精装词典

如上表所示,就专科学习型词典而言,现有的分类标准或维度有以下特点:(1)专科学习型词典的描写对象是专业词汇,超出了儿童用户群体的认知水平,也不特别关注时间和地域因素对专业语言的影响,因而无所谓成人与儿童、历时和共时以及标准语与地方语之分。(2)词典情景中的语言域(单语、双语与多语)和信息呈现方式(编纂型与翻译型)、媒介(印刷型与多媒体)和经济角度(平装与精装)代表了词典设计的可能性,体现的是专科学习型词典与其他词典类型之间的共性。(3)专科学习型词典以描写为主,规定为辅,兼顾编码和解码。因此,描写与规定、编码与解码等特征对专科学习型词典的区别意义也不大。(4)比较而言,词典性质(积极型与消极

型),词典功能(普通与专门;学术与教导),主题域(普通语言词典与专门主题词典)和语言学习者(本族语学习词典与外族语学习词典)等维度对专科学习型词典的定位则有着直接参考价值:专科学习型词典属积极型词典,兼具专门和教导功能,涵盖专门的主题域,主要面向外(族)语学习者。

雍和明和彭敬(2013:61)认为,科学可行的词典分类应该避免词典类型之间的特点过多重叠。然而,现有的词典划分方案都或多或少存在一定程度的重合,交际模式下的词典分类也不例外。例如,由表3-1可知,词典依据功能可分为普通词典和专门词典。基于主题域,又可以把词典分为普通语言词典和专门主题词典。这两种分类仅仅代表了不同的角度,并无实质上的不同。此外,表3-1中的某些分类维度之间还存在交集(积极型词典与外族语学习词典)或者一些选项为另一些所包含(例如,教导词典与外族语学习词典)的问题。词典的分类标准或维度之间存在不同程度的重合问题,在一定程度上反映了词典类型之间的交叉性(hybridity 或 cross-breeding)。词典类型这种跨界或交叉特点引起了词典学家的注意。杨祖希和徐庆凯(1991:29)指出,"辞书具有多种功能而产生的交叉,往往可将一部辞书既归入这一类型,又归入那一类型,这就是辞书类型划分的交叉性"。哈特曼(Hartmann 2005,2013)也对词典类型的这一现象进行了系统的梳理,评述各类词典中存在的混合类型(mixed type)。虽然词典类型之间的交叉性主要是针对现存词典分类,但对考察词典家族中可能出现的新类型也有着重要的启发。例如,斯塔克(Stark 2003:125)把词典家族中的新成员——学习型词典——视为词典与教科书结合的产物,认为百科学习型词典(encyclopedic learners' dictionaries)在学习型词典基础上又融合了百科词典的某些特点。

专科学习型词典同样是词典家族中的新成员,其交叉或跨类特征亦非常明显,学界对此已有不少讨论。寇伍斯(Gouws 2013:55)指出,为在校学生编写的专科词典同时也是学生词典;因此,当编者试图改进这类词典编纂时,应该避免把它仅仅看作普通词典中的一个类别。维甘德(Wiegand 1998:747)也把这类词典称为专科词典和语言词典之外存在的第三种可能(the third possibility)。为了能够对该类型词典合理定位,清晰地展示它们与相关类别之间的差异和共性,本研究参照词典交际类型的上述特征,从用途和用户两方面入手探讨专科学习型词典的类型特征。但需要指出的是,本研究从词典设计的视角出发,对具体交际类型划分做了更为细化的思考,进一步凸显了交际的针对性和有效性。① 具体而言,从用途辐射的范围看,词典可以分为普通用途词典(即语文词典)和专门用途词典。其中,后者还可以进一步分为专科词典(special-field dictionary,描写特定领域的技术术语)和专项词典(special-aspect dictionary,描写语言的某一或某几个方面)(雍和明、彭敬 2013:66)。根据目标用户,词典还可以被分为专家型词典(experts' dictionary)和学习型词典(learners' dictionary)。如果以牛津家族词典为例,这种交叉形成的词典类型体系可用图 3-1 表示:

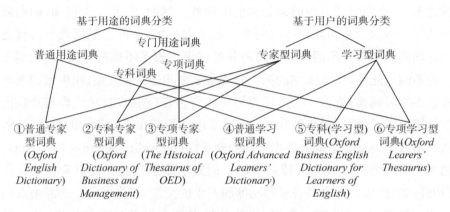

图 3-1　交叉形成的词典体系

如上图可见,专科学习型词典不仅与专科专家型词典都是专科词典的子类别,而且与普通学习型词典共同构成学习型词典的子范畴。因此,专科学习型词典与专科专家型词典和普通学习型词典在类型学上较为接近。只有通过与后两类词典进行比较,才能弄清楚专科学习型词典最重要的类型特征。

为便于比较和说明,本研究选取了牛津词典家族中的《牛津商务管理词典》(*Oxford Dictionary of Business and Management*,2009,以下简称 ODBM)、《牛津商务英语学习词典》(*Oxford Business English Dictionary for Learners of English*,2005,以下简称 OBEDL)和《牛津高阶学习词典》

---

① 在分类中,本书作者借鉴但不囿于雍和明等的相关思路,且在术语方面做了相应的调整。比如,雍和明等认为从功能入手,词典还可以分为学术词典和教学词典;本书作者把词典分为专家型词典和学习型词典,虽然与原来分类方法类似,但是突出了专家学者和语言学习者这两类重要的用户类型之间的差异。

(*Oxford Advanced Learner's Dictionary*, the 7th edition, 2005, 以下简称 OALD7)①, 它们分别代表上述分类中的专科专家型词典、专科学习型词典和普通学习型词典。通过对不同类型区别特征的具体分析和比较, 可以更为清晰地发现其相互之间的重要差异。

首先, 从宏观层面看, ODBM 收录 7 000 条词目; OBEDL 收录 3 万多条; OALD7 收录 183 500 条。在三本词典中, ODBM 收词量最小, OBEDL 收词量居中, OALD7 收词最多。三者之间的差异主要与它们所收词的范围和种类有关②。专科词典有多学科和单学科之分(Bergenholtz & Tarp 1995:59), 与词典的收词范围大小直接相关。ODBM 和 OBEDL 都可看作单学科词典, 其收词仅限于商务方面; OALD7 属普通学习型词典, 虽然收录一些已经进入通用英语的商务词汇(如 commodity), 但其收词范围力求全面且有代表性, 并不局限于商务方面。专科学习型词典的收词还有最大化和最小化之分(同上:102), 是影响词典收词大小的另一因素。ODBM 和 OBEDL 同属专科词典。前者只收录学科中较为核心的商业术语(如 transire), 在收词方面表现出最小化的倾向。后者则遵循最大化的收词原则, 不仅收录常见商务术语, 还收入商务英语中常见的半专业词汇(如 communication)。在收词类型方面, ODBM 仅限于名词词性, OBEDL 则涵盖名词、动词、形容词及其派生词(如 train、trainee、training)。

其次, 从微观层面看, 三者之间在条目释义内容与方式方面的差异更为显见。以下以 absenteeism(旷工)条目为例说明:

ODBM

absenteeism absence from work for which there is no legitimate reason; it is often self-certified sick leave lasting for one day at a time. Most prevalent in large organizations, it can be a major problem. In order to combat it some organizations have introduced flexible working hours, increased annual leave, introduced personal

---

① 其他三本词典分别是 *Oxford English Dictionary Online*(收录 60 万余条, 以详细的解释和丰富的引例记录了这些词的渊源和流变)、*The Historical Thesaurus of OED*(类义词典, 收词达 80 万余条, 按照历史顺序列出了概念在不同时期的指称)和 *Oxford Learner's Thesaurus*(也是一本类义词典, 收词达 18.5 万, 不仅列出相关近义词, 而且还对它们进行辨析, 提供了丰富的搭配、型式等用法信息)。

② 这些差异与词典采用的收词量计算方法有关。ODBM 的收词量仅指词目数, OBEDL 和 OALD7 的收词量均包括单词、短语和释义的数量。关于收词量的不同计算方法及其评价, 详见 Landau(2005:118-123)。

days leave in addition to normal holiday entitlement, and devised incentive schemes for full attendance. High rates of absenteeism can be linked to low levels of job satisfaction and an absence of culture in the workplace.

OBEDL

absenteeism /ˌæbsənˈtiːizəm/*noun*［U］(HR) staying away from work, especially often and without good reasons：

Absenteeism costs the industry millions of dollars every year.

There is a high level of absenteeism in this department.

There was an absenteeism rate of 25% in the office during the heatwave.

⇨ PRESENTEEISM

OALD7

ab‧sen‧tee‧ism/ˌæbsənˈtiːizəm/*noun*［U］the fact of being fre-quently away from work or school, especially without good reasons

如上，按照专科词典三类主要释义模式，即词汇定义、概念定义和百科定义类(Fuertes Olivera & Arribas-Baño 2008)，可以看出 ODBM、OBEDL 和 OALD7 均未采用可替换式的词汇定义模式，但三者之间又存在明显不同。ODBM 不仅给 absenteeism 下了定义，而且指出"旷工"这种现象出现的场合和原因以及针对这种现象经常采取的应对措施。与其他两本词典相比，ODBM 的释义无疑最全面也最专业，属典型的百科定义。OBEDL 和 OALD7 对 absenteeism 采用了概念定义模式，明显比百科定义简单，由于对释义词进行了控制，与 ODBM 相比，理解的难度大大降低了。此外，从词典中所提供的语言信息来考察也能够有效区别上述三类词典。众所周知，语言信息在解码型词典中不可或缺，对编码型词典而言，尤为重要(Bergenholtz & Tarp 1995：111)。OBEDL 和 OALD7 都提供了发音和语法(即词性和是否可数)等语言信息。这些信息对于 ODBM 而言则完全没有必要，因为后者的目标用户是本族语专家，他们拥有母语优势，通常在发音和语法等方面不存在困难。再者，OBEDL 不仅为该词目配备了学科标签HR(人力资源)和例证，还通过设置参见引导用户对 absenteeism 及其相关概念 presenteeism(超时工作)进行了比较，凸显出该专科学习型词典对这个商务英语中重要术语的深度描写处理。相比之下，absenteeism 一词在通用英语中则属于较生僻词汇，不是普通学习型词典重点处理的描写对象。

因此,不难理解,在 OALD7 的 absenteeism 词条中这方面的专业语言信息显得极为简略。

通过以上对三本词典的收词和词条内容比较可知,专科性(specialized)和学习性(learner-oriented)是专科学习型词典最重要的类型特征。在这两个特征中,专科性把该词典类型同普通学习型词典区分开来。例如,OALD7 以通用词汇为收词对象,并不特别关注某一学科中的词汇,OBEDL 则重点收录商务方面的专业词汇和半专业词汇,通过释义、例证和参见补充与词目相关的专业知识,因而表现出明显的专科性。学习性则把专科学习型词典与专科专家型词典区分开来。例如,ODBM 主收商务领域中比较重要的名词术语,通过详尽的百科释义提供了大量的专业知识。比较而言,OBEDL 的收词则不限于名词术语,对释义中信息量的控制较好地照顾了非专家用户的认知水平,在微观结构中提供的语音、语法和搭配等语言信息在语言编码方面能为二语学习者提供帮助,具有一定的学习性。本研究以专科学习型词典的子类别——英汉专科学习型词典——为研究对象。除了专科性和学习性,英汉专科学习型词典的双语维度也值得特别关注。例如,在 OBEDL 的 absenteeism 词条中,通过控制释义用词,词典的专科性和学习性得到了较好的平衡。但是在英汉专科学习型词典中,释义主要采用译语对应词的方式,无法简单照搬单语专科学习型词典中常用的释义手段。关于英汉专科学习型词典在双语维度方面的类型特征及其对词典设计特征的影响,本书作者将在第六章进行重点探讨。

3.1.2　英汉专科学习型词典文本功能特殊性

专科学习型词典是词典家族中学习型词典与专科词典交叉结合后产生的新成员,与其邻近类型既有区别亦有联系,需要制定不同的设计方案。上述类型特征的探讨只是词典文本设计特殊性的一个前提,明确词典文本功能则是确定词典具体内容特征的重要依据。就英汉专科学习型词典而言,设计者需要根据这种词典的类型特点凸显或淡化其中的某些功能,或者在不同功能之间保持平衡。

词典在文化知识传承中所扮演的独特角色与其所具有的文本功能密切相关。对于词典的功能,西方学者麦克戴维(McDavid 1980)、考伊(Cowie 1983:140)、哈特曼(Hartmann 1987)等从不同角度进行了思考和总结。我国学者林玉山(1995:6-8)、黄建华(2001:5-6)、姚喜明和张霖欣(2008:11-12)等同样对词典功能进行了相关思考。雍和明和彭敬(2013:7)对相关论述进行考察后把词典的功能归纳为三种,即描写功能、教学功能和思想功能。哈特曼和詹姆斯(Hartmann & James 2002:60)则明确把词典功能定义为"设计或使用工具书的目的",认为词典功能可分为宏观和微观两种,前者与词典的目标用户类型相关,后者与词典用户的具体需求相关。巴恩哈特(Barnhart 1962:175)更是直接指出,词典工具书的功能就是回答用户提出的问题,而词典成功与否取决于它们能够在多大程度上对词典购买者的问题做出解答。显然,这些研究都凸显了词典作为工具书的核心功能,即工具性。

　　丹麦奥胡斯商务学院的词典学家同样重视词典工具功能的核心地位,但是他们显然不满足于仅仅停留在对这些功能的辨认、列举和描述阶段。他们对词典功能进行了更深入的探讨,把词典功能提升到一个前所未有的高度,视之为整个现代词典学理论的基石。他们认为,词典功能不仅是词典研究的一个组成部分,而且是所有词典学理论建设的核心和起点。(Tarp 2013:462)例如,塔普(Tarp 2008:168)指出,"词典功能决定词典包含的信息以及以何种用户可及的方式组织这些信息"。在贝延霍尔茨、塔普、寇伍斯、尼尔森等人的推动下,奥胡斯学派基于词典功能提出了功能词典学理论,在欧美词典学界产生了广泛的影响。在词典功能派看来,词典的功能是指"对某类特定词典外场景中某类特定潜在用户所产生的与词典相关的某类特定需求的满足[①]"(Tarp 2008:81)。在这个定义中,词典功能有四个构成要素:用户、用户场景(user situation)、用户需求和词典提供的帮助(lexicographical assistance)。前三个属于词典外(extra-lexicographical)要素,其存在不依赖词典使用;第四个属于词典内(intra-lexicographical)要素,把词典外要素同词典联系起来。这四个要素并非同等重要,用户需求主要由用户和用户场景共同确定,但是由于"只有在特定的场景中用户才能产生特定的需求"(Bergenholtz & Tarp 2010:30),用户场景因而是确定用户需求的决定性因素,在词典功能的四个要素中居于主导地位。

　　用户场景一般分为两大类:交际场景和认知场景。前者是指潜在用户可能遇到问题或产生困惑,需要解决以保证交际的顺利进行,可进一步分为12个次场景:(1)母语文本产出;(2)母语文本接受;(3)外语文本产出;(4)外语文本接受;(5)母语—外语文本翻译;(6)外语—母语文本翻译;(7)外语1—外语2文本翻译;(8)母语文本校对;(9)外语文本校对;

---

① 原文:the satisfaction of the specific types of lexicographically relevant need that may arise in a specific type of potential user in a specific type of extra-lexicographical situation.

(10) 母语—外语文本翻译校对；(11) 外语—母语文本翻译校对；(12) 外语
1—外语 2 文本翻译校对。(Tarp 2013:464)认知场景则是指用户因为各种
原因希望或需要增加自己某方面的知识,该场景可细分为如下 8 个场景:
(1) 阅读时突然产生了解某一问题的愿望；(2) 写作时为了完成文本而产生
的了解某一话题的需要；(3) 讨论中需要了解某一具体问题；(4) 潜意识中
突然产生的检验愿望；(5) 词典查阅中进一步了解某一话题的渴望；(6) 在
翻译或口译准备中对某一领域知识的进一步了解；(7) 教学活动中对某领
域知识的逐步掌握；(8) 课程学习中对某主题的进一步了解。(Tarp 2008:
45)根据这些用户场景,词典功能被分为交际功能和认知功能两大类。

　　塔普(Tarp 2010:51-52)还对专科词典用户场景及词典功能进行了专
题研究,把交际场景分为如下 6 个小类:(1) 母语专业文本接受；(2) 母语专
业文本产出；(3) 外语专业文本接受；(4) 外语专业文本产出；(5) 母语专业
文本翻译；(6) 外语专业文本翻译。认知场景可以细分为以下 3 个次场景:
(1) 对专业学科的系统学习；(2) 对专业语言(LSP)的系统学习；(3) 与专业
文本翻译相关问题的系统学习。塔普还辨认了专科词典特有的实践场景,
包含两个小类:(1) 操作场景(operative situations),是指用户需要建议和指
导以进行任何形式的心智或体力行为(比如操作机器设备)的场景；(2) 阐
释场景(interpretive situations),是指用户需要阐释周围世界中的信号或符
号的场景。(Tarp 2008:185)依据在前述用户场景中为用户提供的帮助或
信息类型,专科词典的功能可相应地分为交际功能、认知功能和实践功能。
在这三类场景中,实践场景是基于认知场景与交际场景之间的关系类比之
后产生的新场景类型。塔普认为词典可在知识和技能两方面为用户提供帮
助。在语言知识转化为语言技能的过程中,交际发挥了中介的作用。同样,
在专业知识转化为专业技能的过程中,实践也可以发挥中介作用。据此,塔
普演绎出了词典的第三类用户场景——实践场景。他认为词典编者应该充
分研究实践场景,使词典能够像使用指南、操作手册以及入门教程等非词典
资源一样为用户提供帮助。

　　功能理论自提出以来,引起了极大争议,许多批评者都发表了对这一理
论的不同看法。首先,实践场景在词典学界应者寥寥,对词典设计也没有产
生实质的影响(Bothma & Tarp 2013:91)。这表明,对"实践场景"这一
"新"用户场景分化的必要性与重要性尚未形成普遍共识,有待进一步论证。
比较而言,奥胡斯学派提出的交际场景/功能和认知场景/功能得到了欧美

词典学界的普遍认可,其影响力不容小觑①。然而,这两种场景/功能之间难以彼此分开,对词典设计实践不具有实际指导价值。例如,特塞多尔·桑切斯、洛佩斯-罗德里格斯和费伯(Tercedor Sánchez, López-Rodríguez & Faber 2012:111-112)就指出,没有不涉及认知的交际,认知场景和交际场景彼此交织在一起。因此,为译者编写的专科词典不仅需要描写词汇的意义和使用语境,为它们提供翻译,而且还需要明示词汇在心理词库中的位置,这意味着认知场景和交际场景是一个连续体。洛佩斯-罗德里格斯、布恩迪亚·卡斯特罗和加西亚-阿拉贡(López-Rodríguez, Buendía Castro & García-Aragón 2012:60)也认为把二者区分开来仅具有理论上的方法论意义。

奥胡斯学派虽然也认为交际功能和认知功能之间存在着辩证关系,但是坚持二者之间存在明显的区别(Tarp 2005:9)。他们认为认知场景发生于用户和词典编者之间(用户需要知识,编者提供知识);交际场景发生于参与交际的双方,词典编者只是提供信息并居间促成双方的交际。就专科词典中的语言知识而言,该学派把使用专业语言进行接受、产出和翻译视为交际场景,却把对专业语言的系统学习视为认知场景的一个次类。诚然,与语言有关的使用场景并非都属交际场景,也不是所有的语言知识都能够直接用于语言接受、产出和翻译。但是,从专业语言的系统学习中获取的知识必然包含那些可以用于交际的知识,这两种语言知识之间并非截然分开而是有机关联的。因此,无论是塔普等对交际功能和认知功能的区别论述,还是对专业语言知识的不同划分,都很难在词典文本设计的具体实践过程中通过信息类型的选择和呈现来完全体现。实质上,词典文本的功能总是多效融合的,它所面向的正是人类语言文化认知活动的种种复杂性。

在概述了塔普的认知、交际、阐释、操作等四种场景之后,卡鲁索(Caruso 2011:67)指出它们显然服务于两种基本功能,即提供百科知识和满足语言需求。维甘德(Wiegand 1998)也持类似看法,把词典分为语言词典和百科词典。但是塔普认为这样一种划分没有考虑到用户需求和使用场景,强调说语言词典与交际功能之间不存在对应关系,百科词典与认知功能也不是一回事。然而,在本书作者看来,卡鲁索、维甘德等的看法清楚易懂,既避免了在概念上产生混淆,又对专科学习型词典的设计具有直接的指导意义。例如,对专科学习词典用户而言,专业语言学习是手段而不是目的,

---

① 但是该理论在我国词典学界几乎没有产生什么反响。对词典功能论的系统批评详见Piotrowski(2009)和Rundell(2012)。

学习者的最终目标是利用所掌握的专业语言知识进行有效的专业交际。因此，如果把传授专业语言知识学习视为交际功能的一部分，词典的设计者就不必在以交际为指向和以认知为指向的语言知识之间做出区分。例如，absenteeism这一专业词汇从构成上可被分解为"ab（离开）＋sent（存在）＋ee（行为者）＋ism（行为）"。这种语言知识虽然不能直接用于交际，但是可辅助语言学习者记忆absenteeism的含义和拼写，最终能够促进语言解码和编码活动，因而有助于词典交际功能的发挥。考虑到本研究中的专科学习型词典是指面向外语学习者的专科学习型词典，为了避免在理解上产生混淆，本研究中的交际功能主要指词典在专业语言解码和编码方面为外语词典用户所提供的帮助，而认知功能则是指词典在学科知识获取方面能为非专家词典用户提供的帮助。

　　为了弄清楚专科学习型词典在文本功能方面的特殊性，同样需要就词典功能对专科学习型词典和其邻近类型做一番比较。如前所述，交际功能和认知功能是最常见的两类词典功能。但就具体的词典而言，这些功能总是有主次之分。而词典在功能方面不同的侧重点集中体现了词典在功能方面的特殊性。一般来讲，普通学习型词典的描述对象是通用语言，其交际功能居于主导地位。例如，OALD7收词量大，主要包含通用词汇，并不特别强调某一学科中的词汇。OALD7不仅提供发音、词性和释义（如absenteeism），对于积极型词汇，还通过例句、标注、参见、用法框等手段提供详尽的语义、语用和语法等方面的信息，其交际指向非常鲜明。专科专家型词典的描述对象为某一学科或专题，因而其认知功能居于主导地位。例如，ODBM仅收录指称专业概念的名词性术语。在微观结构层面上，ODBM为所有的词目都提供了详尽的百科式定义，但是一概不提供发音、词性等基本语法信息。百科式定义突出地体现了ODBM以认知为导向的功能定位：在absenteeism词条中，ODBM不仅指出这是一种没有正当理由的缺勤行为，还就absenteeism的表现形式（未经批准的、通常每次持续一天的缺勤）、产生的地点（大公司）和原因（低工作满意度和工作文化缺失）、造成的影响以及针对这种现象经常采取的应对措施（弹性工作时间、全勤奖等）。这些信息显然已经超出了普通用户对相关概念知识的一般需求。

　　与普通学习型词典和专家专科型词典相比，专科学习型词典的两种功能不仅同等重要，而且对具体的词典信息类型的要求也明显不同。首先，专科学习型词典在认知方面更注重对基础知识的系统描写。具体讲，专科学习型词典不仅应该提供宏观层面上的学科体系知识，还应该指出词目指称的概念在这一体系中的位置，并阐明这一概念与其他相关概念之间的层级和非层级关系。OBEDL 同样解释了 absenteeism 的概念内涵,但仅限于理解该概念不可或缺的基础知识,信息量要比 ODBM 小得多。OBEDL 还为 absenteeism 增加了 HR 这一学科标签,指出了该词目属于人力资源这一分支学科,确定了它在学科知识体系中的大致位置。但是在微观层面,OBEDL 并没有指出哪些概念与 absenteeism 存在关联。从专业基础知识的系统性描写要求来看,OBEDL 至少还应该列出其同位概念 alcoholism(酗酒)和 apathy(冷漠)以及存在因果关系的概念 merit rating(绩效评级)和 discharge(解雇)。其次,在交际方面,专科学习型词典不仅仅满足于为个别词目提供语音、词性等基本的语言信息,而是更重视对组合和聚合维度上其他专业语言编码信息的全面收录。与 OALD7 一样,OBEDL 为 absenteeism 提供了发音和语法信息(即词性和是否可数)。但是 OBEDL 还通过例句和参见给出了 absenteeism 的常见搭配(如 a high level of absenteeism 和 an absenteeism rate)和反义词 presenteeism(超时工作)。然而,这里的语言编码信息还谈不上全面,词条至少还应该通过例证或其他方式提供 $adj. +n.$(如 habitual absenteeism)和 $v. +n.$(如 to practice absenteeism)这样的组合信息,以突出其交际功能上的编码学习取向。

3.1.3　英汉专科学习型词典用户需求特殊性

词典功能论把词典功能定义为"对某类特定词典外场景中某类特定潜在用户所产生的与词典相关的某类特定需求的满足"[①]。(Tarp 2008:81)可见,用户需求是构成词典功能的另一个重要前提,对词典功能构建与实现有着重要的影响。如果从词典设计的大背景看,用户需求几乎驱动着整个词典编纂行为和编纂过程,因而值得进一步探讨。就词典发展的历史看,即便是在词典的萌芽时期,词典编纂同样以需求为导向,只不过此时编者和用户尚未分离,编纂行为往往是出于编纂者自身的使用需求。随着词典编纂设计逐步产品化或商品化,甚至产业化,词典内容、结构、功能和类型的不断完善,编纂设计者与词典用户日趋分离并拉大距离,用户需求更是对词典设计的方方面面产生了重要的影响。哈特曼(Hartmann 2001:80)指出,"说到底,所有词典不仅受到词典用户词汇需求的驱使,而且接受这种需求的评

---

① 原文:... the satisfaction of the specific types of lexicographically relevant need that may arise in a specific type of potential user in a specific type of extralexicographical situation.

判"①。当然,就专科学习型词典用户而言,除了词汇需求,他们还有其他认知需求。这些都是英汉专科学习词典设计中必须考虑的重要因素。

尽管用户需求在词典编纂和设计中一直发挥着重要作用,但是"我们对词典用户知之甚少,以致他们被一些专家称为'熟悉的陌生人',或许是因为我们视他们为想当然,而不愿深入调查"②。(Hartmann 2001:80)对专科学习型词典用户类型的认识过程就清楚地反映了这一点。早期研究已经注意到专科词典用户不仅包括技术专家,还包括对技术感兴趣的外行(Opitz 1983)。然而,昆提-阿再(Nkwenti-Azeh 1995:328)指出,"专科词典假定词典用户对专业语言和主题有足够的理解,因此学习者和从业人员可以使用汇编了相同对象、事实和概念的相同词典"③。贝延霍尔茨和考夫曼(Bergenholtz & Kaufmann 1997)对专科词典用户进行了更细致的分类和描写。他们辨认了三类专科词典用户:外行(属潜在的词典用户,没有或只有最基本的专业知识)、半专家(指邻近或相关领域的专家)和专家。贝延霍尔茨和考夫曼还特别提到外行用户在阅读与专业相关的报刊和书籍时,需要借助于百科性的双语(L2—L1)词典。富埃尔特斯·奥利韦拉和阿里瓦斯-巴尼奥(Fuertes Olivera & Arribas-Baño 2008)指出,专科词典用户还应该包括专门用途语言学习者和职业口笔译人员,认为他们必须通过学校教育才能获取专业语言知识,而以教学为导向的专科词典在这方面可以为他们提供帮助。从这些论述不难看出,学界对专科词典用户认识经历了一个从模糊到清晰的过程。

同样,词典学界有关"用户需求"这一概念内涵的全面深入探讨也有待加强。例如,在《词典学词典》中,哈特曼和詹姆斯(Hartmann & James 2002:116)把用户的查询需求定义为"促使个人从词典等工具书中寻找信息的条件,比如专家查询词源、编辑检查拼写、外语学习者寻找对译词等等"。这一定义并没有回答需求是什么,而是描述了需求产生的条件。罗思明(2008:97)认为,词典用户的查询需求是指词典用户在语言活动中,在求助于其他策略(如猜测)无效的情况下,必须从词典中获取帮助以解决其语言

---

① 原文:Ultimately all dictionaries are motivated by and judged against the lexical needs of those who consult them.

② 原文:Yet, we still know very little about the dictionary user, whom several authorities have called the "familiar stranger", presumably because we take him or her for granted without bothering to investigate further.

③ 原文:The SLD(special language dictionary) assumes that its users have an adequate understanding of the language and the subject matter, so that learners and practitioners use the same dictionary representing the same compendium of objects, facts and concepts.

生成或理解所需要的语言或百科信息。罗思明同样提及需求产生的条件，但是在他的定义中，信息无疑是构成用户需求的核心要素。斯文森（Svensén 2009:454）则指出，所谓查询需求是指各种情况下用户对信息质和量的需求以及如何通过词典设计以更好地满足这种需求。该看法不仅强调信息在用户需求中的重要地位，而且指出用户需求与词典设计之间的关系。总而言之，无论从什么角度定义用户的查询需求以及如何表述其内涵，信息始终是绕不开的一个关键词，这是因为词典用户的需求从根本上讲是一种信息需求。

既然用户需求是一种信息需求，那么根据信息类型可以把用户需求分为词源信息需求、拼写信息需求、对译词信息需求等等。这样一种分类对设计具体的调查问卷比较有用，但是对探讨专科学习型词典设计的特殊性而言则显得过于琐碎。富埃尔特斯·奥利韦拉和阿里瓦斯-巴尼奥（Fuertes Olivera & Arribas-Baño 2008:3）根据奥胡斯学派对词典功能的划分，把词典用户的信息需求分为语言需求和概念需求两类，每一类都分为母语和二语两个维度，具体如表 3-2 所示：

表 3-2　专科学习型词典用户类型及需求

User type	Conceptual information in L1	Conceptual information in L2	Linguistic information in L1	Linguistic information in L2
Expert (bilingual dimension)				•
Semi-expert (monolingual and bilingual dimension)	•	•	•	•
Layman and beginner (monolingual dimension)	•			
Translator and interpreter (monolingual and bilingual dimension)	•	•		•
LSP students		•		

这种基于语言维度对用户需求的划分是用户需求研究知识途径的重要体现，对确定专科学习型词典应该收录的信息类型特别有帮助。

比较而言，德国词典学家奥斯曼（Hausmann 1977:144，转引自 Tarp 2008:22）有关词典分类的论述对如何呈现词典信息以满足用户的信息需求更具针对性。他把词典分为学习词典（learning dictionary）和查阅词典（consultation dictionary）。前者旨在帮助用户解决全域问题（global issues），比如某个单词与词族、语义场或相关学科之间的关系；后者旨在帮助用户解决局部问题（punctual issues），比如词的拼写、发音及其近义词。

据此,塔普（Tarp 2010:41）把信息需求分为全域信息需求（global information needs）和局部信息需求（punctual information needs）。第一种信息需求涉及知识"面",与主要用以通读的报纸、杂志、书籍等文本资源有关;第二种信息需求涉及具体的知识"点",与用于查检的词典相关。塔普把全域信息需求排除在用户需求之外,认为只有局部信息需求才是词典用户的真正需求。这种看法的片面性是显而易见的。在满足全域信息需求方面,词典的确不能与书籍等文本资源相提并论,但是并非不关注知识"面"问题,比如采用系统编排或主题编排的词典在某种程度上就照顾了用户对知识面的需求。

本研究赞同奥斯曼的观点,认为全域信息需求不仅与词典有关,而且是学习型词典学习特色的集中体现。塔普（Tarp 2010:40）指出,"为了不降低学习型词典这一概念的针对性,应该区分两种类型的词典:一种是为了辅助持续学习而设计,另一种是为了满足用户临时的需求而设计,与具体学习过程无关。只有前一种词典才是严格意义上的学习型词典"。因此,学习型词典可以被定义为一种旨在辅助用户持续学习的词典。也就是说,学习型词典兼具教辅的部分功能,能够较全面地向词典用户提供所需的信息。章宜华、雍和明（2007:95）也持类似看法,他们认为"学习者往往是为了一定的学习需求而有目的、有计划地查阅词典信息,希望从词典中获得有关语义、句法和语用等方面的系统语言知识及文化知识,而不是像一般用户那样只是因偶然的需要而即兴查阅"。富埃尔特斯·奥利韦拉（Fuertes Olivera 2007:15）也认为,一个精心构思的专科学习型词典需要借助词族或按照主题编排的词条明示相关术语之间的语义关系。这些看法都强调信息之间的相互关联,都与全域信息需求相关。

如果说用户在使用学习型词典的过程中需要全域信息的话,那么这种对"信息面"的需求往往需要借助局部信息或者说具体的"信息点"得以实现。换言之,两种信息需求之间是以"点"带"面"的关系。这是因为学习型词典毕竟是词典的一种,与非词典类文本资源之间的最大不同就在于它不是供用户从头到尾进行通读,而是需要从具体词目着手进行查检。正是借助词条这一基本单位,词典得以把信息面化整为零,转变为具体的信息点,而词目词则是通达信息点和信息面的检索路径起点。例如,Fillmore 的商业事件框架可被看作知识面,buy、sell、pay、charge、spend、cost 等构成该框架的词汇单位（lexical units）可被看作知识点。对于该事件,学习型词典可以专题的形式予以集中处理,也可以拆解到相关词条中进行分散处理。无论采用哪种方式,都需要为框架中的词项立目并借助参见在词项与专题或词项与词项之间建立关联,从而使用户从任何知识点出发都能沿着不同的路径发现商业事件这一知识面。本研究认为,局部信息需求体现了词典用户与普通读者在信息方面的不同,是一般要求;全局信息需求体现的是学习型词典用户与一般词典用户之间的差异,是更高要求。可以讲,局部信息需求是全局信息需求的基础,全局信息需求则是局部信息需求的提升。哈特曼(Hartmann 2013:382)指出,"学习型词典自身就是另一种混合类型,即词典和教辅的结合"①。学习型词典类型上的混合特点把词典用户的两种信息需求统一起来。值得注意的是,它们与前文塔普意义上的全域信息需求和局部信息需求已经有所不同。为了避免理解上产生混淆,本研究把第一种信息需求称为学习需求,把第二种信息需求称为检索需求。

专科学习型词典是用以查检的工具书,不是用以通读的书籍,同样需要处理好词典用户的检索需求。还以本章 3.1 节提到的三本词典为例来说明专科学习型词典与其他邻近类型之间的异同。为了保证词典用户能够快速找到所需信息,OBEDL 与 ODBM、OALD7 一样,均采用了字母编排方式,最大程度地保证了信息检索的便查性,能够很好地满足用户的检索需求。在应对词典用户的学习需求方面,专科学习型词典不仅要处理普通学习型词典中常见的聚合和组合关系,而且需要借助参见展示对理解学科至关重要的各种基本关系(例如,概念与概念之间的层级和非层级关系),并通过其他词典组件(如学科导引)使词典用户对学科概貌有大致的了解,在体系性和关联性方面明显高于专科专家型词典和普通学习型词典。因此,专科学习型词典呈现信息时所表现出的系统性非其他类型的词典可以比拟。OBEDL 通过设置参见引导用户对 absenteeism 及其相关概念 presenteeism(超时工作)进行比较。对于概念之间的这种关系,ODBM 的专家用户已经掌握,没有必要进行展示,而 OALD7 对于这些超出了一般外语学习者需要范围的信息则不予收录。OBEDL 虽然较好地兼顾了词典用户的检索要求,但是就信息的系统性而言,OBEDL 还可以设置学科导引并在更多的词目之间建立参见,以更好地满足词典用户对专业知识的系统学习需求。

3.2　英汉专科学习型词典语境化设计的理论基础

　　如上所述,专科学习型词典是学习型词典和专科词典交叉结合后产生

---

① 原文:It could even be argued that the learner's dictionary is in itself yet another mixed genre,i.e. the combination of dictionary and teaching/ learning aid.

的词典新类型,须兼顾词典文本的交际功能和认知功能,既重视对学科基础知识的系统描写,也强调对语言编码信息的充分收录,在呈现方面则突出了知识或信息之间的关联性和互补性。这在很大程度上是对专科学习型词典用户及其需求特殊性的满足,重在解决专业语言学习者的词汇习得与使用问题。而这其中,专业领域的术语学习尤为重要。针对该编纂背景和理念,现代术语学的描写转向可为英汉专科学习型词典设计带来新的启示。框架术语学(Frame-based Terminology)是现代术语学描写转向之后的最新理论流派之一,不仅借鉴了语言学研究的相关理论和方法,而且特别重视语境对术语描写维度的制约机制。该理论对术语认知、语言和语用三个维度的描写体现了专科学习型词典条目的类术语性质,为双语专科学习型词典语境化设计奠定了基础。

　　框架术语学由西班牙格拉纳达大学的 LexiCon 研究团队提出①。他们对传统术语学理论进行了批判,在继承其他描写术语学理论的基础上提出了新主张。与描写术语学中的社会术语学和交际术语学一样,框架术语学认为既无必要也无可能在术语和词语之间做出严格区分,研究术语的最佳方式是观察它们在文本中的表现。因此,框架术语学借鉴了语料库语言学的研究方法,把语料库作为观察术语表现的重要手段。与此同时,框架术语学与社会认知术语学一样,重视借鉴认知语言学的研究成果对专业知识进行表征,但更强调对知识的表征应该同时反映出术语的语义和句法特征。框架术语学核心理论所关注的三大研究焦点对本研究有较好的借鉴和启发,即基于事件的概念组织、概念的多维性和基于专用语料库的知识获取。

3.2.1　框架术语学视角下的概念组织

　　术语是表征专业领域概念的语言符号,传统术语学各学派均十分重视概念组织的研究。普通术语学认为,概念系统为理解概念提供了必要的知识结构和背景,只有确定概念在系统中的位置,明晰概念之间的关系才能界定概念的内涵。卡布雷(Cabré 1999:135)曾指出,"概念系统由一组概念构成,呈现出一定的结构。基于共同特征或者通过实际应用,概念的主要类别和子类别以及同一类别中的概念相互关联。……概念系统的结构经常以树

---

① http://lexicon.ugr.es/fbt

形图表示"①。具体而言,概念系统树形图通常基于概念之间"属—种"关系和"部分—整体"关系构建而成。相比之下,描写术语学各流派对概念组织的态度或看法彼此之间存在较大差异。其中,社会术语学不特别关心概念关系表征(Pihkala 2001)。交际术语学主张把专业话语的知识结构表征为由知识节点(knowledge node)形成的"概念地图"(conceptual map),而知识节点则由术语单位及其之间的关系构成(Cabré 2003:189)。这种看法与前述概念树形图并无实质不同。社会认知术语学则认为概念范畴结构与理想认知模式相同,根据与原型的相似程度呈放射状分布。然而,"要确切定义原型范畴中心的本质是不可能的,也无法解释如何客观衡量原型程度的不同"②(Faber & López-Rodríguez 2012:22),这种原型模式因而难以借助电脑技术进行处理,最终为社会认知术语学所摈弃。

框架术语学有关概念组织的研究得益于对认知心理学相关理论成果的借鉴。认知心理学认为传统概念组织以语义记忆模型(semantic memory model)为基础,分门别类是其主要特点,如此构建的概念组织本质上属静态的知识表征模式,体现为概念层级体系。然而,概念结构的心理表征比这种树形结构图要丰富和灵活得多。一方面,人在直觉上倾向于对事物分类,其目的是发现世界的范畴结构,构建用以表征这种结构的分类系统。另一方面,人又有着一定的目标追求,把知识组织起来为实现目标提供支持。为了实现目标而产生的范畴表明目标实现(goal-achievement)在概念系统组织中的重要作用。巴萨卢(Barsalou)辨认出了两类范畴,即临时范畴(ad hoc category,例如从"出行"这一目标中产生的"要放入行李箱中的东西"就属于临时范畴)和目标衍生范畴(goal-derived category,临时范畴经过一段时间的重复后被确立为目标衍生范畴)。临时范畴和目标衍生范畴把行为序列(action sequence)中的角色与环境中的实例联系起来,是概念系统的首要组织方式,层级分类则属于概念系统的次要组织方式。(Barsalou 2003)这些针对概念系统的阐释从根本上影响了框架术语学对概念组织方式的认知。

格里尼奥夫和克莱帕尔琴科(Grinev & Klepalchenko 1999)指出,专业

---

① 原文:A concept system is made up of a structured set of concepts organized into concept classes. The major concept classes and sub-classes, as well as concepts of the same class, are related on the basis of the characteristics they share or by their use in reality… Structures are usually represented in tree diagrams.

② 原文:It is impossible to define the exact nature of the center of prototypical categories or explain how degrees of prototypicality can be objectively measured.

域中普遍发生的事件是描述该专业域的基础,可以依据这类事件对该专业域进行表征。费伯(Faber 2009;2012)据此指出每一个专业领域都有属于本领域的事件模板(event template),认为这些反复发生的行为或事件可被人的概念系统轻松捕捉到,从而构成概念事件的结构基础,并在这样的理想框架中对新的事件或行为进行范畴化处理。费伯等还借鉴了认知语言学中的原型概念,但是与社会认知术语学不同,他们对原型的应用更偏重于其在心理学上的频率效应(即高频率是成为原型的一个必要条件)。他们把反复发生在某专业域中的事件称为原型域事件(prototypical domain event),认为正是原型域事件把专业域中的基础层面范畴(basic level category)配置在一起,产生了一个适用于所有层面信息架构的模板,把体现专业领域特色的典型状态和事件以及参与其中的实体都纳入进去,确立了一个组织具体概念的框架。范畴中的具体概念被置于网络中,通过层级和非层级关系联系在一起。生态词库(EcoLexicon)①就是按照这种方式组织概念的术语库,其中的环境事件(Environment Event)如图 3-2 所示:

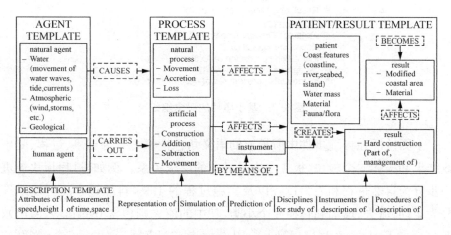

图 3-2　环境事件

　　从图中可知,**环境事件**有两类**施事**可以发起**过程**:无生命施事(自然力量)和有生命施事(人类)。**自然施事**(如地球运动、大气现象)在某个地域引起**自然过程**,而这些过程又影响其他实体或受事,造成的**结果**是后者因此被改变。**人类施事**能够使用**工具**实施人为过程(例如建造),从而产生或阻止通常由自然过程施加的**影响**。施事、受事、结果和工具是专业域中最典型的

---

① http://ecolexicon. ugr. es/visual/index_en. html

语义角色,环境事件则表征了它们之间的关系。在环境事件中,还有一些边缘范畴,包括用以指称测量、分析和描述主事件过程的概念。因此,事件中的每一个子域(如 BUILD-EVENT 建造事件,EROSION-EVENT 侵蚀事件,SEDIMENTATION-EVENT 沉积事件等)都以具有原型系列概念关系的模板为特征。

图 3-3 展示了 EcoLexicon 如何基于原型域事件表征与环境工程相关的概念结构:

```
▼ Agent (A)
   ▶ Natural Agent (A.1)
   ▶ Artificial Agent (A.2)
▼ Process (B)
   ▼ Natural process (B.1)
      Movement (B.1.1)
      Loss (B.1.2)
      Addition (B.1.3)
      Transformation (B.1.4)
   ▶ Artificial process (B.2)
   Instrument (B.3)
▼ Patient Result (C)
   ▶ Patient (C.1)
   ▶ Result of natural process (C.2)
   ▶ Result of artificial process (C.3)
▼ Description (D)
   Attributes / measurement of (D.1)
   ▶ Representation of (D.2)
   Simulation / prediction of (D.3)
   Disciplines for study of (D.4)
   ▶ Instruments / procedures of description of (D.5)
```

图 3-3 基于事件的概念组织

上图按照在环境事件中所扮演的语义角色把概念分为施事、过程、受事或结果和描述 4 个板块,板块之内是纵向的层级关系。例如,过程板块被进一步分为自然过程和人为过程以及实施过程的工具,自然过程还可以继续分为运动、流失、增加和转换 4 个小类,其中的流失则包含 overflow(溢出)、differential erosion(差异侵蚀)、avulsion(急流冲刷)、evaporation(蒸发)、glacier abrasion(冰蚀)等 46 个导致减少或流失的术语。

借助板块内部的层级关系,术语被赋予施事、受事、结果、工具和地点等语义角色。由环境事件可知,角色之间通过 CAUSES、CARRIES OUT、AFFECTS、CREATES、BECOMES 等谓词联系在一起。不同角色之间的互动关系在术语层面表现为概念之间的 Result_of(结果)、Causes(造成)、Affects(影响)、Has_function(功能)(具体可分为 Measures 测量、Studies 研究、Represents 表征)、Effected by(实施)等非层级(non-hierarchical)关系。这一基于事件的概念组织方式与传统概念组织方式之间最大的不同就在于它不仅使用了层级分类,而且基于事件把各个板块之间横向关联起来。例如,manure(肥料)可以被看作一种工具,被用于 fertilization(施肥)这一人为过程。事实上,术语学家早就意识到有必要表征诸如 manure 和 fertilization 之间存在的这种非层级关系(Sager 1990:53),但是只有框架术语学赋予这些关系以非常重要的地位,而且在概念组织表征中把它们明确地体现出来。

普通术语学把术语看作用以命名概念的抽象标签,认为其功能类似普通语言中的专有名词(Pearson 1998:11),仅对术语的命名(naming)功能感兴趣,认为术语的形态和句法应由普通语言规则提供,因而把这些信息排除在术语学研究之外。相比之下,框架术语学从事件角度入手,得以从短语型式和多词术语对术语的句法维度展开研究(Faber 2022:366-368)。例如,从 long-term erosion、river bank erosion 和 storm-induced erosion 这几个复合名词可知 erosion 在环境事件中扮演了过程角色,由特定的施事(storm)引起,有特定的发生地点(river bank)并持续一定的时间(long term),而这些往往被其他术语学研究流派所忽略。此外,框架术语学还借鉴了角色参照语法中的题元关系和构式语法中的论元角色,对环境科学中经常出现的谓词(尤其是动词谓词)进行了细致的描写。(Buendía Castro 2012,2013)例如,在 EcoLexicon 中,strike、hit、blast、crash 4 个词被置于 to_come_against_sth_with_sudden_force 这一框架中。EcoLexicon 对这一框架的描述具体如表 3-3 所示(Buendía Castro 2013):

表 3-3　to_come_against_sth_with_sudden_force 框架

Frame:to_come_against_sth_with_sudden_force			
Semantic role	Natural force		Patient
Macrorole	Actor	*hit* *strike* *batter*[*] *blast2*[**] *crash*[*]	Undergoer
Conceptual class	natural disaster [water][*] [wind][**]		area,construction,human being
Phrase type	NP		NP

从表中可知,strike、hit、blast、crash 属于同一框架的近义词,被用于"名词短语＋动词(＋名词短语)"句式中,其中第一个名词短语是施事,指一种自然力量(自然灾害),充当了事件的施动元;第二个名词短语是受事,可以指区域、建筑或者人类,在事件中充当了受动元。

简言之,框架术语学基于事件组织概念和表征概念结构,体现了专业知识的动态性,使术语信息在词条内部和外部均能够保持连贯,因而方便和强化了对专业知识的学习,也使得术语的句法维度真正进入了术语学的研究视野。

3.2.2 框架术语学视角下的概念多维性

传统术语学研究中,在基于"属—种"关系和"部分—整体"关系构建层级树形图时,每一层都按照同一个标准对概念进行分类,最后在逐级分类的基础上建立起概念系统表征。在这样的树形图中,概念仅占据一个位置,概念之间的关系貌似一目了然,其突出的特点是脱离语境的词语充当了知识节点的语言标签。罗杰斯(Rogers 2004:221)对此提出了批评,认为这种表征忽视了由文本表征的知识在概念上是动态的、在语言上是变化的事实。姑且抛开概念之间的非层级关系不谈,如此构建的层级表征常常只是一种理想的状态。事实上,术语学家在表征概念系统的过程中注意到,在同一层面上对概念进行分类时,往往可以基于多个区别特征从多个角度入手。例如,对与"管子"有关的概念可用如下树形图表示(冯志伟 2011b:124),见图 3-4:

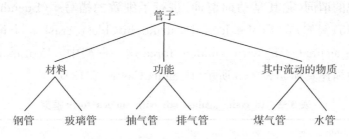

图 3-4 "管子"的概念结构树形图

在上图中,分别按照"材料""功能"和"其中流动的物质"三个特征把管子分成三类。这个概念系统虽然较为复杂,但是由于被分成三个单维系列,其中的概念关系还是比较清楚的。

不仅上位概念可以根据不同的特征进行分类,下位概念也可以根据多个特征进行归类,从而导致概念有多个上位概念,存在于多个层级结构中。塞杰(Sager 1990:33)把这种关系称为多层关系(polyhierarchical)。例如,从图 3-5 可知,既可以基于多个特征对 wine(葡萄酒)这一上位概念进行分类,也可以基于不同的特征对其下位概念 Madeira(马得拉酒)和 Chablis(夏布利酒)进行归类(Bowker 1993:40-41):

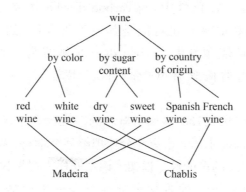

图 3-5　wine 的多维分类图

　　在上图中，根据颜色、含糖量和产地，可以把 wine 分别划分为 red wine（红葡萄酒）和 white wine（白葡萄酒），dry wine（淡葡萄酒）和 sweet wine（甜葡萄酒）以及 French wine（法国葡萄酒）和 Spanish wine（西班牙葡萄酒）三个类别。Madeira（马得拉酒）和 Chablis（夏布利酒）是两种具体的葡萄酒，前者既是一种 red wine，又是一种 sweet wine，同时还是一种 Spanish wine；后者既是 white wine，又是 dry wine，同时还是 French wine。鲍克（Bowker 1993：40-41）认为所谓分类就是基于共同的特征把相同概念聚合在一起，把不同的概念分开。因此，从逻辑上讲，哪些概念相同和哪些概念不同取决于所选择的特征。她把基于某一区别性特征对概念的分类称为维度（dimension），把在同一概念系统中可以基于多个特征对概念进行多种分类的现象称为概念的多维性（multidimensionality）。

　　多维性还可以指从不同视角对同一客体进行概念化（L'Homme 2020：89）。例如，在化学中，可把 carbon dioxide（二氧化碳）定义为由碳和氧构成的化合物。就环境领域而言，carbon dioxide 虽然还是化合物，但是凸显的却是在温室效应形成中发挥的作用。视角不同，与 carbon dioxide 产生关系的概念也不相同。不同视角下的 carbon dioxide 概念化可以图 3-6 表示如下：

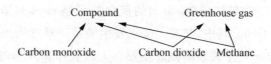

图 3-6　不同视角下的 Carbon dioxide（L'Homme 2020：89）

如图 3-6 所示,在化学中,与 carbon dioxide 关系密切的很可能是 carbon(碳)和 oxygen(氧),也可能是其他碳化合物,如 carbon monoxide (一氧化碳)。在环境领域中,carbon dioxide 被视为一种 greenhouse gas (温室气体),其同类概念有 water vapor(水蒸气)、methane(沼气)等概念。

鲍克(Bowker 1997:138)强调了概念的多维性在术语学研究中的重要性,认为它不仅可以使术语学家更充分地理解某个学科,而且降低了在研究中遗漏某些相关概念的可能性。框架术语学同样重视探讨术语概念的多维性,但是更关注前述第二种概念多维性对表征术语概念的影响。费伯 (Faber 2012:55)引入了认知语法中的域矩阵(domain matrix),对概念的多维性进行了全新的阐释:一个表达可能唤起一系列认知域,它们相互重合,共同构成了这一表达的域矩阵。在具体的场景中,有些认知域比另外一些更容易被激活(Langaker 2008:47-49)。与认知域类似,概念可能同时属于多个不同但是相关的专业域(specialized domain),其概念关系因而呈现出多维性。在具体的专业域中,概念只能激活概念的某些维度,而不是全部维度。具体而言,根据是否被激活可把概念关系分为活跃(active)和怠惰 (inactive)两类。前者与特定专业域相关,后者要么与该专业域无关[被称为潜伏(latent)关系],要么与该专业域中的处于活跃状态的其他关系抵触 [被称为不相容(incompatible)关系](León-Araúz & San Martín 2012: 579)。

框架术语学认为可以把专业域看作专业学科。当同一概念出现在不同的专业学科中时,就产生了概念的多维性。学科不同,围绕概念形成的概念关系也不同。莱昂阿劳斯、雷梅林克和加西亚-阿拉贡(León-Araúz, Reimerink & García-Aragón 2013:46)以 water 为例研究了概念的多维性,发现:(1) 因为 water 在有的学科中比另外一些学科中重要,所以围绕 water 形成的概念关系数量各不相同。例如,在水利学中,water 的概念关系就比在其他学科中密集和复杂。(2) 在不同学科中,围绕 water 形成的概念关系类型也不一样。例如,在工程学中,与 water 相关的概念关系以 *made_of*(材料)和 affects(影响)为主;在地质学中,突出的概念关系是 causes(造成)和 *type_of* (种属)。(3) 在不同学科中,与某一概念发生关系的概念类型不同。例如,在工程学中,与 water 发生关系的概念主要有人造实体和人为过程(如 pumping 泵送、concrete 水泥土、culvert 涵洞),在地质学中则是自然实体或过程(如 erosion 侵蚀、groundwater 地下水、seepage 渗流)。

专业域还可以看作概念范畴。框架术语学借鉴生成词库相关理论

(Pustejovsky et al. 2006:1-3),把概念分为实体(如 atmosphere,大气)、过程(如 erosion,侵蚀)和特征(如 altitude,海拔)三大类型,每一大类又细分为自然类(natural types,与物性结构中的形式角色[formal role]和/或构成角色[constitutive role]相关)、人造类(artifactual types,与功用角色[telic role]或施成角色[agentive role]相关)、合成类(complex types,由自然类和人造类组成,从自然类和/或人造类继承角色)三个小类。框架术语学还根据概念所属的类型,把概念关系与具体的物性角色对应起来(Faber, León-Araúz & Reimerink 2014)。例如,glacier(冰川)属地理客体,其组成部分包括 blation zone(冰融带)(构成角色,Has_part),但是不涉及人造类客体才具有的功能、用途等关系。相比之下,instrument(仪器)属于人造客体,有着特定的用途和功能(功用角色,Has_function)。框架术语学认为,根据所属的类别,概念表现出不同的组合潜势(combinatorial potential),能够激活不同的关系组(a set of relations)。

为了反映概念之间的互动关系,框架术语学把概念范畴与语义角色结合起来。概念能够激活什么样的概念关系,不仅取决于概念所属的类型,还受制于概念在原型域事件中扮演的语义角色。当同一概念在不同事件中承担了不同的语义角色,概念也表现出了明显的多维性特征,激活的概念关系也互不相同。例如,在环境科学领域中,water(水)属于合成类概念,凸显的是施成角色,参与了自然发生的事件 erosion(侵蚀)和人为实施的事件 salination(盐化作用)。在第一个事件中,water 造成了 erosion,扮演了 Agent(施事)的角色,激活的概念关系是 *Causes*;在第二个事件中,desalination 影响了 water,water 扮演的角色是 Patient(受事),激活的概念关系是 *Affected_by*。

框架术语学特别关注概念多维性对术语使用者理解和学习专业知识的影响:一方面,多维性从不同角度对概念进行展示,可以促进对专业知识的学习。然而,多维性又容易造成信息过载(information overload),最终妨碍对专业知识的学习(León-Araúz & Faber 2010:15)。因此,框架术语学主张对概念进行语境化表征,即对概念的专业域施加限制,把不相关或不兼容的概念关系排除在外,以减轻学习负担,提高学习效果。例如,在环境科学中,water(水)虽然不是一个专业特有(domain-specific)概念,但是参与了环境科学的诸多自然发生的事件和人为实施的事件。water 在各个分支学科中都发挥了非常重要的作用,围绕该概念形成的关系网络因而非常复杂,如图 3-7 所示:

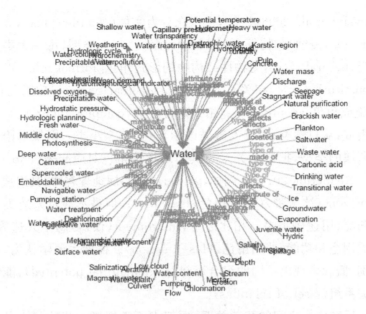

图 3-7　water 的概念关系网络

在上图中,围绕概念形成的关系网络由于信息密集,术语之间出现大量重合,致使概念关系网络在视觉上辨识度非常低。如此庞杂的信息如果不结合语境加以限制,用户势必无所适从,也就不可能对与 water 有关的专业知识进行有效的学习。为了解决这个问题,EcoLexicon 根据语料来源把环境工程科学分为水文学、地质学、气象学、生物学等领域,以这些领域为基础对概念网络进行语境化处理。例如,从 Meteorology(气象学)的角度对与 water 有关的概念关系进行限定,一定程度上能够简化围绕 water 形成的概念关系网络,如图 3-8 所示:

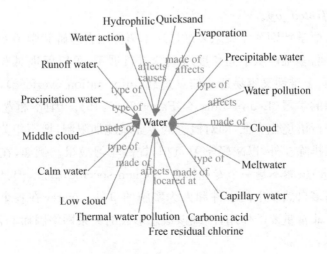

图 3-8　Meteorology 语境中的 water 概念关系网络

从图 3-8 可知,当排除与气象学无关的概念关系之后,围绕 water 形成的概念关系网络的信息密集度有所降低,但是还存在一定程度的信息过载。基于 water 的施事角色对有关概念关系进行再次筛选形成图 3-9 所示的关系网络:

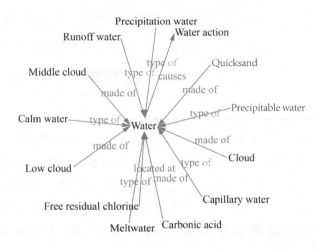

图 3-9　Meteorology 中基于施事角色的 water 概念关系网络

由上图可知,对有关概念关系进行二次筛选,排除了所有指向 water 的 affects 关系后,概念网络得到进一步简化,只剩下 water 充当施事的 causes 关系以及不受 water 语义角色限制的 type of、made of、located at 等层级关系(León-Araúz,Reimerink & García-Aragón 2013:48),其表征清晰度和辨识度均明显得到改善,从而方便了用户学习与具体文本相关的概念知识。

如前所述,环境科学中的每一个子学科都能够激活不同的概念关系(包括属一种关系),以不同方式对概念进行范畴化,从而导致概念多维性的产生。概念的多维性不仅与概念网络相关,而且也是术语学家定义概念时必须考虑的一个重要因素。为了使概念定义能够体现概念的多维性,圣马丁和莱昂-阿劳斯(San Martín & León-Araúz 2013:4)提出了灵活定义(flexible definition)的主张,即针对某一概念撰写系列定义,包括一个一般环境定义(general environmental definition)和多个基于前者的语境化(recontextualized)定义。一般环境定义是对派生定义共性的归纳,囊括了整个环境领域,体现了所有子学科中最典型的概念特征,与语境化定义之间的关系是上位与下位的关系。语境化定义之间相互独立,包含了定义特定领域中某一概念需要的所有信息。表 3-4 是 EcoLexicon 为 sand(沙)提供的一般环境定义和地质学和土壤科学中的部分语境化定义(San Martín &

León-Araúz 2013:4):

表 3-4　sand 的一般环境定义和子学科语境化定义

General environmental definition	Mineral material consisting mainly of particles of quartz ranging in size of 0.05—2 mm.
Geology definition	Sediment consisting mainly of particles of quartz ranging in size of 0.05—2 mm that is part of the soil and can be found in great quantities in beaches, river beds, the seabed, and deserts.
Soil sciences definition	Unconsolidated inorganic soil component consisting mainly of particles of quartz ranging in size of 0.05—2 mm that are the result of weathering and erosion. It renders soils light, acidic, and permeable.

　　表 3-4 包含了三个定义:第一个是适用于整个环境科学的定义(即一般环境定义),这个定义虽然包含有与 sand 有关的基本概念信息,但是就具体学科而言却显得过于笼统。比较而言,后两个定义使用了不同的属概念,表明 sand 的概念本质因学科而发生变化,其中第二个定义中的属概念 sediment 强调了地质学中 sand 的处所维度,第三个定义中的 soil component 则突出了土壤科学中 sand 的因果维度。

　　概念所属的类型对如何定义概念也产生了重要影响。框架术语学主张把概念范畴与物性角色结合起来,根据概念类型涉及的物性结构以及概念在概念结构中层级的位置,选择核心概念特征和关系,有区别地对术语进行定义。例如,dredger(挖泥船)的物性结构包括以下四种角色:形式角色、构成角色、功用角色和施成角色。由于 dredger 属人造物,施成角色(即由谁制造、如何制造)是缺省值,无需在定义中指明。又由于 dredger 在概念结构中层级较高,其组成部分因类别而各不相同,无法在定义中明确其构成角色。剩下的形式角色和功用角色分别指明其类别和用途,对定义 dredger 而言就不可或缺。因此,对 dredger 可定义如下:Instrument[TYPE_OF] used for dredging operations[HAS_FUNCTION](用于挖泥的工具)。(Faber, León-Araúz & Reimerink 2014:277)

　　综上所述,与其他术语学流派相比,框架术语学对概念的表征不仅重视概念之间的层级关系,而且更强调概念之间的非层级关系。虽然框架术语学主张从多个维度全方位展示概念知识,但是更注重语境因素在理解具体文本中的具体概念时所发挥的重要作用。这种把概念的多维性和语境化结合起来的表征模式能够更有效地促进术语用户对专业知识的学习和掌握。这对专科学习型词典文本信息类型的取舍与表征具有非常重要的借鉴意义。

3.2.3　框架术语学视角下的知识获取

　　术语编纂是传统术语学研究的一项核心任务。因为有着既定的学科范围,所以术语编纂也被称为主题研究(thematic research)。(迪毕克1990:32)加拿大术语学家鲍克(Bowker 1993:39-41)简要介绍了术语编纂的五个步骤:(1)阅读入门读物,熟悉所涉学科,辨认一般的概念特征,构思学科结构并画出层级树形图。(2)选择专业资料作为知识的来源。(3)浏览资料,从中抽取术语,进一步充实完善层级树形图。(4)仔细分析术语出现的语境,辨认每一个概念的特征。(5)基于获取的信息编写词条。梅耶尔(Meyer 2001:279)则总结了术语学家在编纂词条之前必须完成的三项任务:(1)术语辨识,即哪些是应该描写的学科术语?(2)术语的概念分析,即这些术语的意义是什么?(3)术语的语言分析,即怎么在语境中使用这些术语?她认为在这三项工作中,概念分析是术语编纂的基石。

　　如何获取概念分析需要的数据是术语编纂中需要考虑的另一个重要问题。梅耶尔(Meyer 2001:280)指出,术语学家可以通过咨询学科专家或者查阅专业文本获取概念信息。罗杰斯(Rogers 2004:218)也持类似看法,认为记录和分析对专家的访谈或专家之间的对话,分析权威专业文本是构建概念系统的可行方法。对于专家和文本哪个更重要,术语学家持不同的看法。鲍克和皮尔逊(Bowker & Pearson 2002:141)强调学科专家在信息获取中的重要性,认为术语分析总是涉及具体的学科专业知识,学科专家的帮助在术语集的编纂过程中发挥了重要作用,术语学家在选择术语、定义术语和分析术语方面往往需要咨询学科专家。梅耶尔(Meyer 2001:280)则指出由于电子文本从网络上容易获取,基于专业文本的数据获取方式正日益受到术语学家的青睐。

　　在上述看法中,梅耶尔(Meyer 2001)对框架术语学的影响最为明显。费伯(Faber 2012:101)同样重视对术语进行概念分析,认为可以借助以下两种工具获取信息:(1)系列半结构化(semi-structured)的访谈,用以从专家那里获取所需的信息;(2)由电子文本构成的语料库,可借助词汇分析从中提取信息。他们认为这两种方法相互之间并不排斥,但各有利弊。第一种方法的缺点是所咨询的专家数目少,只能依靠有限的看法获取信息。此外,专家虽然熟悉与某一学科相关的知识,但是他们未必擅长以内省方式获取概念分析所需要的全部信息,也不一定擅长以文字表述所获取的这些信息,对于应该提供哪些信息也很容易受到个人因素的影响。因此,费伯(Faber 2012)主张利用第二种方法从专业文本中提取需要的信息。他们使用的文本不仅包含普通专业文本,还包括专科词典文本,认为基于前一种文本的是一种自下而上的提取方法,基于后一种文本的是一种自上而下的提取方法,主张把这两种方法结合起来用以提取概念分析所需的专业知识。具体讲,自上而下方式是指参考词典和其他工具书,在专家的帮助下对其中的相关信息进行比较、取舍和整合;自下而上方式指使用术语提取软件和语料索引工具从专用语料库中提取信息,以验证、修正或充实通过自上而下方式所获取的信息。

框架术语学认为词典提供的信息构成了一个与知识直接相关的"词汇—概念"网络。为了能够提取可用于确定范畴及其成员的概念信息,有必要查阅不同的词典并比较词典中凸显的概念信息。以 EcoLexicon 研究团队对 tropical cyclone(热带气旋)的信息提取为例。tropical cyclone 是一个与大气相关的概念,突出的特点是能够造成破坏。为了获取与热带气旋相关的概念信息,需要从不同的气象或环境词典中提取出相关定义,对其中隐含的概念关系进行标注(tag)。EcoLexicon 团队共选择了 8 本大气和环境方面的词典。表 3-5 显示的是研究人员从《大英百科全书》中提取的定义,其中的概念关系已经做了标注。

表 3-5　标注后的 tropical cyclone 的《大英百科全书》释义

Encyclopaedia Britannica(A)

Severe atmospheric disturbance [**IS_A/TYPE_OF**] in the tropical oceans between latitudes of approximately 5° and 30° in both hemispheres [**LOCATION**]. These storms are characterized by very low atmospheric pressures [**ATTRIBUTE_OF**] in the calm, clear centre of a circular structure of rain [**ATTRIBUTE_OF**], cloud [**ATTRIBUTE_OF**], and very high winds [**ATTRIBUTE_OF/CAUSE**]. In the western Atlantic and the Caribbean they are called hurricanes [**TYPE_OF**]; in the western Pacific, typhoons [**TYPE_OF**]; and in the western Australia, willy-willies [**TYPE_OF**](if the surface winds exceed 117 kilometres (73 miles)per hour [**ATTRIBUTE_OF**]).

其他被选用的词典按照同样的方法提取并标注其中关于 tropical cyclone 的定义。最后汇总这些定义中所有被激活的概念关系和属性,按照关系类型进行分类。表 3-6 是汇总后的部分关系:

表 3-6　tropical cyclone 概念关系列表

	type_of/is_a	*location*	*attribute_of*	*has_type*	*phase_of*
A	SEVERE ATMOSPHERIC DISTURBANCE	TROPICAL OCEANS	*-low atmospheric pressure* *-rain* *-cloud* *-high winds*:+ *117 km/h*	-HURRICANE -TYPHOON -WILLY -WILLIES	
B	LARGE LOW PRESSURE SYSTEM	TROPICAL OCEANS	*winds up to 300 km/h*	-HURRICANE -TYPHOON	-TROPICAL DEPRESSION -TROPICAL STORM

术语学家比较所有的定义后发现，它们都无一例外地含有一个属概念，表明热带气旋所属的范畴。从定义中的属概念可知，热带气旋是一种atmospheric disturbance(大气扰动)或 low pressure system(低气压系统)。8 个定义中的 5 个给出了热带气旋发生的地点——tropical waters(热带水域)，有一半的定义既包含阶段关系(即热带气旋形成所经由的阶段及各阶段的名称)，也包含类型关系(typhoon[台风]和 hurricane[飓风]是热带气旋的两种类型)。所有的词典都指出热带气旋有 high winds[疾风]的特点，即速度至少达到 33 m/s。

　　框架术语学认为从语料库中获取的信息可以进一步充实和丰富从词典释义中获取的信息，在提取方法上借鉴了加拿大计算术语学的研究成果。基于语料库提取信息的传统方法是从包含术语的索引行中寻找富知识语境(knowledge-rich context，即至少包含一项概念特征的语境)，通过分析这些语境可获取构成范畴结构所需要的概念信息。梅耶尔(Meyer 2001:290)认为靠人工从大量索引行中寻找富知识语境是一件费时低效的事情，因而主张基于知识型式(knowledge pattern)实现对富知识语境的快速定位。所谓知识型式是指有关术语及其概念结构的元语言信息。这些元语言信息不论在什么样的专业领域中都表达相同的概念关系，具有明显独立于专业域的特点(例如，知识型式"is_a"总是表达类属关系，与涉及的学科无关)。它们通常表现为词汇或语法标记语，有时候则表现为破折号和冒号等副语言(paralinguistic)型式，能够帮助文本读者理解概念的意义和概念之间的关系。在前人研究的基础上，莱昂-阿劳斯、雷梅林克和费伯(León-Araúz, Reimerink & Faber 2009)总结了常用的知识型式及各自所表达的概念关系，见表 3-7：

表 3-7　知识型式

Conceptual relation	Knowledge pattern
is_a	such as, rang* from, includ*
part_of	includ*, consist* of, formed by/of
made_of	consist* of, built of/from, constructed of, formed by/of/from
located_at	form* in/at/on, found in/at/on, tak* place in/at, located in/at
result_of	caused by, leading to, derived from, formed when/by/from
has_function	designed for/to, built to/for, purpose is to, used to/for
effected_by	carried out with, by using

　　LexiCon 团队对 tropical cyclone 的信息提取可用以说明如何通过知识型式发现相关概念关系。在语料库中输入 tropical cyclone 进行检索,根据与概念关系对应的知识型式,从索引行中筛选出需要的"富知识语境",然后分析与检索词构成某种概念关系的术语。图 3-10 的索引行中体现了与 tropical cyclone 相关的属—种关系。

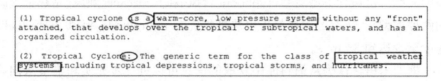

图 3-10　tropical cyclone 索引行中的知识型式

　　圈内是知识型式("is_a"和冒号":"),框内则是与 tropical cyclone 构成概念关系的术语。从这两个语境可知,热带气旋既是一种 low pressure system(低压系统),又是一种 tropical weather system(热带天气系统)。

　　当借助知识型式以同样的方式分析完所有的"富知识语境"后,把从语料库索引行分析和词典定义分析中获取的所有概念知识汇总在一起。表 3-8 是与热带气旋相关的概念知识总表的部分内容。

表 3-8　tropical cyclone 的概念知识汇总

TROPICAL CYCLONE	
type_of	TROPICAL DISTURBANCE
has_origin	EASTERLY WAVE WEST AFRICAN DISTURBANCE LINE TUTT OLD FRONT BOUNDARY
attribute(*has_intensity*) *measured_by*(instrument) *measured_by*(technique)	winds of 33 m/s(64 kt,74 mph,118 km/h)
	SAFFIR-SIMPSON HURRICANE SCALE BEAUFORT SCALE
	DVORAK TECHNIQUE

　　把自上而下和自下而上两种方式相结合,可以提取各种概念知识,以确定和构建用以表征术语多维性的概念定义和概念网络。

　　框架术语学继承了传统术语学自上而下的研究方式,但把词典文本而不是专家作为信息提取的主要来源。框架术语学还借鉴和完善了基于语料库的信息提取方式,通过观察大量的真实文本(索引行),从中寻找知识型式,将其作为判断术语关系的线索,结合术语的使用情况归纳术语的概念特征和其他特征。这种数据提取方式是对传统自上而下方式的补充,体现了语境在术语学研究中的重要地位,与框架术语学的核心理念是内在一致的。

3.3　英汉专科学习型词典语境化设计的初步思考

专科学习型词典是专科专家型词典和普通学习型词典类型交叉后形成的词典类型,旨在实现认知功能和交际功能,满足用户的学习需求和检索需求。语境化设计是英汉专科学习型词典实现词典功能和满足用户需求的重要途径。就信息类型、呈现方式和获取技术而言,框架术语学对英汉专科学习型词典语境化设计有重要启发。

3.3.1　框架术语学与英汉专科学习型词典的信息选择

英汉专科学习型词典的认知功能是指词典在学科知识获取方面为非专家词典用户提供的帮助,交际功能则是指词典在专业语言解码和编码方面为外语词典用户提供的帮助。这两种功能确定了英汉专科学习型词典需要收录的信息类型。

我国的 ESP 学习者在专业知识学习方面大多还是初学者。与学科专家相比,他们虽然已经掌握了一定量的知识点,但是这些知识点尚处于一种彼此分离的状态,未能以有序的方式组织成知识面。知识点之间既不能够相互通达,也未能在学科体系中进行有效定位。专家用户使用专科词典一般是为了核实专业词语传达的概念知识或者查找它们在另一种语言中的翻译。他们虽然偶尔也需要查询专科词典学习不认识的专业词语,但是新获取的知识能够很快纳入已有的学科知识体系中,所以针对他们的专科词典只需要为词目提供基本的定义或翻译即可。比较而言,专业英语学习者不仅需要借助词典理解专业词语所传达的概念知识,而且还需要在词典的帮助下初步建立或巩固相关学科的基础知识体系。因此,面向 ESP 学习者的专科学习型词典除了提供词目释义或翻译外,还应该在学科的整体知识背景中为词目定位,通过多种手段明示词目与其相关词目之间的概念关系。

框架术语学在实现英汉专科学习型词典认知功能、辅助学习获取专业知识方面具有明显的优势。首先,框架术语学吸收了传统术语学的研究成果,借助术语概念之间的层级关系对概念进行定位:基于"属—种"关系和"部分—整体"关系构建了层级知识结构,在明晰相关概念之间关系的基础上对该概念进行界定。框架术语学还把 Meronymy(部分—整体)关系拓展细化为 *Part_of*(部分)、*Phase_of*(阶段)、*Made_of*(材料)、*Delimited_by*

（界限）、*Located_in*（位置）、*Takes_place_in*（地点）等多种关系。其次，框架术语学还重视对概念之间的非层级关系，借助这些概念关系凸显知识结构的动态性。框架术语学认为概念不是构成静态知识结构中的孤立节点，而是表征了事件、状态或者实体，在与其他概念的互动中参与构建了学科中反复发生的原型域事件。除了"属—种"关系和"部分—整体"关系外，概念之间还存在 *Result_of*（结果）、*Causes*（造成）、*Affects*（影响）、*Has_function*（功能）、*Effected_by*（实施）等非层级关系。框架术语学对概念关系的深入研究为专科学习型词典发挥认知功能提供了理论依据，能够更好地帮助学习者获取专业知识。

贝延霍尔茨和塔普（Bergenholtz & Tarp 1995:117）指出专业语言学习者在语言知识和百科知识方面存在不足，在许多方面与学习语言的儿童或学生相同。这个比较突出了专业语言学习者所面临的诸多困难。就我国的英语教学而言，专业英语学习者首先是二语学习者。他们不具有母语学习者的语言学习条件，只能借助已有的母语知识和世界知识、基于对规则和形式的记忆和理解在课堂环境中对语言进行有意识的学习。（章宜华2012）此外，他们对二语规则的过度泛化和母语的负面迁移缺乏判断力，在交际的过程中常常会犯下母语学习者极少出现的言语错误。具体讲，他们在词汇语义的两大关联维度上均存在一定的困难：在组合维度上，他们不知道某一词语应该以什么样的形式和方式同其他什么样的词语组合使用或者用在什么样的句式中。在聚合维度上，他们往往不能确定某一词语有哪些可替换的语言表达，或者在面对相互之间构成替换关系的表达时，常常不知道该如何选择，更不知道选择某个表达的原因。

框架术语学在发挥英汉专科学习型词典交际功能、辅助 ESP 学习者进行专业语言解码和编码方面也有潜在价值。首先，就解码而言，框架术语学对概念层级关系的探讨能够帮助学习者准确理解术语的概念内涵。框架术语学基于"属—种"关系和"部分—整体"关系构建了层级的知识结构，根据被研究概念所属的上位概念、包含的下位概念确定概念在层级知识结构中的位置，比较概念与同位概念之间的差异，明确其区别性特征，参照相关概念对被界定概念进行定义，这些语义信息能够满足专业语言解码活动中对语义精确性的要求。其次，知识框架中的非层级概念关系展示了术语之间的各种组合潜能。能否使用术语进行有效产出取决于是否知晓术语之间的组合潜能（Faber & León-Araúz 2016:4）。在框架术语学中，概念不仅通过层级关系与上位、下位和同位概念发生关联，而且还通过非层级关系联系在一起。非层级关系不仅受到概念范畴的制约，而且还与概念在专业域事件中扮演的角色有关。这意味着用户可以依据概念范畴和语义角色推测术语之间的组合可能,在此基础上选择与概念关系兼容的搭配或短语,而这种搭配能力是衡量专业交际者的语言编码水平的重要指标。

从理论上讲,框架术语学为研究专业语言编码所需的搭配、句法、语用等知识提供了可能。由于从事件角度入手,框架术语学得以结合概念充当的语义角色对术语的句法维度进行研究。事实上,框架术语学还借鉴了角色参照语法中的题元关系和构式语法中的论元角色,在框架中对环境科学中经常出现的谓词(尤其是动词谓词)进行了探讨。该术语学流派还分析了框架、语境和识解(construal)等三个语用维度在专业交际中所扮演的重要角色(Faber & San Martin 2012:191)。然而,与术语概念维度相比,框架术语学对术语句法和语用维度的研究总体上还不够深入,目前可供英汉专科学习型词典直接借鉴的成果也比较有限。这意味着英汉专科学习型词典的语境化设计还需要从其他描写术语学理论中汲取养分。

3.3.2　框架术语学与英汉专科学习型词典的信息呈现

与其他学习型词典一样,英汉专科学习型词典同样需要兼顾词典用户的检索需求和学习需求。其不同之处在于目标词典用户需要更精准地把握专业知识的体系性和关联性,因而在信息呈现的系统性方面对英汉专科学习型词典提出了更高的要求。

框架术语学研究的核心问题就是建构术语概念的知识结构,在知识结构中确定具体术语概念的位置,这对英汉专科学习型词典如何实现信息的体系性有着重要的启发。框架术语学借鉴框架语义学相关理论,把知识结构称为"框架"。从相关文献看,"框架"这一术语在框架术语学中有多个含义,至少可做以下几种理解:1) 原型域事件,指在专业域中反复发生的事件,该事件明确了概念的范畴性质和概念在事件中充当的语义角色,既发挥了联系概念和整个学科的作用,同时也揭示了术语的组合潜能(combinatorial potential)和句法维度。2) 概念网络,由参与事件的某一概念所激活的层级和非层级关系组成,把这一概念同其他相关概念联系起来。3) 定义模板(definition template),采用"属＋种差"的传统定义模式,在体现术语最典型的概念特征的同时,兼顾了术语定义的继承性和灵活度,是连接概念和术语的桥梁。(León-Araúz, Faber & Montero Martínez 2012:128-129,254)。

与术语学研究不同,英汉专科学习型词典采用语义学的研究路径,借助词条这一基本单位,得以把知识结构化整为零,把知识面转变为具体的知识点,而词目词表征知识点,成为通达知识面的起点。换言之,单个词目充当了知识结构的网络节点和检索入口。因此,英汉专科学习型词典虽然重视信息的体系性,但是必须照顾词典用户的检索要求,保证词典信息的便查性。在以上三种框架中,原型域事件是对学科知识体系的高度概括。我们认为,把概念归入施事、过程、受事或结果和描述四个板块,只是从抽象意义上明确了术语概念在事件中的角色,从宏观层面上凸显了学科知识结构的动态性。这种分类编排无法为英汉专科学习型词典采用,因为在词典用户查找一个陌生的术语之前,不可能确定该术语概念的语义角色,并以此作为检索入口。比较而言,概念网络由围绕特定术语的各种概念关系形成,定义模板则包含了对理解术语最核心的概念特征,是原型域事件在术语层面的表现方式,对学习者获取和掌握专业知识至关重要。因此,概念网络和定义模板对英汉专科学习型词典在兼顾信息便查性的前提下,保障信息的体系性具有重要的指导意义。

框架术语学特别重视术语知识的语境化表征,强调认知语境的变化对术语知识带来的影响。框架术语学认为概念的多维性虽然从不同角度展示了围绕概念形成的关系网络,但是同时展示多个维度的概念关系容易造成信息过载,最终妨碍对专业知识的获取和掌握。因此,框架术语学认为一个术语概念可同时属于多个专业域是造成概念多维性的原因,主张从两个层面对术语知识进行语境化表征:(1)把专业域看作学科分支,确定学科分支,展示与该学科相关的概念关系,过滤与该学科无关的概念关系。(2)把专业域看作概念范畴,根据概念类型以及概念在专业域事件中的角色,排除与该概念范畴不兼容或者不相关的概念关系。框架术语学认为语境化表征可以降低概念关系的密集度,提高概念关系的连贯性,减轻术语学习者的学习负担,改进学习效果。

框架术语学对术语知识的语境化表征,为英汉专科学习型词典信息的差别化呈现提供了理论依据。首先,框架术语学指出术语概念知识因学科而发生变化,为了减轻学习负担,应该明确学科分支。这为英汉专科学习型词典语境化设计确定学科范围(多学科、单学科、子学科)以及收词时平衡学科内部的分支构成(最大化、最小化)提供了指导。其次,框架术语学借鉴了生成词库理论,主张把概念范畴与物性角色结合起来,根据概念的类型、其物性结构以及概念在概念结构中层级的位置,选择核心概念特征和关系,有区别地对术语进行定义。框架术语学提出的释义模板为英汉专科学习型词典对术语的差别化定义提供了灵感。然而,框架术语学的释义模板仅针对名词术语。该释义模板是否适合动词、形容词等谓词型术语？如果不适合，英汉专科学习型词典该如何对谓词型术语进行差别化释义？这些都需要词典编者在借鉴框架术语学的同时拓宽视野，结合相关的语言学理论和术语学理论做进一步思考。

3.3.3 框架术语学与英汉专科学习型词典的信息获取

为了发挥认知功能和交际功能，满足用户的学习需求和检索需求，英汉专科学习型词典需要首先就信息类型做出选择，然后以方便易查的方式呈现这些信息类型。因此，获取数据、基于这些数据提取词典信息是英汉专科学习型词典语境化设计的前提。

术语学家以特定学科中的术语为描写对象，他们大多系语言学背景出身，极少身兼学科专家，无法通过内省获取自己并不擅长的专业术语数据，因而需要寻求帮助，从其他来源获取数据。就英汉专科学习型词典而言，编者与术语学家处境不仅类似，有时甚至面临更大的困难：他们不仅不是相关领域的学科专家，而且由于处理的是英语术语，无法凭借在外语学习环境中形成的英语语感以内省方式获取相关数据。他们更需要寻找可靠的数据来源，据此进行英汉专科学习型词典的语境化设计。

框架术语学继承了传统术语学自上而下的研究方式，虽然认为对学科专家进行半结构化的访谈，可以协助术语学家进行概念分析，但是把词典文本而不是专家作为获取数据和信息的主要来源，主张从专科词典的释义中提取、汇总、比较、取舍和整合术语的概念信息和概念特征。专科词典文本对英汉专科学习型词典语境化设计而言同样重要。词典学界向来有使用蓝本词典的传统。比如，哈特曼（Hartmann 1986：vii）指出，"多数词典都能找到前身，所有词典都不乏后来者模仿"[①]。蓝本词典凝聚了前人的汗水，是前人智慧的结晶。编者没有理由抛开蓝本词典，完全从零开始编纂新词典。英汉专科学习型词典之所以要向其他专科词典文本借鉴，不仅仅是为了遵循词典学传统。从单语专科词典释义中获取的概念信息和概念特征，对英汉专科学习型词典的语境化设计至关重要。

框架术语学还借鉴了语料库语言学的研究方法，把语料库作为最重要的数据来源。术语学家使用检索工具，从语料库中查找出所有包含术语的上下文（即索引行），观察术语的共现成分，借助知识型式，定位富知识语境，

---

① 原文：Most dictionaries have forerunners, and all have imitators.

从中归纳出术语的概念特征。与使用专科词典相比,这种数据获取方式以自下向上为特点,把术语置于真实的文本中进行观察,体现了语境在术语学研究中的重要地位。术语释义通常仅包含理解概念必需的核心特征,从中提取的数据因而有着一定的局限性。借助语料库可获取非核心概念特征,能够补充从词典释义中提取的数据。此外,有些学科的新术语在编纂某些专科词典时还没有产生,不可能为这些已出版的词典所收录。对这些新术语和新含义而言,语料库几乎是获取概念信息的唯一方式。

对英汉专科学习型词典而言,以语料库为数据来源,基于真实文本从语境中提取术语的概念信息,不仅与词典的语境化设计内在一致,而且拓展了传统的数据获取方式,丰富了编者能够获取的概念信息,同时也是提取新词新义相关信息的重要手段。索引行不仅用来提取概念信息,更重要的是可以提供术语的搭配和型式,这是英汉学习型词典发挥交际功能最需要的信息类型。此外,语料库检索功能的词表功能(特别是关键词词表)及词频信息对英汉专科学习型词典确定收录什么词目也有重要的参考价值。

普通的语料库工具只能返回索引行,对信息的提取则需要语料库使用者自己阅读、观察和归纳,这往往需要耗费大量时间和精力。自然语言处理技术的发展为进一步减轻术语工作者的工作提供了可能。例如,加拿大蒙特利尔大学专为术语学研究开发了 TermoStat 术语提取工具,不仅可以比较词语在不同语料库中的频率,而且还把术语的词性和结构因素考虑在内,这大大地提高了术语提取的准确度,可以直接应用于英汉专科学习型词典的语境化设计。对术语概念知识的提取同样受益于新检索工具的开发。框架术语学研究团队基于知识型式,撰写了旨在提取概念关系的扫描语法,使得原本用于提取搭配的 Sketch Engine 可以用来提取并展示术语概念关系。这显著地拓展了面向词典编纂的语料库分析工具 Sketch Engine,也减轻了英汉专科学习型词典的数据获取负担。Sketch Engine 的 GDEX 模块还能够帮助词典编纂者寻找典型易懂的词典例句。因此,框架术语学的数据提取理念以及使用的工具都对英汉专科学习型词典语境化设计不无启发。

3.4　小结

第二章梳理专科学习型词典设计特征研究现状,发现理论方面术语使用混乱,导致研究对象定位不明,不同视角缺乏整合,致使相关研究难以形成合力,过于依赖普通学习型词典研编理论又使专科学习型词典设计创新乏力。实践方面,虽然部分专科词典表现出一定的学习倾向,但同样存在不足,没有成熟的范例可以借鉴。因此,有必要拓展思路,考察设计的理据,把握英汉专科学习型词典的特殊性,进而考察现代术语学理论带来的启示。

英汉专科学习型词典语境化设计需要考虑以下三方面的特殊性:英汉专科学习型词典是学习型词典和专科词典交叉结合后产生的新类型,因其学习性和专科性与近邻词典类型区分开来。在文本功能方面,英汉专科学习型词典在认知方面突出对基础知识的系统描写,在交际方面更重视对专业语言编码信息的充分收录。就 ESP 学习者而言,词典用户不仅需要学习专业语言,而且需要对专业知识的体系性和关联性有更精准的把握,因而在信息呈现的系统性方面对英汉专科学习型词典提出了更高的要求。

与传统术语学对概念的层级树状静态表征不同,框架术语学基于事件组织概念,不仅明确了概念在学科领域中充当的语义角色,而且为研究术语的句法维度提供了可能。框架术语学对概念多维性的研究表明,为了促进对专业知识的学习,避免信息过载,应该基于学科范围、概念类型、语义角色,在概念网络和释义层面对术语概念知识进行语境化表征。在知识获取方面,框架术语学采用自下而上的方式,借鉴和完善了基于语料库的信息提取方式,通过观察大量的真实文本(索引行),从中寻找知识型式,将其作为判断术语关系的线索,结合术语的使用情况归纳术语的概念特征。

就信息类型、呈现方式和获取技术而言,框架术语学给英汉专科学习型词典语境化设计带来了重要启发:框架术语学在辅助 ESP 学习者学习专业知识方面具有明显的优势,在帮助他们进行专业语言解码和编码方面也有潜在价值,但是对术语句法维度的研究还显不足。框架术语学认为语境化表征可以降低概念关系的密集度,提高概念关系的连贯性,能够减轻术语学习者的学习负担,这为英汉专科学习型词典信息的差别化呈现提供了理论依据。框架术语学把语料库作为最重要的数据来源,其数据提取理念以及使用的工具都对英汉专科学习型词典语境化设计有重要借鉴价值。

本章虽然谈及框架术语学对英汉专科学习型词典实现认知功能和交际功能带来的启发,但是仅仅初步构思了英汉专科学习型词典设计的语境要素。本书第四章将结合框架术语学和其他描写术语学理论对英汉专科学习型词典语境化设计的要素展开详细考察。

第四章 英汉专科学习型词典语境化 设计的要素考察

从第三章可知,描写术语学理论(尤其是框架术语学)兼顾了术语的句法维度,对术语的多维度和语境化的表征能够促进对专业词汇的学习和掌握,在英汉专科学习型词典语境化设计中可发挥重要作用。本章将结合术语学相关理论进一步探讨英汉专科学习型词典语境化涉及的要素。本章4.1节将从宏观和微观两个层面继续探讨英汉专科学习型词典的认知语境及其要素。认知语境的宏观层面指的是学科知识,包括学科的范围和学科的构成(4.1.1)。认知语境的微观层面指的是概念知识,主要由概念之间的层级关系和非层级关系组成(4.1.2)。本章4.2节将从组合和聚合两个维度探讨英汉专科学习型词典的交际语境及其要素。交际语境的组合维度指的是作为概念标签或符号的术语在搭配、句法等方面表现出的特征(4.2.1)。交际语境的聚合维度指的是术语之间层级关系以外的其他语义关系,主要包括同(近)义、反义、多义和派生关系(4.2.2)。本章4.3节将探讨英汉专科学习型词典认知语境和交际语境之间的功能融合及其对词典文本设计的启示。

4.1 英汉专科学习型词典设计的认知语境

如前所述,英汉专科学习型词典的目标用户是 ESP 学习者。他们虽然对某些专业概念有一定的了解,但是对专业知识的掌握停留在浅度习得的水平,还处于一种彼此孤立和分离的状态。为了使知识点之间能够相互通达,建立起容纳和定位新概念的知识体系,有必要构建英汉专科学习型词典的认知语境,为词典用户提供理解和掌握专业知识必需的背景知识,实现专业概念的语境化。框架术语学重视对概念进行语境化表征,因而在英汉专科学习型词典设计的认知语境构建方面能够提供重要启发。在概念的语境化表征中，认知域发挥了重要的作用。费伯（Faber 2011:21）指出，在术语学研究中，可以把认知域理解为专业知识域（specialized field）和概念范畴（conceptual category）。前者是宏观意义上的认知域，后者是微观意义上的认知域。受此启发，本书作者认为可以把英汉专科学习型词典的认知语境分为宏观和微观两个层面，前者是指学科背景，后者是指概念网络。

4.1.1 认知语境的宏观层面

确定英汉专科学习型词典涉及的学科数目是从宏观层面上构建认知语境需要解决的第一个问题。框架术语学基于学科对概念进行语境化表征，这为英汉专科学习型词典认知语境的构建带来了重要的启示。框架术语学在最初的术语编纂工作中仅关注海岸工程学，后来把研究的范围扩大至整个环境科学领域，涉及水文学、地质学、生物学、化学、工程学、航海等多个学科。由于概念的多维性，某些概念不仅出现在多个学科领域中，而且参与了不同的专业域事件，在其中发挥了不同的作用。如果同时在多个学科和专业域事件中对概念进行定位，各种相关背景知识将混杂在一起，势必形成信息过载，不利于术语用户对概念的理解和掌握。例如，就像通用语言中的高频词一样，water（水）虽然不为环境领域中的任何学科所独有，但是参与了各学科的诸多自然和人工过程。由于 water 在各个分支学科中都发挥了非常重要的作用，围绕该概念形成的关系网络信息密集，可读性不高（参见3.2.2）。如此庞杂的信息如果不结合语境加以限制，用户恐将无所适从，也就不可能对与 water 有关的专业知识进行有效学习。框架术语学解决信息过载的方案之一便是基于具体学科对概念进行语境化，从而最大程度地增加了信息之间的连贯度，减少了低相关信息的干扰。

事实上，词典学研究领域一直关注专科词典应该涉及的学科数目。贝延霍尔茨和塔普（Bergenholtz & Tarp 1995:59）根据涵盖的学科数目把专科词典分为多学科（multi-field）、单学科（single-field）和子学科（subfield）三类。他们注意到多学科给专科词典编纂带来的一些问题，比如需要就收词和词汇信息咨询不同的学科专家，难以协调专家并统一标准，从而导致学科之间出现不平衡。在这些问题中，多学科词典在百科信息处理方面存在的困难与宏观层面上的认知语境构建最为相关。首先，多学科词典由于收词量大，往往没有足够的空间容纳百科信息。然而，专业词汇的含义因所属学科不同而变化，用户往往需要借助百科信息确定词目的含义。百科信息的缺失或不足势必影响他们对专科词汇含义的准确理解（Bergenholtz & Tarp 1995:60）。其次，多学科词典由于涵盖多个学科，无法为所有学科设置学科导引。学科导引是专科词典中存在于词条以外的一个独立板块，旨在向用户系统介绍所涉学科。如果多学科词典为每个学科都设置这样的介绍内容，那么学科组件将会变得冗长且复杂（Fuertes Olivera 2009b:163）。由此可知，多学科词典增加了专业词汇语境化的难度，不利于词典用户对专业词汇知识的学习。鉴于此，贝延霍尔茨和塔普（Bergenholtz & Tarp 1995:59）指出，多学科词典一般不值得推荐。这些针对学科范围的讨论同样适用于英汉专科学习型词典。

无论是框架术语学基于学科对概念的语境化表征，还是词典学领域对多学科词典编纂过程中特殊困难的讨论，都说明英汉专科学习型词典应该专注于某一学科。就宏观层面的认知语境构建而言，除拼写、发音、语法等无涉具体学科的形式信息（formal comment）（Hartmann & James 2002:50），英汉专科学习型词典的其他信息类型都不应超出这一确定的学科范围。换言之，无论是英汉专科学习型词典正文内的收词、配例等信息，还是正文外的学科介绍和附录都应该具有一定的专业相关度。

前述讨论虽然把英汉专科学习型词典的学科数目确定为单一学科，但是由于学科在概念上可做多种理解，既可以是狭义上的知识体系，也可以是广义上的组织体系（刘晓保 2013:94），因而要确定单一学科覆盖的范围并不是一件容易的事情。一般而言，学科首先是指一定科学领域的知识体系，有着特定的研究对象。当研究对象被放大或缩小时，学科领域也将改变——同一领域的学科序列就这样产生了。（叶赛华 2002:90）为了研究的方便，学科常常被分成不同级别。1992 年颁布、2009 年修改的《中华人民共和国学科分类与代码国家标准》（以下简称《标准》）把学科分为一级学科、二级学科和三级学科。《标准》的颁布对我国的科研和教育产生了非常广泛的影响，对英汉专科学习型词典学科范围的确定也有指导意义。例如，章宜华和雍和明（2007:192）注意到三级学科划分对专科词典编纂的影响。

根据《标准》确定学科范围，可把单学科词典分为三类：一级学科词典、二级学科词典和三级学科词典。在《标准》中，一级学科由若干个二级学科组成，二级学科又包含若干个三级学科。例如，地球科学属一级学科，由地球科学史、大气科学、固体地球物理学、空间物理学、地球化学、大地测量学、地图学、地理学、地质学、水文学、海洋科学等学科构成。这些学科虽然都与地球相关，但是彼此之间在研究对象、研究方法等方面存在较大差异。由于一级学科涉及多个学科门类，一级学科词典本质上还属多学科词典，依然难以克服前述编纂中的诸多困难。动力气象学属于三级学科,是二级学科大气科学下属的一个子学科。由于三级学科处在学科门类的最低一级,三级学科词典因而可看作专科词典分类中的子学科词典。这类词典的一大优越性是最容易做到穷尽性收词,成为"详尽型词典"。(章宜华、雍和明 2007：194)然而对尚处于学习阶段的词典用户而言,这些词典所提供的专业知识在质和量方面均超出了他们的学习需求。比较而言,二级学科处于学科分类的中间级别,其下的三级学科的研究对象相关度高,体系构成与我国高校的院系学科设置和人才培养专业设置基本一致,符合学生对所学专业的整体认知,其教学价值明显。因此,本书作者主张把二级学科确定为英汉专科学习型词典的学科构建范围。

　　构建宏观认知语境不仅需要确定英汉专科学习型词典涵盖的学科范围,而且还需要弄清楚已确定学科的内部构成及其分支之间的关系。在科学技术的推动下,学科的研究疆域不断拓展,分工愈益明确,产生了越来越多的分支学科。由于内部呈现出分化与重组并存的特点,现代学科已逐渐发展成为结构复杂的知识系统。试以二级学科气象学[①]为例说明这一点。在漫长的历史发展过程中,气象学的主要研究内容包括气候学、天气学、大气的热力学和动力学问题,以及大气中的物理现象(如电象、光象、声象)和一般的化学现象等。近年来,气象学的研究领域不断扩展,内部分工越来越细化,衍生出大气探测、气候学、天气学、动力气象学、大气物理学、大气化学、人工影响天气、应用气象学等分支学科。这些分支学科并非孤立存在,在分化的同时也展现出融合的趋势。例如,天气学和气候学与动力气象学结合,形成了天气动力学和物理动力气候学;探测手段的创新和痕量化学分析技术的发展,推动了对大气物理性质和化学性质的研究,促进了大气化学的发展。特别是随着大气中二氧化碳和甲烷等微量气体对气候影响的日益显著,以及大气污染和酸雨问题的出现,人们更加认识到大气化学在大气科学中的重要性。随着研究的深入,人们还意识到大气化学过程和大气物理过程之间的相互作用,从而推动了这两个分支学科的相互结合。气象卫星探测与天气分析结合形成了卫星气象学,气象雷达探测与云和降水物理学结合形成了雷达气象学。正是这些分支学科的相互分化与融合,推动了气象学的深入发展。[②]

---

①　一般认为,大气科学拓展了传统气象学的研究内容,比气象学的外延更广。本研究对二者不作区分,依传统沿用气象学这一使用更广的术语。

②　本节有关气象学发展及其分支构成的论述主要借鉴了《中国大百科全书》(大气科学　海洋科学　水文科学卷)大气科学词条。

学科的分支构成以及各分支之间的关系也是学习者知识体系的重要组成部分,因而应该被纳入英汉专科学习型词典认知语境的构建中。从词典设计的角度看,英汉专科学习型词典应该首先借助学科导引、插页、附录等正文外材料简要介绍学科涵盖的范围、学科与邻近学科之间的关系、学科内部的分支结构以及学科各分支之间的关系,然后按照学科分支对收录的专业词汇分类,在词条中标出词汇所属的学科分支。

4.1.2 认知语境的微观层面

确定学科的范围、阐明学科的构成虽然能够提供理解专业词汇必需的学科背景知识,但是这仅仅是构建了英汉专科学习型词典宏观层面上的认知语境。对专业词汇而言,还必须弄清楚专业词语所指称的概念。为此,需要向用户提供对理解专业词语不可或缺的概念知识,通过概念分析在概念系统或概念网络中对概念进行定位,使用户能够准确地把握概念的内涵。在普通术语学中,定义是术语用户获取概念知识的首要来源。由于采用"属概念+种差"的释义模式,内涵式定义能够体现出概念在概念系统中的位置,因而受到普通术语学的青睐。(Temmerman 2000:9)这种定义模式不仅指明了与某一概念紧邻的上位概念,而且把这一概念与其他处于同一抽象级别的其他概念区分开来,为理解术语提供了必需的核心知识。概念系统的树状表征以概念之间的层级关系(属—种关系和整体—部分关系)为基础,不仅以更直观的方式展示了概念与其上位概念和同位概念之间的关系,而且还有可能给出定义中通常不包含的下位概念,因而构建了一个由上位概念、同位概念和下位概念组成的层级概念认知语境,与被定义的概念密切相关。

通过比较不同的概念,传统术语学不仅辨认出了属—种关系和整体—部分关系,还发现概念之间存在因果(causality)、工具(tooling)和继承(descent)等其他关系。(Felber 1984:120-129)塞杰(Sager 1990:33)指出,概念之间以复杂的方式相互关联,单纯的属—种和整体—部分关系结构已经不能反映出概念之间的关系,那种认为凭借层级关系就能充分表征概念的简单看法已经过时并被人们普遍抛弃。塞杰(Sager 1990:34)列出了概念之间的如下复杂关系:原因—结果、材料—产品、材料—属性、材料—状态、过程—产品、过程—工具、过程—方法、过程—受事、现象—度量、物体—消解(counteragent)、物体—容器、物体—材料、物体—质量、物体—操作、物体—特征、物体—形状、活动—场所。这意味着概念不仅与其上位概念、下位概念和同位概念发生联系,而且还与其他更多的概念存在多种关联。概念关系数量和种类的增加极大地丰富和拓展了术语的概念语境。

虽然在术语学研究中,人们早就认识到属—种关系和整体—部分关系不是概念关系的全部,但是在概念分析和表征中却把其他类型的关系置于相对边缘的位置。罗杰斯(Rogers 2004:218-219)指出教科书中构建的概念系统往往仅关注抽象的属—种关系,对于许多本体关系类型(整体—部分关系除外)不仅解释得不充分,而且很少被记录。直到最近,术语库中的概念关系还限于属—种关系和整体—部分这两种关系(Faber,León-Araúz & Prieto 2009:6)。框架术语学虽然重视属—种关系和整体—部分关系的价值,但是认为它们体现的是一种静态的层级概念结构,需要被纳入更大的动态体系中去。为了体现概念的动态性,框架术语学主张把原型域事件作为概念组织的框架,把体现专业领域特色的典型状态和事件以及参与其中的实体都纳入事件中,范畴中的具体概念被置于网络中,通过层级和非层级关系联系在一起。这种基于概念网络的表征方式突出了因果、功能等非层级概念关系。

费伯、莱昂-阿劳斯和普列托(Faber,León-Araúz & Prieto 2009:12)借鉴生成词库理论,把概念关系与概念所属的范畴结合起来。基于亚里士多德的"四因说"(质料因、形式因、目的因和动力因),普斯特若夫斯基(Pustejovsky 1995)提出了物性结构(*qualia* structure),旨在描写词项所指对象(object)由什么构成、有什么本质属性、如何产生以及有什么用途或功能。物性结构包含如下四个物性角色(Pustejovsky,1995:85-86;宋作艳,2011:204):

(1) 构成角色(constitutive role):描写对象与其组成部分之间的关系。包括材料(material)、重量(weight)、部分和组成成分。

(2) 形式角色(formal role):描写对象在更大的认知域内区别于其他对象的属性,包括方位(orientation)、大小(magnitude)、形状(shape)和维度(dimensionality)等。

(3) 功用角色(telic role):描写对象的用途(purpose)和功能(function)。

(4) 施成角色(agentive role):描写对象是怎样形成或产生的,如创造、因果关系。

从以上论述不难看出,物性结构蕴含了丰富的语义和概念关系。普斯特若夫斯基(Pustejovsky 2001:5)认为物性结构指明了词语的功能,把它们与概念网络联系起来。伦西等(Lenci et al. 2000:254)提出了扩展版物性结构(extended qualia structure),把上述四种角色从形式上转化为词义或语义特征之间的关系,将这些关系呈现为一个层状分类体系,不仅为灵活阐释关系留下了空间,而且还为细化既有关系提供了可能。受此启发,费伯等(Faber et al. 2014:275-276)根据术语表达的概念类型,整理出如下十三种概念关系(A 和 B 表示概念):

(1) A **TYPE_OF** B,即属—种关系,表示 A 是 B 的一种。例如,L-shaped groyne(L 形折流坝)是 groyne(折流坝)的一种。该关系是概念网络中重要的层级继承(hierarchical inheritance)关系。每个实体和事件都有上位范畴,后者又属于更高一层的范畴,属—种关系因而可以层层延伸,直至概念在原型域事件中的语义角色范畴。例如,L-shaped groyne(L 形折流坝)最高一级上位概念是 RESULT of an artificial process(人为过程造成的**结果**)。

(2) A **PART_OF** B,即整体—部分关系,表示 A 是 B 的组成部分。该关系适用于物理客体(例如,river head[河源]是 river[河流]的组成部分)或精神客体(例如,microbiology[微生物学]是 biology[生物学]的组成部分)。该关系虽然也反映了概念网络的层级结构,但是整体—部分关系之间未必是可传递的(transtive)。例如,river head 是 river 的一部分,river 又是 hydrosphere(水圈)的一部分,但是却不能把 river head 看作 hydrosphere 的一部分。

(3) A **MADE_OF** B,表示 B 是制作 A 的材料。该关系涉及的是人工客体或自然客体与原料,虽然与 *Part-of* 关系类似,但二者之间有不同之处:组成客体的部分是恒定的,但是形成客体的原料则是可变的。例如,groyne(折流坝)都包含 groyne head(坝头),这种关系适用于所有的 groyne,但是 groyne 由 stone(石头)制成仅适用于部分 groyne。

(4) A **PHASE_OF** B,表示 A 是形成 B 的一个阶段。例如,hurricane(飓风)是形成 tropical cyclone(热带气旋)的一个阶段。该关系可以看作 *Part_of* 关系的一种,把过程与形成该过程的各个阶段联系起来。

(5) A **DELIMITED_BY** B,表示 A 以 B 为界。例如,stratosphere(平流层)和 mesosphere(中间层)以 stratopause(平流层顶)为界。该关系标示出界限,把构成客体(如 atmosphere 大气)的一部分(stratosphere)与另一部分(mesosphere)划分开来。

(6) A **LOCATED_AT** B,A 位于 B。当物理客体的处所是描写该客体的本质特征时,该关系才适用。例如,groyne(折流坝)位于 coast(海岸)。同样的建筑如果只是建在陆地上,就可能只是普通的一堵石墙。

（7）A **TAKES_PLACE**_IN B，A 发生于 B。例如，thermal low（热低压）发生于 summer（夏季）。该关系适用于在特定时空背景中发生的事件，与 located_at 的区别在于事件有发生的地点和时间，但是没有客体那样的空间边界。

（8）A **ATTRIBUTE_OF** B，B 以 A 为特征。当由形容词（如 alluvial）或名词（如 permeability）指称的特征对定义概念至关重要时，该关系才适用。例如，permeability（透水性）是 permeable groyne（透水折流坝）的特征，aluvial（冲积的）是 alluvial plain（冲积平原）的特征。

（9）A **RESULT_OF** B，A 是 B 的最终结果。该关系适用于由其他事件引起的事件或产生的实体。虽然实体或事件可能是其他事件造成的结果，但是实体自身并不能导致事件发生。例如，sedimentation（沉积作用）的最终结果是 accretion（增生），但是 sediment（沉积物）并不能导致 accretion。

（10）A **AFFECTS** B，表示 A 影响 B。例如，sea water（海水）影响concrete（混凝土）。该关系反映了概念实体由于另一实体发起的事件而经历的变化。事件虽然能够改变另一个物体或事件，但这种改变并非最终的结果。

（11）A **CAUSES** B，表示 A 导致 B。该关系存在于实体和事件之间。表面上看，*Causes* 与 *Result_of* 从不同视角指称同一关系，但是 *Causes* 适用于过程的初始阶段，*Result_of* 涉及的则是最终结果。例如，hurricane（飓风）导致 flood（洪水），但 flood 并非 hurricane 最终（和永久）的后果。

（12）A **HAS_FUNCTION** B，表示 A 的功能是 B。例如，aquifer（含水层）的功能是 water supply（供水）。该关系主要服务于特定目的人造客体，还涉及可为人类所用的自然客体，尽管后者本身不指向具体目标（goal-directed）。该关系依涉及的客体类型可分为如下三种关系：MEASURES（测量），如 pluviometer（雨量计）MEASURES precipitation（降雨）；STUDIES（研究），如 potamology（河流学）STUDIES surface currents（表层流）；REPRESENTS（描写），如 hydrograph（水位图）REPRESENTS rate of water flow（水流速度）

（13）A **EFFECTED_BY** B，表示 A 借助 B 得以实现。该关系适用于参与事件的工具，例如，dredger（挖泥船）是实现 dredging（挖泥）的工具。该关系也用于创造新实体的工具，例如，tide gauge（潮流计）是实现 marigram（潮位曲线）工具。

在这十三种概念关系中，（1）与形式角色对应；（2）、（3）、（4）、（5）、（6）、（7）和（8）与构成角色对应；（12）与功用角色对应；（9）、（10）、（11）和（13）与施成角色对应,体现了专业域的动态性。把概念关系与物性角色对应起来,为全方位理解名词术语的概念内涵提供了一个参照体系,为基于概念范畴和语义角色理解概念的多维性和避免信息过载奠定了理论基础。

就英汉专科学习型词典框架构建而言,首先,编者需要根据专业词语的概念本质和概念扮演的语义角色,弄清楚概念可能激活的概念关系。其次,编者还需要在定义中呈现概念最典型的特征及其与其他概念之间的关系。最后,还需要视情况为专业词语配置富知识图形语境,用以补充在定义中无法呈现的概念知识。在词典结构方面,词典编者需要在词目之间、词目与外部材料之间设置参见,表征专业词汇之间复杂的概念关系。

4.2　英汉专科学习型词典设计的交际语境

语言交际可以分为编码和解码两大类,都涉及对语言单位的选择和组合。雅各布森(Jakobson 1956:57)指出,"言语意味着选择特定的语言实体,将它们组合成更复杂的语言单位。这在词汇层面特别明显:讲话人选择词语,根据语言的句法系统将它们连词成句,然后将句子组成话语"①。与编码活动类似,解码活动也需要交际参与者做出系列选择和组合:在听力或阅读理解中,首先从聚合维度中排除发音或拼写相同或相近的无关词,有时还需要根据上下文挑选出多义词的适用义项,然后根据词语之间的逻辑(或语法)关系把各语言单位的含义组合在一起,进而理解更大语言单位的含义。术语是专业语言交际中最重要的语言单位。在隆多(Rondeau 1984:19)看来,术语与通用词语一样,本质上都是索绪尔意义上的语言符号。换言之,术语是包含能指和所指的语言统一体,不仅具有拼写、发音等形式特征,而且还处在由聚合和组合关系交织而成的语言网络中。就交际活动而言,术语之间的组合和聚合关系就构成了术语使用的交际语境。为了帮助 ESP 学习者在专业语言编码和解码活动中正确使用术语,英汉专科学习型词典需要进行语境化设计,以提供术语的各种组合和聚合关系,告诉用户应该在什么情况下选择一个术语或选择术语的哪个含义,以什么样的形式和方式

---

① 原文:Speech implies a selection of certain linguistic entities and their combination into linguistic units of a higher degree of complexity. At the lexical level this is readily apparent:the speaker selects words and combines them into sentences according to the syntactic system of the language he is using; sentences in their turn are combined into utterances.

同其他什么词语进行组合。框架术语学和其他描写术语学理论流派向词汇语义学借鉴研究灵感,倡导词汇语义研究路径(lexico-semantic approach),重视对术语词汇特征的研究(Faber & L'Homme 2014),因而对英汉专科学习型词典的交际语境构建有重要的指导价值。本节将聚焦于交际语境的组合维度和聚合维度,前者指术语的搭配和句法等共现特征,后者指术语之间的各种替换关系。

4.2.1 交际语境的组合维度

术语交际语境的组合维度是指围绕术语形成的搭配类型和句法模式。前者指术语与其他术语或者词语形成的各类组合,名词术语参与实现的谓词-论元结构(predicate-argument structures),后者主要指不同谓词的论元结构表现出的共性。描写术语学对交际语境的组合维度的研究可以帮助术语使用者在专业语言编码活动中选择适当的共现成分,形成符合学术共同体使用惯例的语言组合,对谓词-论元结构的探讨还有助于进一步提高术语使用者在二语环境中对专业词语组合的推理能力。

(一)术语的搭配特征

词典学界早就认识到在专科词典中添加搭配的重要性,认为提供搭配有助于解决语言产出中围绕特定术语的组合问题(L'Homme 2009)。这是因为专业组合(specialized lexical combinations)或专业搭配(specialized collocation)受制于专家语言共同体确立的惯例,不是各成分之间基于句法或语义特征的简单相加,具有一定的不可预测性。例如,虽然都是表达"产生"这一含义,但是选择什么搭配词则取决于作为关键词的名词术语:表达"产生"file(文件)需要使用 create,表达"产生"interface(界面)则要求使用develop(L'Homme 2012)。专业语言学习者由于语言修养不足,无法判别某个词语组合在特定领域中是否正确,只有学习专业组合才能像专家那样创造出地道的句子。(Bergenholtz & Tarp 1995)

术语学家虽然认为专业组合与普通搭配都受惯例制约,表现出一定的不可预测性,但是也发现专业组合与普通搭配存在不同。为了说明这一点,海德(Heid 2001)把搭配分为概念搭配(conceptual collocation)和词汇搭配(lexical collocation)。就前者而言,搭配词(collocate)的含义体现了基础词(base)的特征或惯常性活动,这一定程度上可从基础词的定义要素中推导而来,而后者不具有这种特点。例如,在搭配 natural alcohol 中,natural 体现了 alcohol 的酿制方式,这个特征从 alcohol 的概念知识中是可期待的;而在搭配 pay attention 中,attention 的定义中并无与 pay 对应的语义成分。海德指出概念搭配在专业语言中比词汇搭配常见得多,认为概念搭配即使不能基于对术语的概念分析进行预测,也可以预见在术语的定义中存在一个与之对应的要素。因此,专业搭配在词汇选择上表现出更强的规律性和组合性。

框架术语学对术语组合研究范围更广。在术语学研究中,术语组合仅限于复合名词,往往由两个词组成,在结构上常常表现为"名词+名词"或者"形容词+名词"。术语资源为这些复合名词提供的信息仅包含简短的定义和语法类别,极少涉及"名词+动词""动词+名词"和"副词+形容词"这类搭配。蒙特罗·马丁内斯(Montero Martínez 2008)对这种现象进行了批评,主张对术语组合进行构式描写(constructional approach)。他把复合名词分为限定型(attributive)和关系型(relational)两类。例如,high tide(高潮)和 semidiurnal tide(半日潮)属于限定型复合名词,形容词 high 和 semidiurnal 修饰限定 tide,前者体现 tide 的高度属性,后者体现了频率属性。luni-solar tide(日月潮)则属于关系型复合名词,体现了形成 tide 的原因。蒙特罗·马丁内斯把包含动词的搭配也分为限定型和关系型两类。前者如 tide+fall/rise(潮起/潮落),后者如 tide+flood/cause/affect(潮水冲毁/导致/影响)。tide+happen/occur/take place 如何归类则视具体语境而定。例如,在"Tides occur every 14-15 days"中,tide+occur 是限定型搭配,但是在"Tides occur when the Sun,Moon,and Earth are lined up"中,when 从句点明了 tide 发生的原因,tide+occur 因而被视为关系型搭配。

加拿大魁北克术语学派是另一支活跃于术语学界的研究力量。该派一直主张在术语学研究中借鉴语言学的理论和方法。其领军人物洛姆(L'Homme 2007)借鉴词汇函项理论,从语义上对术语搭配进行更详尽的分类,考察的具体词汇函项及搭配类别有 Magn(表示程度强的,如 high toxicity)、Bon(表示好的,如 powerful program)、$Real_1$(也表示"使用",但是构成搭配的关键词在组合中充当了第二个行动元,如 access...with a password)、$Labor_{12}$(表示"使用",如 use a password)、$Fact_0$(表示实现,例如 a program runs)、$Fact_2$(表示实现,例如 a computer processes data)、$Func_1$(表示存在,如 specices survive)、IncepPredMinus(表示减少,例如 capital decreases)等等。洛姆(L'Homme 2002)在研究中还发现动词、形容词往往与具有语义共性的一组名词形成专业搭配。这种现象在专业语言中非常普遍,动词、形容词等搭配词也因而获得了某种专业意义。例如,launch 通过与 software(软件)、word processor(文字处理软件)等计算机术语搭配,获得了一个仅适用于计算机领域的新意义,与通用语言中的意义(如"发起")已不再相同。在此意义上,与术语搭配的动词、形容词等词性也间接获得了术语的地位。

(二) 术语的句法模式

动词在专业交际中之所以重要,不仅仅因为动词是名词术语搭配的组成部分。从概念层面讲,动词在专业文本中不仅可以表达实体之间的关系,而且还可以指称活动和过程(Sánchez-Cárdenas & Faber 2014:299),这清楚地体现在框架术语学的概念组织和表征中。在宏观层面上,可以把原型域事件表述为:**自然施事**(如地球运动、大气现象)在某个地域引起(Cause)**自然过程**,而这些过程又影响(Affect)其他**受事**,使之变成(Become)**某种结果**;**人类施事**能够使用(Use)**工具**实施(Carry out)**人为过程**(例如建造),从而产生(Create)**某种结果**。正是 Cause、Affect、Become、Use、Carry out 等谓词把参与原型域事件的实体、过程串联起来,既表达了概念范畴之间的非层级关系,也明确了概念范畴在事件中担任的语义角色。由于框架术语学从事件视角切入术语的概念表征,被传统术语学排除在外的术语句法维度自然就进入了术语学家的研究视野。

在微观层面,概念范畴由具体的术语指称,谓词表现为具体的动词,更清晰地体现了术语的句法维度。例如,**Affect** 可以表现为 damage、destroy、devastate、demolish 等动词。为了描写术语的句法维度,框架术语学借鉴了词汇语法模式理论(Lexical Grammar Model)(Faber & Mairal 1999),从三个层面对专业动词进行表征:(1) 首先,把专业领域中的动词分为存在、变化、拥有、言说、情感、行为、认知、运动、感觉和操作等 10 个词汇域(lexical domain)。(2) 其次,把每个词汇域又进一步分为若干个子域(lexical sub-domain)。例如,变化词汇域可以分为变多/大/强、变少/小/弱、使湿度增加/减少、使温度上升/降低、使变差等 13 个子域。(3) 最后,每个子域都包含若干具体的动词。例如,"使变差"子域由 affect、damage、destroy、devastate、ravage、demolish、wreck、sweep away 等动词组成。

由于在特定的原型域事件中,动词更容易激活处于中间级别的词汇子域,框架术语学对这一级别的词汇域的表征特别重视(Buendía Castro,Montero Martínez & Faber 2014),把论元分析作为描写这一级别的词汇域的重要手段。如果基于专业域中典型的语义范畴对论元进行分类和组织,再结合论元所激活的语义角色,就能够在原型域事件的框架预测与某个特定范畴搭配的系列动词(Buendía Castro 2013)。因此,框架术语学根据所表达的概念把论元分为不同的语义范畴。为了更全面地展示词汇子域的组合特征,框架术语学还基于角色参照语法(Role and Reference Grammar)(Van Valin,2005)的题元关系(thematic relations)和宏观角色(macrorole)辨认了论元和其他要素承担的语义角色。具体讲,不仅赋予论元以施事和受事的语义角色,还指出了其他要素的语义角色(如处所、时间、方式、目标等)。为了把论元与词汇子域的非核心框架要素区分开来,框架术语学赋予这些论元以施动元(actor)或受动元(undergoer)角色。例如,在环境科学中,"Cause to change for worse"(使变差)这一词汇子域的论元可分为(part of) natural disaster(自然灾害)、atmospheric agent(大气施事)、atmospheric condition(大气状况)、construction(建筑)、human being(人类)、area(地域)、plant(植物)等。其中前三类论元在词汇子域中扮演了actor(施动元)的角色,后四者则扮演了 undergoer(受动元)的角色。

框架术语学认为句法信息对专业语言编码和解码都十分重要,特别重视由动词和名词组成的搭配。在该派看来,基于框架对专业动词句法层面的论元结构进行详细的描写,可使术语使用者预测与名词术语形成搭配的动词,有助于他们搭配能力的形成。具体讲,如果基于概念和语义范畴对论元进行分类并描写其结构,那么术语使用者在事件的框架中就能够结合论元所激活的语义角色对与某些范畴进行组合使用的系列动词做出预测(Buendía Castro,Montero Martínez & Faber 2014:87)。例如,如果已经知道 hurricane 代表一种 natural force(自然力量)且对建筑、地域等造成了破坏的话(即扮演了 actor[施动元]的角色),那么就可以推知"Cause to change for worse"(使变差)这一词汇子域或框架中的动词 affect、damage、destroy、devastate、ravage、sweep away 等动词都有可能与 hurricane 形成 noun + verb 这样一种搭配关系。

魁北克学派主张借鉴词汇语义学研究的相关成果,在术语学研究中采用词汇驱动研究路径(lexicon-driven approach),以区别于传统的知识驱动研究路径(knowledge-driven approach),因而特别重视研究术语的句法维度(L'Homme 2018:1)。借鉴详解—组配词汇学(Explanatory Combinatorial Lexicology)(Mel'čuk et al. 1995),洛姆(L'Homme 2007)拓展了搭配的二元结构,凸显了谓词术语的行动元(actant)。例如,前文提到的 $Labor_{12}$(表示"使用",如 access... with a password)和 $Fact_2$(表示实现,例如 a computer processes data)就体现了这一点。该派在术语学研究中不仅重视动词,而且同样关注了形容词、名词等谓词型术语,主张描写谓词型术语的行动元结构（actantial structure），以解释该术语在专业文本中的含义。例如，degrade、degradation 和 degraded 的论元结构可以分别表征为 X Degrades Y（X 降解 Y）、Degradation of Y by X（X 对 Y 的降解）和 Degraded Y（被降解的 Y）。

为了进一步反映谓词性术语的句法特性（syntactic behavior），洛姆和皮芒泰尔（L'Homme & Pimentel 2012）不仅仅指明行动元结构的变量（如 X、Y、Z 等），而且借鉴了框架语义学的研究成果，参照框架网在语境中从以下几个方面详细标注了谓词型术语的论元结构：谓词型术语的参与者是否具有强制性（即是论元［argument］还是附加语［circumstant］），扮演了什么语义角色（如 agent、patient、destination、source、manner 等），在句子中发挥的句法功能（如 subject、object、complement、modifier 等），由什么样的短语充当（如 NP、PP、AdvP 等）。基于对语料的多维标注，术语学家根据论元数量是否相同、性质是否相同，是否拥有类似的附加语，辨认出能够唤起同一框架的术语。例如，cool（*vi.*）、cooling（*n.*）、warm（*vi.*）和 warming（*n.*）的论元结构可以分别表征为 Patient Cools、Cooling of Patient、Patient Warms 和 Warming of Patient。这些论元结构都只包括 climate 这个行动元，因而可能唤起的是同一个框架。（L'Homme & Robichaud 2014）

洛姆等（L'Homme et al. 2014）将论元结构相似的术语同框架网中的词汇单位进行比较，根据二者之间的异同，或借用已有框架，或创建新框架，确立了适合术语学研究的框架体系。例如，cool（*vi.*）、cooling（*n.*）、warm（*vi.*）和 warming（*n.*）这些术语同时也是框架网的词汇单位，所以框架网中的 Change_of_temperature 框架直接被借来描写前述术语的句法维度。最后，通过继承（Inheritance）、总分（Subframe）、先后（Precedence）、使用（Use）、透视（Perspective）、致使（Causation）、参见（See also）、相反（Opposition）、属性（Property）等关系把识别出的框架相互关联起来，形成更大的场景（Scenario），用以从宏观上展示事件之间的互动关系（L'Homme 2018：1）。

框架术语学把基于术语形成的搭配纳入术语组合的研究范围，重视通过对词汇子域的描写揭示术语的句法维度，对动词与其论元之间的互动关系的多层次描写不仅能够帮助术语使用者理解动词的专业内涵，而且突出了对语言编码活动至关重要的搭配信息。魁北克学派借鉴词汇函项理论和框架语义学理论，提倡自下而上的词汇驱动研究路径，对术语搭配进行了更细致的分类，把术语词性拓展到了名词范畴以外，基于谓词型术语的论元结构，建构术语框架和框架网。这些研究不仅丰富了人们对术语组合维度的认识,对英汉专科学习型词典的语境构建也带来了新的启示:从宏观结构层面上讲,词典的设计者不仅需要收入名词,还需要收入动词、形容词等其他词性。在微观结构中,编者不仅需要通过释义或译义反映出谓词型术语的论元结构,而且需要以直接或间接(如设置例证)的方式提供与术语相关的各类搭配和组合信息。

4.2.2 交际语境的聚合维度

术语的聚合维度指术语或术语概念之间的各种替换或对比关系,一直是术语学研究的内容之一。其中,属—种关系和整体—部分关系在术语学研究中最受重视。在传统术语学研究中,概念系统多以层级结构呈现,属—种关系和整体—部分关系是其赖以构建的基础。在描写术语学中,属—种关系和整体—部分关系同样是两种最基本的概念关系。例如,在框架术语学中,属—种关系和整体—部分关系不仅是组织概念时必须考虑的两种基本关系,而且为确定在释义撰写中包含哪些信息提供了参照点。然而,传统术语学主张从概念入手研究术语,不关心动词、形容词等其他词性,把术语标准化作为术语工作最重要的目标,在研究中忽略了属—种关系和整体—部分关系以外的其他聚合维度。与传统术语学研究不同,描写术语学把术语视为语言单位,采用词汇驱动的研究方法,从而把多义、同(近)义、反义、派生等词汇之间的语义关系置于术语学的研究视野中(Faber & L'Homme 2014)。在这些关系中,同(近)义和反义是词汇语义学研究较多的两类聚合关系。描写术语学拓展了术语词性,把动词和形容词视为最主要的谓词型术语,派生关系因而成为术语聚合维度描写的重要内容。多义传统上并不属于聚合关系范畴,但是在语言解码活动中,交际参与者常常需要根据上下文排除词语的无关义项,多义关系也是交际语境选择维度中需要处理的重要关系。因此,本节把多义关系和派生关系也纳入术语的聚合维度进行考察。

(一) 多义关系

词语的专业含义可能源自非专业含义(如 menu 的计算机含义"菜单"由其非专业含义"菜单"引申而来),也可能衍生自其他专业含义(如 syntax 的计算机含义"句法"由其语言学含义"句法"派生而来)。由于术语学中的多义现象仅关注专业含义,只有当多个专业含义源自某个非专业含义,或者某个专业含义源自另一个专业含义时,这些专业含义之间才形成术语的多义现象。就涉及的学科而言,专业语言中的多义关系可分为学科间多义现象和学科内多义现象。由于前一种情况涉及多个学科,对单一学科内的专业交际而言一般不会造成歧义,传统术语学往往忽略这些专业含义之间的关联,把这种现象称为同形异义现象(homonymy),在多学科术语资源中把各学科对应的义项都单独设为一个词条。后一种情况违背了单一学科内术语的单义性原则,限制甚至消除这类多义现象就成为术语标准化工作的目标之一,最终实现一个术语指称一个专业概念的理想状态。例如,"大气质量"曾经同时指 atmospheric mass 和 atmospheric quality,为了避免歧义,"大气质量"专指 atmospheric mass,atmospheric quality 则重新命名为"大气品相"。

如今,描写术语学不仅不把学科内多义现象视为控制或消除的对象,而且还深入探讨了术语含义在具体语境中所表达出的细微差别。框架术语学基于术语的多维性角度考察了术语的多义现象,认为术语的多义现象实际上体现了从不同视角或维度对同一客体或现象的概念化。(León-Araúz & Reimerink 2010)例如,sand 可以定义为"一种出现在海洋、河流和土层中的沉积物"。如果从语料库中仔细观察 sand 出现的上下文,可以发现这个术语可与其他概念联系在一起:在地质学中,sand 依然是一种沉积物,是峡谷、沙漠等自然实体的组成部分,颗粒大小成为其归类的重要参数。在海岸防护工程领域,sand 同样是自然实体的组成部分,但仅限于海滩、沙障等位于海滩的自然实体。再如,accretion(【气象】撞冻;【海洋科学】大陆增生)指称事件概念,其释义结构可以根据该类概念的共性分解为施事、受事、结果和处所四个概念维度。accretion 的各个维度在气象学中与海洋科学中分别属于不同的概念范畴(例如,就施事而言,在气象学中可归纳为 frozen particle [凝结微粒],在海洋科学中可归纳为 wave[海浪],二者明显属于不同的概念范畴),从而造成了 accretion 的多义性。(León-Araúz & San Martín 2011)概念的多维性导致术语概念在具体语境中产生差异,这表明术语词典不能仅为术语提供一个笼统模糊的释义,而是应该撰写不同释义,体现概念在具体语境中的差异。

如果说框架术语学探讨的多义关系仅仅与某一笼统学科相关的话,魁北克学派则更进一步,考察了某一具体学科甚至是某一子学科内的多义现象。该派借鉴词汇语义学理论(Cruse 1986;Mel'čuk et al. 1995),总结了如下方法以判断术语是否多义(L'Homme & Bae 2006):(1) 搭配。如果一个术语可以分别与另外两个词形成搭配关系,却不能同时与这两个词搭配时,那么这个术语是多义词。例如,execute a program 和 execute an installation 成立,但是 execute a program and an installation 却不能成立,这说明 execute 至少有两个不同的含义。(2) 派生或者反义。如果术语在某一语境中拥有的派生词或反义词在其他语境中不适用,那么该术语就有可能是多义词。例如,在 install software 中,install 的派生词或反义词是 uninstall,但是在 install a hard drive 中,install 的派生词或者反义词却不能是 uninstall,这说明 install 至少有两个含义,与每一个含义对应的派生词或反义词是不同的。(3) 近义替换。如果同一个术语在某搭配中能够被其近义词所替换,在其他搭配中却不能,那么这个术语是多义词。例如,execute a task 中的 execute 可以为其近义词 accomplish 所替换,但是 execute an application 中的 execute 却不可以,这说明 execute 至少有两个不同的含义。

魁北克学派还初步探讨了多义术语各义项之间的关系。根据语义之间的关系,梅里楚克等(Mel'čuk et al. 1995)把多义词分为远距离多义词(long-distance polysemy)、近距离多义词(short-distance polysemy)和规则多义词(regular polysemy)。第一种大致相当于基于隐喻形成的多义词,后两种可以看作转喻机制发生作用的结果。洛姆(L'Homme 2020)指出术语学研究对术语义项之间的关系不甚重视,尚未吸纳前述研究成果。她认为第三种多义词在专业语言中非常普遍,例如,在环境科学中,emission 的义项有"排放"和"排放物",前者表过程,后者表结果;land 也有两个义项,"陆地"和"耕地",二者之间是整体与部分的关系。洛姆(L'Homme 2020:108-109)还特别关注了动词术语的启动/致使交替(Inchoative/Causative alternation)、施事/工具交替(Agent/Instrument alternation)等规则多义现象。前者如 soil[受事] **erodes** 和 wind[施事] **erodes** the soil[受事];后者如 You[施事] can **print** the webpage[受事]和 The ink jets[工具] can **print**。

上述研究表明,无论就不同的学科而言,还是仅限于某一具体学科,术语的多义现象都要比想象中普遍得多。

(二) 近义关系

如前所述,术语标准化是传统术语学的重要工作目标,即不仅需要消除术语的多义现象,使每个术语指称一个概念,而且还要消除术语的同义现象,使每个概念仅由一个术语指称。在术语学中,与标准术语构成同义关系的其他术语被视作对标准术语的偏离,习惯上被称为术语变体(term variation)。因此,术语学家需要在同义术语或术语变体中做出取舍,挑出最佳术语来指称概念并加以推广,使被挑选出的术语在专业交际中逐渐替代其他非标准术语。

与传统术语学相比,描写术语学对同义术语持开放态度,承认同义现象在专业语言中是一种普遍现象,指出术语及其变体虽然都指称同一概念,但是并非完全等价,在用法和功能上往往存在差异,认为把它们之间的关系称为近义关系(near-synonymy)更为准确。泰默尔曼(Temmerman 2001:133)就肯定了近义术语在专业交际中发挥的作用,认为近义术语从不同角度展示了概念的不同特征。例如,Southern blotting、Southern transfer、Southern hybridisation 这三个生物学近义术语分别凸显了"DNA 印迹杂交"这一概念的结果、过程和技术原理。泰默尔曼还指出,专业语言使用者根据语境正确选择同义术语可以在交际中精准地传达出细微的含义。

洛姆(L'Homme 2014)从以下几个方面分析了术语变体产生的原因:(1)专业程度。受知识传播方式和受众的影响,交际者会使用专业程度不同的术语。例如,在学术交流中,交际者根据受众的专业知识水平选择thermal low pressure system(热低压系统)、thermal low(热低压)、thermal trough(温度槽)和 heat low(热低压)等术语变体。(2)地域差别。尽管使用同一种语言,不同地区的人们可能使用不同术语来表达同一概念。例如,在澳大利亚使用的术语 range(变化范围)在其他英语地区的对应术语是span;英语中的 accumulator,在香港为"集数器",在台湾为"累积器",在大陆则为"累加器"(冯志伟 2011a)。(3)历时变化。科学技术的发展对用以指称概念的术语也会产生影响。例如,在 ecosystem 被确定为标准术语之前,英语中先后使用过的术语有 community、biotic community 和biosystem。(4)区分的需要。专家有时候会有意创造出新的专业指称,以替换已经存在的术语。例如,同样的概念在传统语法中被称为subordinating conjunction,在生成语法中则由创造出的 complementizer 来指称。(5)避免重复。专业文本的作者有时需要用不同的方式来指称实体或现象,旨在体现细微的差别,或者仅仅是为了文体的需要。

综上所述,近义术语呈现出多种表现形式,产生的原因也各不相同,在专业语言中不仅无法避免,而且还能够在交际中发挥重要的作用,因此术语学研究不应该忽略这种关系。

(三)反义关系

与近义关系一样,反义关系也是在语言中最常见的聚合关系类型之一。然而奇怪的是,术语学研究对此很少予以关注。首先,这与传统术语学对术语的定义有关。在传统术语学研究中,术语往往被限定在名词范围内(尤其是指称实体的名词)。典型的反义关系主要存在于形容词和动词之间,因而在传统术语学研究中几无立足之地(Gagné & L'Homme 2016:32)。其次，这与传统术语学的研究重心有关。传统术语学主张把概念作为研究起点，视术语为概念的语言标签，并不重视对语言标签——词汇的研究。米勒等(Miller et al. 1990)以 rise、fall、ascend 和 descend 这四个动词为例考察了反义关系的特殊性，发现反义关系是词汇关系，而非语义关系(Antonymy is a lexical relation between word forms, not a semantic relation between word meanings)。既然反义关系是一种发生于语言能指之间的形式关系，那么自然无法进入术语学的研究视野。

对于 rise 和 go down 这样在语义上对立但是传统上不被视为反义词的词汇，学者们为了在语义分析中描写这种词汇关系而进行各种探索和尝试。例如，格罗斯、费希尔和米勒(Gross, Fischer & Miller 1989)提出间接反义(indirect antonymy)这一概念(即借助 fall 这一直接反义词在 rise 和 go down 之间建立起间接反义关系)。墨菲(Murphy 2003:45)则超越了具体的词形，提出了范畴对立(categorial opposition)概念，即在范畴之间直接建立起概念之间的对立关系。如果借鉴这些尝试，把术语之间反义关系拓展到词形之外，那么一定程度上就为反义关系的术语学研究消除了理论障碍，术语之间的反义关系也能够得到深入和丰富。

魁北克术语学派主张从词汇语义视角切入术语学研究，重视考察术语词汇层面上的语义关系。首先，该派认为形容词和动词通过与名词术语搭配，获得了仅适用于专业域的新含义，借此间接获得了术语地位。术语词性的拓展扩大了术语学的研究视野，形容词、动词等谓词型术语之间的反义关系开始进入术语学的研究范围。其次，该派借鉴了意义-文本理论(meaning-text theory)。在意义-文本理论看来，反义关系是基本的词汇聚合关系，是重要的词汇函项，具体包括 antonyms(Anti，反义)、converses(Conv，换位)、reversives(Rev，逆反)和 contrastives(Contr，对照)三类(Wanner 1996:4)。这为术语学研究术语之间的反义关系提供了分类依据。

魁北克术语学派在后来的研究中引入了框架语义学理论，为深入研究术语反义关系提供了新的研究手段。加涅和洛姆(Gagné & L'Homme 2016)把具有反义关系的术语置于框架中进行更为细致的考察，认为这样能够更清晰地展现术语之间的共性和差异。例如，warm 和 cool 是一对构成反义关系的形容词术语，都属于 Change_of_temperature(即 The temperature of patient changes)这一框架，有着相同的论元结构(即 *adj.* + patient[climate])，其不同之处在于温度变化的方向相反(L'Homme & Robichaud 2014)。他们还根据谓词型术语的词性、论元性质、论元数量和论元分布,进一步把术语反义关系分为 Complementaries(互补性反义关系,如 aerobic 和 anaerobic)、Gradables(可分级反义关系,如 humid 和 dry)、Reversives(逆反性反义关系,如 afforestation 和 deforestation)、Conversives(换位性反义关系,如 run 和 propel)和 Contrastives(对照类反义关系,如 urban 和 rural)五大类,后三类又分别根据论元结构之间是否存在系统性规律性差异进一步分为典型和非典型两类。

反义关系是术语之间的一种常见关系,但是受限于传统认识,术语学要么对术语之间的反义关系视而不见,要么语焉不详,缺乏深入思考。语言学对反义关系的相关论述为进一步探讨和描写术语之间的反义关系带来了重要启发。

(四) 派生关系

从宽泛意义上讲,聚合关系包括特定语境中词汇单位之间所有的对比和替换关系(Wanner 1996:4)。在相关探讨中,聚合关系常常被限制在具有相同词性的词项之间。值得注意的是,词性不同的词项之间同样可以形成对比或替换关系,其中最常见的当属那些具有派生关系的词项。例如,teach 和 teacher 是一对存在明显派生关系的词项,虽然分属不同的词性,但是在 John teaches math to Mary 和 John is Mary's math teacher 中,teach 和 teacher 就构成了替换关系。由于它们之间的替换还涉及句法的变化,万纳(Wanner 1996:10)把这种替换关系称为句法聚合关系(syntactic paradigmatic relations)。

名词在传统术语学中占据绝对多数,因而几乎成为术语的代名词。动词、形容词等其他词性在传统术语学研究中几乎难觅踪影。如前所述,术语学对名词的重视源于其对术语概念的定义。在传统术语学看来,单一词性——名词——可以很方便地指称术语概念。其他词性只是指称同样概念的名词术语的语言变体,在概念分析层面因而无需关注具体的语言形式。如此一来,语言表现形式被视为概念的一个使用功能(Sager 1990:26),对概念分析而言是无关紧要的。传统术语学把术语词性限制在名词这一狭小的范围内,从根本上排除了在研究中关注术语之间派生关系的可能性。

魁北克术语学派认为在术语学研究中不应只关注名词,对其他词性也应该予以重视。洛姆(L'Homme 2004)认为某些动词、形容词可以为理解名词术语提供有用的提示,在某些情况下能够消除词汇的歧义,而另外一些动词和形容词在形态和语义上与名词术语相关联。事实上,该学派特别重视名词术语与其他词性之间的关系。洛姆和培(L'Homme & Bae 2006)指出词汇入选术语应该满足如下四个条件:(1) 待选词项与专业域中的实体概念相关(如 permafrost *n.* 永冻土)。(2) 待选词项是谓词(即动词、动词名词化、形容词等)且其行动元属第一类词项(如 thaw *vi.* 解冻,其受事为 permafrost)。(3) 待选词项是派生词且在语义上与第一类或第二类词项相关(如 thawing *n.* 解冻,是 thaw 的派生词且语义上与 thaw 相关)。(4) 待选词项与前三类词项之间存在聚合关系(如 freeze *vi.* 冰冻,与 thaw 构成反义关系)。上述四个条件层层递进,后边的条件以前边的条件为基础,其中条件(1)主要涉及名词术语的选择,这与传统术语学对术语的看法基本一致;条件(2)基于组合关系把术语的范围拓展到了名词以外的其他词性,为研究术语之间的派生关系提供了必要的前提;条件(3)明确了派生是术语产生的新机制,肯定了派生在术语辨认方面所发挥的重要作用;条件(4)依据聚合关系进一步拓展了术语的范围。

加拿大魁北克术语学派不仅主张把术语的范围拓展到动词、形容词等其他词性,而且从多个角度探讨了不同词性术语之间的词汇派生关系。他们对术语之间派生关系的关注丰富了人们对术语关系的传统理解。

术语学对聚合维度上多义、同(近)义、反义和派生等关系的探讨对英汉专科学习型词典的框架构建有着重要的影响:首先,术语学对术语多义关系的揭示改变了专科词典传统的单一信息布局,有助于形成义项为中心的信息布局(即由义项统辖词条中的其他信息类型)。这使得英汉专科学习型词典的词条结构层次更加分明。其次,对近义和反义的探讨丰富了术语之间的关系类型,使词典的参见承担了更多的信息载荷,对词典中观结构的设置提出了更高的要求。最后,对术语之间派生关系的重视意味着英汉专科学习型词典不仅需要反映术语之间的语义或概念关系,还需要通过设置内词条、差别化释义等设计特征反映出术语之间在形态方面存在的联系。

4.3 认知语境与交际语境的功能融合

丹麦的奥胡斯学派把认知功能和交际功能视为词典最基本的功能(Tarp 2010)。本书作者认为专科学习型词典的认知功能体现为词典在学科知识获取方面为非专家词典用户提供的帮助,而交际功能主要指词典在专业语言解码和编码方面为外语词典用户所提供的帮助。从词典设计的角度看,认知功能通过英汉专科学习型词典对认知语境的构建得以实现,交际功能则有赖于英汉专科学习型词典对交际语境的构建。然而,语言和知识彼此难以分离。首先,语言是描写和传播知识的重要工具。离开了语言,人们对知识理解的深度必然受到限制,其传播的范围自然也受到影响。其次,语言本身就是知识的一部分。语言不仅是描写的工具,而且还是认知和描写的对象。对语言的认识也是知识的一个重要组成部分。出于研究和论述的便利,本书把词典功能分为认知功能和交际功能。但事实上,这两类功能之间并不存在泾渭分明的界限,而是各有侧重,彼此关联。就专科学习型词典用户的实际使用需求而言,学习者专业英语编码能力的提升有赖于对这两大功能相关知识的融合习得。英汉专科学习型词典的认知语境和交际语境在功能上相互融合,主要体现在如下两个方面:

(一)认知语境构建虽然主要服务于英汉专科学习型词典的认知功能,但是同样能够促进其交际功能的发挥。

首先,认知语境中的层级概念关系能够帮助词典用户准确地理解专业概念。英汉专科学习型词典借助微观层面上的认知语境在概念系统中为术语所表征的概念定位。具体讲,层级概念关系不仅指明与某一概念紧邻的上位概念,而且把这一概念与其他处于同一抽象级别的其他概念区分开来,同时展示了与其紧邻的下位概念,在知识结构中为概念勾勒出了一个比较清晰的轮廓。因此,英汉专科学习型词典通过认知语境的构建,可以帮助词典用户更准确地把握术语的概念内涵,促进他们在深层次上的专业语言解码活动。

其次,认知语境中的非层级概念关系展示了概念之间的各种组合潜能,有助于提高用户在编码活动中的专业词汇搭配能力。在框架术语学中,概念不仅通过属—种关系和整体—部分关系与上位、下位和同位概念发生联系,而且还通过 Attribute_of、Result_of、Affects、Causes、Has_function 等非层级关系联系在一起。非层级关系不仅受到概念范畴的制约,而且还与概念在专业域事件中扮演的角色有关。这意味着用户如果知道概念所属的范畴和扮演的语义角色,就有可能推测出相关术语之间可以形成什么样的组合,在此基础上选择谓词型词语形成特定的搭配和短语,来表达特定的概念关系。而这种对搭配词的推导能力是衡量专业交际者的语言编码水平的重要体现。

最后,框架术语学的事件视角突出了动词在概念组织中发挥的重要作用。例如,框架术语学的原型域事件可以用文字做如下表述:**自然施事** *cause*(引起)**自然过程**,而这些过程又 *affect*(影响)其他实体或**受事**,受事因此 *changed*(被改变);**人类施事**能够 *use*(使用)**工具** *implement*(实施)**人为过程**(例如建造),从而能够 *generate*(产生)或 *prevent*(阻止)通常由自然过程引起的**影响**。由此可见，正是 cause、affect、implement 等动词把各个范畴组织在一起并形成了一个连贯的事件。从这个意义上讲，框架术语学的概念组织凸显了动词所扮演的角色，这对专业语言编码活动也具有非常重要的促进作用。

（二）交际语境构建不仅是英汉专科学习型词典发挥交际功能的重要手段，同时还能够丰富和拓展其认知语境，因而能够强化英汉专科学习型词典的认知功能。

首先，交际语境中聚合维度上的 hoponymy 和 meronymy 与认知语境中的层级概念关系 type-of 与 part-of 在内涵上并无实质差异。这两种关系在语义学和术语学研究中均占据了非常重要的位置，体现了认知语境构建和交际语境构建相互融合的一面。

其次，术语交际语境中聚合维度上的其他关系类型丰富了人们对术语关系的认识。在认知语境构建中，英汉专科学习型词典对关系的考察仅限于概念之间的层级关系和非层级关系。在交际语境构建中，英汉专科学习型词典对关系的考察不仅关注了术语的概念层面，而且强调了术语的指称层面，丰富了人们对术语关系的认识。例如，多义关系反映的是一个指称与多个概念之间的关系，同（近）义关系反映的则是多个指称与一个概念之间的关系，反义关系和派生关系在某种程度上体现的是术语指称之间的关系。然而，受概念优先这一研究传统的影响，这些关系都被排除在术语学的研究视域之外。

再次，英汉专科学习型词典在交际语境组合维度上描写了动词、形容词等谓词型术语的论元结构，是对术语知识结构的重要补充。知识结构一直被视为术语描写中一个不可或缺的组成部分。在传统术语学中，知识结构以属—种、整体—部分等层级概念关系为基础，一般被表征为层级概念树形图。描写术语学则向前迈进一步，强调了因果、工具等非层级关系在知识表征中的价值，把知识结构表征为概念网络。然而，前述两种概念表征都只适用于名词术语。洛姆（L'Homme 2015）认为动词、形容词等谓词型术语不仅在专业交际中发挥作用，而且其自身就是知识结构的重要组成部分，主张对"谓词-论元"结构进行描写，以反映被传统术语学研究忽略的那部分知识结构。洛姆（L'Homme 2018:1）基于"谓词-论元"结构定义框架，再把框架相互关联起来，形成更大的场景，用以从宏观上展示事件之间的互动关系。这种自下而上式词汇驱动研究路径是建构专业域知识结构的一种新方式。

最后，无论交际语境中组合维度上的搭配还是聚合维度上的各种关系都必须具有一定的专业相关度，即不能超出为英汉专科学习型词典限定的学科范围,因而都是宏观层面上的认知语境在微观层面上的具体化。

　　认知语境和交际语境的部分构成要素完全一致,能够同时发挥认知和交际功能,其他构成要素之间则是一种互补关系,在发挥一种功能的同时还能够兼顾另一种功能。二者在功能上呈现出相互融合的特点,共同构成了英汉专科学习型词典的复合语境。鉴于此,在英汉专科学习型词典语境化设计中,既无必要也无可能对认知语境和交际语境做出截然的划分,而是往往需要在信息类型选择和呈现方面把二者融合于词典文本中,以更好地体现英汉专科学习型词典复合型语境的特点。

4.4　小结

　　本书第三章指出,描写术语学理论(尤其是框架术语学)对英汉专科学习型词典的语境化设计有重要的指导意义。然而,第三章仅仅从理论上表明术语学理论具有指导英汉专科学习型词典语境化设计的可能性。本章在此基础上进一步探讨了如何基于描写术语学的相关理论构建英汉专科学习型词典的认知语境和交际语境。

　　框架术语学认为既可以把认知域看作专业知识域,也可以把它理解为概念范畴。受此启发,本书作者主张从学科背景和概念网络两个方面把认知语境分为宏观和微观两个层面。在宏观层面上构建认知语境,本书作者认为应该把英汉专科学习型词典的学科范围确定为二级学科意义上的单学科,在各个层面的内容选择上要首先保证专业相关度,然后通过设置正文外材料、保持收词类别之间的平衡以及增加学科标签等方式体现学科内部构成及关系;至于微观层面上的认知语境构建,本书作者认为描写术语学对层级和非层级概念关系的研究为英汉专科学习型词典语境化设计提供了重要的素材,在词典中可通过释义、例句、图示以及参见予以体现。

　　术语在本质上就是由能指和所指组成的语言统一体,处在由聚合和组合关系交织而成的语言网络中。参考该术语观,本书作者主张把英汉专科学习型词典的交际语境分为组合和聚合两个维度,前者指的是术语的搭配和句法等共现特征,后者是指术语之间的各种替换关系。框架术语学和魁北克术语学派在术语组合维度方面的研究成果为英汉专科学习型词典的收词、释义和例证都带来了新的启示。框架术语学和魁北克术语流派还考察了专业领域中术语的多义关系、近义关系、反义关系和派生关系,丰富了人们对术语关系的传统理解,对英汉专科学习型词典的微观结构层面上的信息布局以及中观结构的设置都提出了新的要求。

　　认知语境和交际语境虽然分别服务于英汉专科学习型词典的认知功能和语言功能，但是二者难以截然分开，在功能上呈现出互相融合的特点。因此，本书作者认为在英汉专科学习型词典的语境化设计中宜把二者融合在一起。

　　本章从认知语境和交际语境两方面重点分析了英汉专科学习型词典复合语境的构成要素，为英汉专科学习型词典在语境化设计中需要获取哪些数据类型指明了方向。本书第五章将以气象学为例探讨获取数据的来源和手段，对英汉专科学习型词典语境化设计的技术实现展开具体的研究。

第五章　英汉专科学习型词典语境化
设计的技术实现

　　本书第四章借鉴框架术语学和其他描写术语学相关理论,重点探讨了英汉专科学习型词典的认知语境和交际语境的构成要素。这些要素可以大致归结为如下三类核心数据:术语以及围绕术语形成各种搭配组合和概念(语义)关系。如何选择或创建合适的数据来源,从中提取对语境化设计不可或缺的数据,需要相应的技术支持。这些数据来源以及提取信息采用的技术手段就构成了词典设计的“技术特征”[①]研究。技术特征研究关乎词典文本设计创新的技术实现,具有非常重要的实践意义与应用价值。本章将以气象学为例,围绕基于语料库的数据提取和应用探讨英汉专科学习型词典语境化设计的技术实现问题。本章5.1节将比较各种数据获取方式在英汉专科学习型词典编纂中的实用性和优缺点。本章5.2节将探讨如何建设面向复合语境设计的气象英语语料库。本章5.3节将探讨如何从气象英语语料库中提取所需要的数据以及可资利用的技术和工具。本章第5.4节将尝试构建英汉专科学习型词典编纂的技术模型。

5.1　英汉专科学习型词典语境化设计的数据来源

　　数据(data)和信息(information)是两个常见的术语,人们在使用中对二者常常不做区分。从严格意义上讲,数据和信息既相互联系又相互区别。顾大权和刘高飞(2012:399)认为数据是原始的、未解释的符号,是符号的记

[①]　技术特征是指词典编者在语料搜集、加工和提取,信息的存储、呈现和检索等各个设计环节对包括载体和工艺等在内的各种技术的选择和应用。由于技术特征中载体和工艺一般与具体的词典类型和主题无涉,本章将重点关注专用语料库的建设原则以及基于语料库的数据提取方法和工具。

录,信息是经过处理的、具有意义的数据,是数据的关系。由此可见,数据只有在特定的语境中进行加工、组织之后才变成信息。例如,世界各地过去一百年的气温记录是一种数据。如果通过组织和分析这些数据可得出全球气温正在上升的结论,那么这些气温记录才真正转变为信息①。在词典设计中,数据和信息之间也存在类似的关系。实质上,词典编纂过程中编者最终所选择表征的各类信息(参见第六章)都是基于所获取数据的不同程度的加工结果,也是基于数据的不同层次的研究结果。因此,数据在词典编纂中发挥了重要作用,是支撑语言描写的重要基础,被称为词典依据(lexicographic evidence),决定了词典质量是否可靠(参见 Atkins & Rundell 2008:46)。根据来源可把数据分为一手数据和二手数据。二手数据是指从蓝本词典中获取的词目、释义、例证等各类数据;一手数据可进一步分为主观数据和客观数据,前者指依靠个人语感或知识储备获取的数据,后者指通过观察、分析和总结文本或语料而获取的数据。总体而言,这些原始数据与最终在词典文本中呈现的信息之间均不存在直接对应的关系。例如,单语词典的释义可直接用作双语词典编者释义撰写的基础,两者虽然都是释义,但后者并非对前者的简单翻译,而是对多本单语词典中相关释义进行分析、比较和重组后的结果。词典数据的来源主要有蓝本词典、内省(introspection)、引例(citation)、互联网和语料库(Svensén 2009:39)。本节将逐一评述它们在英汉气象学习词典编纂中发挥的作用。

(一) 蓝本词典

蓝本词典是指在编纂中被用作底本的词典,有时也包括编纂中所有被参考的词典。哈特曼(Hartmann 1986:vii)曾经指出,"多数词典都能找到前身,所有词典都不乏后来者模仿"。这从一个侧面表明,作为数据来源,蓝本词典在词典编纂中发挥了重要作用。对双语词典编纂而言,单语蓝本词典几乎是一种不可或缺的数据来源。兹古斯塔(1983)曾经指出,"一般说来,如果已经有了一部优秀的综合描写性的单语词典,那么双语词典编纂者就处于一种令人羡慕的地位"。由于蓝本词典的内容是词典编者整理和选择的结果,不仅能够为后来者提供参考,而且常常可以直接利用,从而大幅减轻了编纂者的工作量。事实上,在词典编纂中,编者往往需要参考多个蓝本词典以对词典数据相互印证。英汉气象学习词典是词典家族中的新成员,与其他类型的词典一样,在编纂中同样需要参考相关词典。例如,《大气

---

① http://www.diffen.com/difference/Data_vs_Information

科学名词》按照学科对词目进行分类编排,可以为英汉气象学习词典认知语境设计提供学科标签方面的数据。《英汉汉英大气科学词汇》涵盖气象词汇和邻近学科词汇,在收词方面可为英汉气象学习词典提供一定的参考。然而,斯文森(Svensén 2009:39)提醒编者注意词典的内容及所依据的理论基础可能都已经过时。在词典编纂中如果过分依赖蓝本词典,势必会影响词典设计特征的创新力度。当前出版的英汉气象类词典不仅数目少,而且大都遵循传统术语学理论,本质上还属于面向气象专家的难词集,在收词方面几乎清一色是名词,微观结构中也仅仅为词目配备汉语对译词,显然无法满足英汉气象学习词典对复合语境的设计需要。

(二) 内省

在词典编纂中,编者还可以借助内省获取数据。所谓内省是指操本族语者直接提供搭配、型式、语义等语言数据或者对与母语相关的语言现象进行评估和判断的现象。虽然内省以本族语者的母语优势为基础,但反映的是某一本族语者不完整的语言,是带有地域方言和社会方言(sociolect)等个性特征的语言,与语言实际使用存在很大出入(McEnery, Xiao & Tono 2006:6-7)。获取语言数据还可采用多人内省(multi-spection)(参见 Bergenholtz & Tarp 1995:92)的方式,即邀请多个受访者就语词的可接受度做出判断,对不同的表达做出取舍或对词义范围做出说明,甚至是自造例句。斯文森(Svensén 2009:40)指出这种方式同样存在缺陷,例如受访者可能受到干扰,彼此之间看法存在分歧,词典编者难以根据他们的反馈得出可靠的结论。如果说单语词典编者尚可以凭借内省获取编纂所需的部分数据,双语词典编者无论对外语多么精通,也不具有本族语者的语感,在编纂内向型双语词典时对内省方式应该慎之又慎。对英汉气象学习词典而言,编者不仅不具有英语母语优势,而且对学科专业知识仅有较为粗浅的认识,在选择术语、定义术语和分析概念方面,往往需要咨询学科专家才能解决编纂中碰到的专业问题(Bowker & Pearson 2002:141)。费伯(Faber 2012:101)也指出内省方法的缺点是所咨询的专家数目少,只能基于有限的看法获取所需的信息。此外,专家虽然熟悉与某一学科相关的知识,但是未必擅长以内省方式获取所需要的全部信息或以文字表述所获取的这些信息,所提供的信息也很容易受到个人因素的影响。

(三) 引例

在前述两种数据来源中,词典属二手资料,内省方式则完全依赖编者或受访者的主观直觉,二者都不能够为词典编纂提供真正意义上的依据。在计算机广泛应用于词典编纂之前,词典依据主要是指靠人工阅读采集而来的引例。在词典项目启动之前,词典编纂者需要花大量时间阅读书籍、报刊,搜集一手语料。通常的做法是将认为有用的句子或段落划出,抄写或打印在资料卡片上,每张卡片均注明出处。这些资料卡片便构成了词典编纂的基础。(徐海、源可乐、何家宁 2012:161)凭借这种原始意义上的一手语料,编者成就了鸿篇巨制《牛津英语词典》。英汉气象学习词典编者也可以通过阅读专业文本获取引例,并从引例分析中获取复合语境设计需要的术语概念或语义知识。然而,依靠这种方法采集引例费时低效,且能够获取的引例数量非常有限。对于新出现的专业词汇(如 bombogenesis),词典编者如果仅靠阅读专业文本,很可能采集不到需要的引例。此外,由于主要依靠人工对引例进行逐一分析,词典编者对相关数据往往缺少整体把握,难以做到"见木又见林"。随着计算机时代的到来,这种传统的数据获取来源已经退居次位,在词典编纂中仅仅被用作验证语言知识的辅助工具。

(四)互联网

随着信息时代的到来,词典编者又多了互联网这一数据获取来源。互联网能够提供给编者的数据可分为已处理和未处理两类。前者是指各种网络词汇或语言资源,其包含的数据已经借助人工或技术手段进行加工和处理,编者可从中挑选自己需要的数据。因为这类资源发挥的作用与纸质词典类似,此处不再赘述。这里将重点探讨第二种数据(即各类网页)在词典编纂中的作用。首先,互联网可以帮助词典编者发现新词新义。例如,因为2014 年初席卷北美的暴风雪,bombogenesis 在 Twitter 上开始成为一个热词,但是气象类词典至今未予收录。其次,互联网还可以帮助双语词典编者寻找词目对译词。例如,在谷歌搜索引擎中输入 bombogenesis 和与之相关的汉语术语"暴风雪",就可以找到"骤强暴风雪""炸弹生产""极速气旋生成""气象炸弹""爆炸性的发展""中纬度旋风"等翻译。再次,互联网还可以帮助词典编者确定语言表达式可被接受的程度。在 bombogenesis 的各种翻译中,"气象炸弹"和"骤强暴风雪"从谷歌搜索引擎返回的结果最多,分别达到 536 000 项和 332 000 项,且大多与气象有关,可初步确定为 bombogenesis 的待选译名。最后,词典编者还可以借助搜索引擎获取相关的语言或背景知识,以辅助对词目的定义或例句的翻译。例如,通过搜索引擎,词典编者可获得大量关于 bombogenesis 的介绍性文字,从而对该术语的概念内涵有更充分的理解。然而,互联网也被形容是不干净的网络

(dirty web)。互联网内容未经审查，可能包含大量的语言错误，编者对此需要小心甄别。此外，互联网处于时时变化之中，一旦脱离特定的语境，基于搜索结果做出的判断就可能丧失其合理性和正确性，编者对此也需要有清醒认识。

（五）语料库

电子文本的大量出现以及存储和检索技术的快速发展为词典编纂提供了一个经济高效的数据来源——语料库。早在二十多年前，朗德尔（Rundell 1998：337）就指出，"过去二十年最引人瞩目的变化莫过于语料库数据在词典编纂中的应用"[①]。不可否认的是，语料库及分析工具的出现对词典编纂产生了深远的影响，"语料库几乎在每一方面都能够为词典编者提供重要依据"（Landau 2005：305）。徐海、源可乐和何家宁（2012：20）认为语料库在词典编纂过程中很容易实现以下功能：（1）自动生成词频和词表；（2）控制释义元语言的用词并确立、区分和编排义项；（3）选取典型的例证；（4）显示搭配、语义韵等信息；（5）揭示语法、语用等信息。比伯、康拉德和雷彭（Biber，Conrad & Reppen 1998：23-24）也指出，基于语料库的词典学研究（corpus-based lexicography）探讨六大类问题：词义、词频、词语类连结、词汇共现、词语的含义及用法的分布情况、同义词的用法和分布情况。就术语学研究而言，语料库同样大有可为，可以帮助术语学家获取有关某一领域的知识，识别同一概念或含义的不同表达方式，发现术语、术语引例和术语搭配，提供有关术语含义和术语关系的线索（L'Homme 2020：34）。在专科词典编纂方面，鲍克（Bowker 2010）指出编者可以借助语料库统计术语的相对频次撰写词典释义、选择真实例句以及辨识短语信息。专科学习型词典的编者还可以借鉴计算术语学的相关技术或工具，从语料库中提取对认知语境构建至关重要的概念关系和概念特征。专科词典研究的主力军——词典功能学派——也改变了对语料库的排斥态度，认为"无论在专科词典中收入什么信息，都应该把语料库作为数据选择的基础"（Nelson 2018：80）。

词典、直觉、引例、互联网和语料库在词典编纂中各有其适用性，都是获取词典数据的重要来源。在这几种数据来源中，语料库已经成为商业词典编纂不可或缺的基础，代表了词典学技术发展的未来方向，与其他几种数据

[①] 原文：The most obvious change of the past 20 years has been the application of corpus data to the dictionary-making process.

获取方式相比,有着明显的优点,原因如下:(1)与词典等工具书不同,语料库不仅能够为词典编者提供一手语言数据,而且还能够对从词典中获取的二手数据进行验证和评估。(2)语料库为词典编者提供的数据是真实和客观的,有别于通过个人或多人内省而获取的主观数据。语料库仅需要数据获取者掌握一定的分析技巧,而内省方式则对参与者的语言或专业水平有很高的要求,因而把非本族语者和非专家受访者排除在参与群体之外。(3)语料虽然与引例提供的数据都属客观证据,但是在数据量方面有着后者难以企及的优势:首先,词典编者可以统计语言现象在语料库中出现的次数,基于频率信息就语言使用做出判断。相比之下,即便是大型的引例库提供的语言数据也无法满足统计对数据量的要求。(Atkins & Rundell 2008:54)其次,语料的采集者虽然挑选文本,但不挑选词项,因而可以更深入客观地反映语言的特征;引例的采集者不仅选择文本,而且挑选词项,采集者的主观介入程度深,往往聚焦于语言不常见的方面,却忽略了其常规用法(Svensén 2009:44-45)。(4)语料库还能够弥补互联网的先天不足。互联网可以被看作一个巨型机读文本库,而搜索引擎又可以发挥与索引工具(concordancer)类似的功能。然而,互联网可能包含语言错误,内容处于变化之中,这影响了基于网页得出的结论的可靠性。搜索引擎无法对语料进行削尾处理(即把同一单词不同词形的出现频率都归并到词根中),提供的词频统计资料的准确性将会大打折扣(倪传斌、郭鸿杰、赵勇 2003:54)。其按照受欢迎程度或地域相近的原则对检索结果进行排序,这对词典编者而言没有多少研究意义(Buendía Castro 2013:338-339)。语料库按照一定的原则精心挑选语料,借助专业的检索工具分析语料,可以解决前述互联网使用中的许多问题[1]。

鉴于语料库的上述特点,本章 5.2 和 5.3 节将系统探讨如何构建气象英语语料库以及如何从中提取满足英汉气象学习词典复合语境构建需要的各类数据。

---

[1] 值得注意的是,语料库也存在以下缺陷:充斥着大量的偶然现象,某些组合型式、语义或屈折变化在语料库可能缺失,语料选择易受主观偏见的影响等等(Svensén 2009:57)。就专业语言研究而言,由于只有部分概念关系有明确的语言表现形式,语料库仅能提供了解某个领域需要的部分信息;语料库提供的信息还可能相互矛盾;在语料库中,并非所有包含术语的句子都对术语分析有用(L'Homme 2020:38)。

5.2　英汉专科学习型词典语境化设计的语料库建设

对语料库的理解有宽严之分,既可以从语言学研究意义上将其理解为经过科学抽样、精心选择的可供机器处理的文本集合(参见 McEnery & Wilson 2001:32),也可以根据编纂的需要把语料库看作记录语言变体和用法特征的文本系统集合(Hartmann & James 2002:30)。无论采用何种理解,"现代意义上的适合语言研究和词典编纂的语料库至少应该具备目的性、代表性和可机读性"(李德俊 2007:4)。这三个特点是语料库建设中需要重点考虑的三个因素,其中目的性确定了语料库的类型特征,代表性制约着语料的规模和选择,可机读性则对语料提出了具体的加工要求。本节将从语料库建设的类型定位以及语料的规模、选择和处理四个方面探讨如何建设面向英汉气象学习词典复合语境设计的专用英语语料库。

5.2.1　类型定位

不同类型的语料库对语料的规模、选择和处理有着不同的要求。因此,明确气象英语语料库的类型定位是建设语料库的前提。与词典一样,语料库的分类也可以从多个角度切入:(1)从语言数量看,语料库可以分为单语语料库和多语语料库两种基本类型,后者根据研究的目的又可以进一步分为平行语料库和可比语料库。(2)就主题而言,语料库可大致分为通用语料库和专用语料库。(3)如果考虑文本的时间跨度,语料库还可以分为共时语料库和历时语料库。(4)从语料的产生来源看,语料库还可以分为本族语语料库和学习者语料库。(5)最后,按照媒介还可以把语料库分为口语语料库和笔语语料库。(梁茂成、李文中、许家金 2010:4;Atkins & Rundell 2008:69-74)

上述分类为明确面向英汉专科学习型词典设计的语料库类型定位提供了一个参考框架:首先,气象英语语料库不关心整个语言的使用情况,仅关注与气象学相关的语言现象,显然应该归于专用语料库,这是气象语料库最基本的类型特点。其次,气象英语语料库不以翻译或跨语对比为研究目标,属单语语料库,仅涉及英语这一种语言;旨在记录和描写气象专业英语的语义/概念或句法特征,所收集的语料源自能够熟练使用英语进行专业交际的气象专家,主要指以英语为母语的气象专业人士,因而有别于面向中介语研究的学习者语料库。再次,气象英语虽然也涉及课堂教学和学术讲座等口头形式,但是本质上还属于较为正式的语体。因此,气象语料库可归为笔语语料库。最后,气象语料库关注的是当代气象英语的使用情况,并不特别关心气象英语的发展变化,本质上属于共时语料库。通过在语料库的整个分类体系中对气象语料库进行定位,可以帮助语料库的设计者从宏观上把握其类型特征,为确定语料的规模大小、语料选择的具体标准以及语料的加工处理奠定了基础。

5.2.2 语料规模

在现有的技术条件下,获取电子文本相对容易,处理文本基本不受硬件的制约。因此,语料规模的大小主要取决于建库的目的。语法结构数量少且复现率高,所以用于研究语法特征的语料规模相对较小。例如,比伯(Biber 1994)指出,一千词的语料就能满足研究英语动词现在和过去时态的需要。然而,用于考察词汇特征的语料规模则需要大很多。(Lauder 2010:228)由齐普夫定律(Zipf 1935)可知,部分词汇(如 and、the 等)在文本中出现的频率非常高,大部分词汇(包括一些较为常见的词汇)的出现频率却非常低。只有增加语料的规模,才可能增加相对生僻的词语在语料库中出现的概率和频率。对词典编纂而言,只有当语料库包含的类符总量足够大时,基于语料库产生的词表才能满足词典对收词量的需要,为词典编者提供足够量的索引行作为描写词汇特征的数据基础。克里希纳穆尔蒂(Krishnamurthy 2002)认为形符量达到一亿的语料库能够满足袖珍词典的编纂需要,但是还不足以用来描写词汇的类连接特征。阿特金斯和朗德尔(Atkins & Rundell 2008:54)指出,有时候一个词即使在语料库中出现一百次也不足以保证描写词汇特征所需要的确定性(descriptive certainty)。如果被描写的词语是多义词,有着复杂的语法结构和丰富的搭配型式,那么语料规模只有成倍增加才能满足编者描写多义词语的需要。

语料的规模还与涉及的领域(domain)或主题(topic)的多少和宽窄有关。就通用语料库而言,为了取得平衡的效果,语料往往需要涵盖多个主题,其规模也必然很大。相比之下,"专用语料库往往较小,但是依然能够代表专业语言变体,因为涉及的专业领域越窄,代表该领域所需要的文本数量就越小"[①](Nesi 2013:408)。专用语料库在语料规模方面的这一特点与专

---

① 原文: They therefore tend to be smaller, although they can still be representative of a specific language variety because the narrower the corpus domain, the fewer texts will be needed to represent it.

业词汇自身的特点是分不开的。首先，与通用词汇比，专业词汇具有一定的专业特殊性(domain-specificity)，其数量相对少，在专业文本中的分布密集程度高。鉴于此，规模较小的专用语料库也能够满足专业词汇研究对覆盖范围和复现率的要求。其次，由于专业词汇在搭配方面透明度高且规律性强，无需借助对大量语料的频次统计以滤掉那些高度依赖语境的非典型搭配(例如... went to the graveyard with weeping eyes and hairs 中的轭式搭配 weeping eyes and hairs)。最后，在专业词汇中，单义词占据多数，即使有多义词，其义项数量与通用语言中的常用词汇(如 break)也不可同日而语。因此，描写专业词汇语义需要的索引行的数量在理论上可以比描写常用词汇要小。

鲍克和皮尔逊(Bowker & Pearson 2002:45,48)指出，"不应该想当然地认为(专用语料库)总是越大越好"，李德俊(2015:98)也提醒说，由于"规模悖论"的存在，语料库的规模并不是越大越好，在语料库建设时，要特别小心"收益递减率"(the law of diminishing returns)。作为典型的专用语料库，气象英语语料库仅涉及气象专业文本，其语料规模无需达到通用语料库的级别。参考同类专用语料库的设计经验(如 Tercedor Sánchez & López-Rodríguez 2008)，本书作者认为气象英语语料库的语料规模至少应该达到百万级别，才能满足英汉气象学习词典词汇描写对语料规模的要求。此外，考虑到气象英语中新术语、新用法持续出现的特点，气象英语语料库应该呈现出一定的开放性，允许词典编者根据编纂的实际需要定期补充新文本。换言之，气象英语语料库的语料收集不是一次就能完成的，而是一个在百万级别基础上不断充实的动态过程。

5.2.3　选择标准

语料有规模大小之别，但代表性是其共同特点。语料的代表性主要通过对文本的选择得以实现。文本选择的标准可以分为内部标准和外部标准两类。就通用语料库而言，语料选择的内部标准是指文本所共享的语言或文体特征。阿特金斯和朗德尔(Atkins & Rundell 2008:67)介绍了基于内部标准的文本选择过程：(1) 选择系列来源不同的文本，(2) 分析文本中反复出现的词汇或语法特征(如语态、人称、搭配等)，(3) 基于这些特点对文本进行尝试分类，(4) 然后收集更多能够包含这些语言特征的文本，继续分析文本的语言特征、改进其分类，收集更多文本，直至这些特征在语料库中能够更清晰地反映出来。值得注意的是，依据内部标准从语料中获取的数据可能因循环论证而信度受损(Sinclair 2003:171)。鉴于此,辛克莱(Sinclair 2005)提出按照文本的情景、功能等非语言(non-linguistic)或语言外(extra-linguistic)特征等选择语料,这样至少可以使语言特征在语料库建设的开始阶段不受文本选择的影响。语料库的建设者在按照外部标准选择语料的同时,还可以根据从语料分析中获取的语言特征评估和改进语料的代表性(Xiao 2010:150),从而把外部标准和内部标准统一到文本的选择过程中。

专用英语语料库也可以把语言特征作为选择专业文本的内部标准。哈尔斯科夫等(Halskov et al. 2010)主张把易读性(readability)和专业知识密度作为衡量专业文本质量的重要指标。他认为易读性的高低是学术文本的重要特征,与句子长度、词语长度(包括复合词)和被动语态的使用量呈反比关系,与通用词汇密度和人称代词的使用量呈正比关系。专业知识密度是学术文本的另一个特征,与未登录词①和知识型式②的数量呈正比关系。换言之,易读性越低,知识密度越高,文本的质量就越高。易读性和知识密度虽然为专用英语语料库的文本选择提供了参考,但是由于偏好知识密集型文本,容易造成文本类型单一的缺点。比较而言,把 saturation(饱和)和 closure(封闭)(McEnery,Xiao & Tono 2006:15)用作衡量专用语料库代表性更为合理。确切地说,把语料库按照形符数分为大小相同的若干部分,如果每部分产生的语言特征数量相当,或者彼此之间只存在较小差异时,可以认为就该语言特征而言,专用语料库已经达到了饱和或封闭状态,或者说具有了一定的代表性。

鲍克和皮尔逊(Bowker & Pearson 2002:51)指出,为了保证更全面地覆盖专门用途语言的概念和语言特征,专用语料库应该选择与所涉学科相关的各类文本。他们根据参与方把专业交际分为专家—专家、专家—初学者(initiate)、相对专家(relative expert)—外行(uninitiate)和老师—学生四种类型(Pearson 1998:35-39)。鲍克和皮尔逊认为,第三种交际不仅术语密度低,而且对术语的使用也比较随意,因而主张把该类交际中涉及的文本排除在语料库之外。本书作者认为在该类交际中,鉴于信息接收者的专业知识水平低,信息发出者为了有效传递专业信息,往往以深入浅出的方式对核心概念进行解释,专业文本因而提供了较丰富的认知语境信息,也值得纳入专用英语语料库的选材范围。奥胡斯学派对专用语料库建设步骤的描述也对语料选择有启发,即明确所涉学科的界限,确保只录入与该学科相关的

---

① 英语原文为 out of vocabulary words,指在自然语言处理中没有被词典收录的各类专有名词、缩略语、新增词语等等。

② 主要包含词汇或语法标记语,能够帮助文本读者理解概念的意义和概念之间的关系。

专业文本;厘清所涉学科的内部构成,确保不遗漏与学科相关的专业文本(Nielsen 2018:80)。

　　就气象英语语料库而言,这四类交际场景涉及专著(如 *Severe Convective Storms*)和学术期刊(如 *Atmospheric Research*)、专业教材(如 *An Introduction to Dynamic Meteorology*)、报刊科普或专栏文章(如 ScienceDaily 网站上有关气象的科普文章)、入门级教材(如 *Essentials of Meteorology:An Invitation to the Atmosphere*)等文本类型。贝延霍尔茨和塔普(Bergenholtz & Tarp 1995:94)指出,专用语料库在选择文本的时候还应该兼顾各个子学科,根据其重要性确定各类文本在语料中所占的比重。具体到气象英语语料库,对语料的选择应该至少涵盖大气、大气探测、大气物理学、大气化学、动力物理学、天气学、气候学、应用气象学等 8 个学科分支。

5.2.4　加工处理

　　语料库的一大优势是可以借助分析软件对语料进行跨文本检索,快速提取所需要的具体信息或统计某一语言特征的整体分布情况。语料的可机读性是语料库发挥这一优势的前提。为此,首先需要对选取的语料进行清洁处理。用于气象英语语料库建设的语料资源多是 PDF 和 HTML 数字文本,在投入使用之前,需要统一转换成最常见的纯文本。在此过程中,还会产生一些不合规范的符号或格式,若不加以清理会导致词汇分析、搭配统计不准确以及词性赋码出错或无法进行。(梁茂成、李文中、许家金 2010:32)此外,由于语料来源于各种类型的出版物,被选取的文本可能还包含致谢、版权页、页头书名、图表公式、索引目录、参考文献等内容。它们对英汉气象学习词典编纂没有参考价值,也需要从文本中清理出去。(参见 Atkins & Rundell 2008:85)在进行必要的清洁之后,还需要对语料进行分词处理和削尾处理,以便借助软件从语料分析中得到更准确的结果。气象英语语料库同样有必要进行分词和削尾处理,但是由于某些分析软件(如 TermoStat、Sketch Engine 等)已经整合了这两项功能,无需语料库的建设者对语料再做这方面的处理。

　　利奇(Leech 1997:4)指出,"为了从语料库中提取信息,经常得先从输入信息开始"[①]。对语料进行清洁、分词和削尾处理之后,语料库已经可以投入使

[①]　原文:The fact is that to extract information from a corpus,we often have to begin by building information in.

用,但是为了让使用者能够更合理地解读由软件获取的分析结果,还需要增加元数据(meta-data)标记,尽可能恢复在语料采集中丢失的语境信息。在各类元数据中,文本分类信息和结构信息对合理解读从语料库中获取的数据特别重要。(Xiao 2010:155)就英语气象学习词典而言,前者旨在明确某一具体文本在气象学学科体系中的定位,可以帮助词典编者确定某一词目或语言特征的学科标签。后者旨在说明文本各组件之间的界限(如学术论文的摘要、综述、结论等组件)。这类信息可帮助词典编者确定某一语言特征在文本中的不同位置,从而结合文本结构对数据做出更全面的解读。为了满足复杂检索(如"形容词+名词"搭配)的需要,还需要对语料进行必要的标注。其中的词性赋码是最基本的标注形式,也是从气象英语语料库中提取术语、搭配等数据的前提。由于某些分析软件已经内置这一项功能,此处不再赘述。

5.3 英汉专科学习型词典语境化设计的数据提取

如前所述,语境化设计是发挥英汉专科学习型词典认知功能和交际功能的保障。在文本表征中,复合语境被拆分成多个围绕节点词(node)形成的语义或概念关系簇,其中的节点词被转化为宏观结构层面上的词目(headword),围绕节点词形成的关系则相应地转化为微观结构层面上的针对词目的释义、例句、插图等各种信息类型。在词典文本的设计中,词典编者在选择词目以及撰写各类信息方面倾注了大量的心血,而可靠的数据支撑则是保证信息质量的首要前提。利用语料库分析软件的词频统计、N 元组(n-gram)、上下文关键词(KWIC)等功能,英汉专科学习型词典编者可从专用英语语料库中获取词表、搭配组合、语义或概念关系等重要的一手数据,从而确定在词典的宏观结构中应该收录哪些词目以及在微观结构中为这些词目提供什么样的信息类型(参见 6.1.1 和 6.1.2)。

5.3.1 术语的提取

词目充当了通达复合语境的网络节点,为微观结构层面上的各类信息提供了一个检索入口,词目选择的数量和质量又是词典信息可用性高低的重要体现。因此,词目的选择一直是词典学界讨论的一个重要话题(参见6.1.1)。传统上,编者多以其他词典作为词目数据的获取来源,即在蓝本词典收词的基础上,通过增加和删减来确定待编词典的词目。虽然蓝本词典在确定词目方面依然发挥着重要的作用,但是语料库在词典编纂中的应用给编者提供了一种全新的数据获取手段。从语料库中生成的词表可以让词典编者从宏观上把握词汇的整体情况,词表中的词频信息又成为词典编者衡量词语重要性的重要依据。术语学家一般不具有相关专业学科背景,无法通过内省获取所需要的术语知识,因而即便是在前语料库时期也表现出了明显的语料使用意识:他们选择专业资料并认真阅读,从中挑选出术语,通过分析术语出现的语境总结术语的概念特征。因此,语料库的出现很快引起了术语学家的兴趣。

术语提取是语料库在术语学中最常见的应用之一,可大致分为语言提取法(linguistic approach)和统计提取法(statistic approach)两种。(Heylen & De Hertog 2015)术语学家发现可把多词型术语的结构归纳为数目有限的几种形态句法模式,如名词+名词、形容词+名词等等。第一种提取方法利用了多词型术语的这一结构特点,其基本步骤如下:(1)观察并归纳多词型术语的形态句法型式,例如,global warming(全球变暖)的形态句法结构可归纳为 Adj +Noun。(2)对语料进行赋码处理,把形态句法结构设置为检索条件,从语料库中检索出结构符合要求的组合(如 infrared light、natural hazard、tropical cyclone 等)作为待选术语(term candidate)。(3)对这些组合进行筛选,消除噪声(如 recent finding、much sunlight 等),保留真正的术语。多词型术语不仅遵循特定的形态句法模式,而且形式相对固定、出现频率相对较高。术语学家可设置频率下限,把非术语组合排除在外。第二种方法以多词型术语的分布特点为基础提取根据,其统计指标主要有以下两种:(1)搭配强度(collocation measures),即利用卡方检验或 T 值(t-score)等方法将多词组合的频率与构成该组合的各单词的频率进行比较,挑出相对频率高于某一阈值的组合作为待选术语。(Justeson & Katz 1995)(2)聚合可变性(paradigmatic modifiability),即把组成 N 元组的单词视为一个槽位(slot),检索出与其长度相同且至少包含一个相同构成词语的其他组合,对二者进行统计比较,评估前述 N 元组的各个槽位被其他词语替换的可能性,挑选出聚合可变性不超过某一阈值的组合作为待选术语。(Wermter & Hahn 2005)

从上述介绍可知,语言提取法和统计提取法并不相互排斥。术语学家在术语提取中常常把二者结合起来使用。需要注意的是,前述两种方法只针对多词型术语,无法用来从语料库中提取单词型术语。为了解决这一问题,术语学家又设计了分布提取法(distributional approach)、语境提取法(contextual approach)、形态提取法(morphological approach)、对比提取法

(contrastive approach)等其他几种术语提取方法。(Heylen & De Hertog 2015)在这些方法中,对比提取法是最常用的一种方法,其工作原理与语料库语言学的主题词词表生成方法类似。一般认为术语具有专业特性,在本领域中比在其他领域或通用语言中出现的频率更高。例如,在气象文献中,cyclone(气旋)出现的频率明显高于在其他学科文献中出现的频率。鉴于此,对比提取法把从专用语料库(又称为分析语料库)中生成的词频表与从参照语料库(通用语料库或涉及其他专业的专用语料库)中生成的词频表进行比较,借助卡方检验、对数似然比等统计手段评估二者之间的差异。如果某一词项在专用语料库中的词频明显高于在参照语料库的词频,那么该词项被提取出来作为待选术语。与语言提取法和统计提取法相比,对比提取法不仅可以从语料库中提取出单词型待选术语,而且还把术语的词性拓展到名词以外的其他词性(如形容词 atmospheric)。

　　加拿大蒙特利尔大学的术语学家在借鉴上述各方法的同时还有所创新,研发出了术语提取工具 TermoStat,其工作原理大致如下:(1) 利用对比提取法从分析语料库中提取出单词型术语;(2) 对分析语料库进行词性赋码处理;(3) 以(1)中提取的词语为中心,以连词、代词等为边界,把术语的最大长度设为六个单词,利用正则表达式(A|N)? (A|N)? (A|N)? (A|N)? (A|N)? N 从分析语料库中提取多词型术语;(4) 从提取的词项中筛选出达到阈值的单词型和多词型词项,将其作为待选术语。(Drouin 2003)该术语提取软件免费向注册用户开放,其操作亦颇为简便:用户只需要上传用以提取术语的专用语料,设置好语料的语言以及欲提取的术语类型和术语词性,就可以利用软件分析语料并提取术语了。参考卢华国、张雅(2015)自建语料库,图 5-1 为利用 TermoStat 从中提取的部分术语:

Candidate (grouping variant)	Frequency	Score (Specificity)	Variants	Pattern
cloud	5551	169.95	cloud / clouds	Common_Noun
front	5221	159.48	front / fronts	Common_Noun
precipitation	3582	139.13	precipitation / precipitations	Common_Noun
cyclone	3556	138.5	cyclone / cyclones	Common_Noun
wind	3590	130.97	wind / winds	Common_Noun
cold	3337	119.51	cold	Adjective
air	3720	116.2	air / airs	Common_Noun
rainband	2162	108.19	rainband / rainbands	Common_Noun
tropical	2194	107.12	tropical	Adjective
surface	2653	103.81	surface / surfaces	Common_Noun
warm	2217	99.82	warm	Adjective
vertical	1899	99.19	vertical	Adjective

图 5-1　术语提取结果

由于借鉴了其他几种提取方法的优点，TermoStat 的提取准确度还是比较理想的，词表中的大部分待选术语都与气象主题直接相关，需要使用者剔除的词项并不多。词表能够让词典编者对专业词语的分布情况有一个整体的了解，词频和专业度（specificity）又可以帮助词典编者判断专业词语的重要性（L'Homme 2006：232），为确定复合语境构建所需的词目提供一手数据支撑，成为其他数据来源的重要补充。此外，与其他术语提取工具相比，TermoStat 不仅能够提取多词型术语，还可以提取单词型术语，对低频术语的提取准确度居同类软件之首，避免了因频次较低而导致的术语遗漏问题，保证了收词的全面性。在词性方面，TermoStat 返回的结果并不局限于名词词性，而且还涵盖了动词、形容词和副词，很好地满足了英汉气象学习词典语境化设计对词目的多样化要求。

5.3.2　搭配的提取

搭配反映了术语与其他词语之间的组合关系，是构成英汉专科学习型词典交际语境组合维度的核心要素。此外，由于只有通过描写论元结构才能解释谓词型术语在专业领域中的含义（参见 6.1.2），搭配也是表征英汉专科学习型词典认知语境的重要内容。从用户角度看，搭配体现了语言使用者的语言能力和交际能力，是外语学习者熟练掌握该语言的重要标志。（谢家成 2008：16）词典学意义上的搭配一般指词语的限制性共现，搭配的使用具有一定的规约性，对搭配项的选择又表现出语内和语际不可预测性，例如，strong tea（浓茶）中的搭配项 strong 既不能替换为近义词 powerful，也不能直接替换成"浓"的英语字面对应词 thick。为了更好地满足用户的语言编码需要，学习型词典在微观结构中不仅直接呈现搭配组合，而且还把这类数据融入标注、释义、例句、近义词辨析等信息类型中。虽然专业语言搭配（specialized collocation）比普通语言中的搭配具有更高的透明度和开放性，可用自由词汇共现（free lexical collocation）加以解释，但是它们同样受到一定的约束，需遵守由学科专家语言共同体确立的规约（L'Homme 2000：90）。如果没有足够的语言知识和专业知识，专业语言使用者就无法判断特定领域中的词汇组合是否正确（Bergenholtz & Tarp 1995：117）。因此，与普通学习型词典一样，英汉专科学习型词典同样有必要在词条中提供搭配和组合。

在前语料库时期，单语词典编者主要凭借母语语感获取搭配组合类的数据，而双语词典编者则很大程度上依赖单语词典作为主要数据来源。

然而,内省方式无法提供词语的所有搭配或组合行为。此外,由于依靠内省方式难以判断哪些搭配或组合更为常用(Stubbs 1995:24-25),词典编者也就不可能对搭配组合类数据的重要性做出合理的判断。专科学习型词典的编者一般缺少专业背景知识,在获取专业搭配方面只能依靠学科专家。然而,学科专家未必接受过语言学培训,并不擅长利用内省方式全面获取关于某个专业词语的搭配数据。除了采用自上而下的数据采集方式,专科学习型词典的编者还可以阅读专业文本,获取专业词汇在搭配和组合方面的相关数据。但是要从多个文本中筛选出所有包含研究对象的文本片段并非一件容易的事情。专用语料库及分析工具可解决翻阅多个文本带来的不便,能够提高编者获取数据的效率。例如,借助语料库分析软件基本的功能——KWIC(上下文关键词),词典编者可以输入需要观察的专业词语,检索出语料库中所有包含目标词语的索引行,阅读目标词语出现的上下文,归纳和总结目标词语在专业文本中的搭配和组合特点。

KWIC 功能虽然提高了在多个文本中查找目标词语的效率,但是有两点不足:首先,索引行数量不能太多,否则难以观察(徐海、源可乐、何家宁2012:165)。如果被研究的词语属高频词汇,分析软件往往把大量的索引行返回给检索者,阅读这些索引行需要花费许多时间。其次,KWIC 检索缺少对检索结果的概括总结(同上:165),需要使用者自己分析才能从索引行中获取所需要的信息。如果返回的索引行太多,编者即使愿意逐一阅读,也难以记住各个索引行所蕴含的信息,从而影响了对数据的解读和整合。语料库分析工具的另一项功能——词频统计——为解决索引行太多造成的信息过载(information overload)提供了解决方案,使自动提取搭配成为可能,其基本思路如下:(1) 从以下三种共现观中选择一种作为搭配提取的工作基础,即①表层共现(surface co-occurrence),把间隔词数不超过特定数目的两个词视为潜在搭配;②语篇共现(textual co-occurrence),即把出现在同一个语篇单位(如同一句)内的两个词视为潜在搭配;③句法共现(syntactic co-occurrence),即把形成语法关系(如动宾关系)的两个词视为潜在搭配。(2) 根据(1)中选择的共现观,统计包含节点词(node,又称关键词)或基项(base,或搭配词)的组合在语料库中出现的观测频数、构成组合的每一个词在语料库中的频数以及语料库的形符数量。(3) 使用频数阈值筛选得到的共现数据集,保留符合要求的词语对(word pair)。(4) 计算词语对的预期频数。(5) 使用互信息(MI)、Z 值(z-score)、T 值等测量工具计算搭配强度。(6) 按照搭配强度对组合进行排序或者选择阈值以区分搭配或非搭配

(non-collocation)。（参见 Evert 2009：1242-1243）

　　值得注意的是，虽然提取搭配的思路大致相同，但是采用不同的测量方法往往导致最后的提取结果之间存在较大的差异。在前述几种方法中，互信息和 T 值是比较常用的两种测量方法。基尔加里夫和朗德尔（Kilgarriff & Rundell 2002：809）认为采用这两种方法测得的结果虽然对理解某一词语的搭配有较大帮助，但是常常伴随有大量的噪声（noise），获得的数据要么不相关，要么令人产生误解，无法凸显词语的搭配信息，还需要大量的人工介入。例如，互信息计算法往往使低频词的测得数值过高，而包含这些词的某些搭配信息对词典编者的参考价值颇为有限。依托 T 值的计算方法虽然能够避免互信息计算法带来的一些问题，但也存在以下不足：许多极为常用的词语（如 a、our 等）被赋予了很高的 T 值。从词典编纂的角度看，最重要的搭配词语往往不是 T 值最高的词语。（陈国华、梁茂成、Kilgarriff 2006：117）

　　为了解决以上问题，英国计算语言学家基尔加里夫等开发了词典编纂辅助工具 Sketch Engine（以下简称 SkE）。该软件以搭配的句法共现观为设计基础。为了提取搭配，SkE 不仅对语料库进行词语切分和消尾处理，还进行词性赋码和语法剖析。SkE 建立了 26 种常见的词语搭配关系，每一种搭配关系又与一种或多种句法关系匹配。例如，"动词＋名词"在（a）主动语态中体现为宾语在动词之后，在（b）被动语态和定语从句中则体现为宾语在动词之前。就句法关系（a）而言，动词和名词之间可以有其他修饰或限定成分，以下正则表达式旨在提取与该句法关系匹配的"动词＋名词"搭配：

1："V""（DET｜NUM｜ADJ｜ADV｜N）"＊2："N"

　　1 和 2 分别代表待提取的动宾关系中的动词和名词。"｜"和"＊"是通配符，其中"｜"表示"或者"，"＊"表示括号中的限定语、数词、形容词和副词出现零次或多次（Kilgarriff et al. 2004）。SkE 以同样的方式根据句法关系定义了用于提取其他词语搭配关系的正则表达式。SkE 对常用的算法进行了改进，以互信息 I 与频数对数（log frequency）之积测量搭配强度。SkE 最后返回的数据不仅准确率高，而且界面颇为友好。图 5-2 是利用 SkE 从前述自建语料库中生成的气象名词术语 front（锋）的词汇素描：

front *(noun)* Alternative PoS: <u>adjective</u> (freq: 306) <u>adverb</u> (freq: 22) <u>verb</u> (freq: 15)
Meteorology freq = <u>6,537</u> (4,064.07 per million)

modifiers of "front" 73.99	nouns modified by "front" 7.88	verbs with "front" as object 19.69	verbs with "front" as subject 26.25	"front" and/or ... 14.66
cold + <u>1,731</u> 12.60 cold front	depth <u>29</u> 10.15 the coastal - front depth	occlude <u>192</u> 11.97 an occluded front	move <u>86</u> 10.34 fronts move	front + <u>134</u> 11.16 fronts and warm fronts
warm + <u>694</u> 11.61 a warm front	head <u>20</u> 10.08 over the coastal front head	form <u>56</u> 9.93 front is formed	be + <u>761</u> 10.17 front is	cyclone <u>53</u> 10.16 cyclones, fronts
surface + <u>315</u> 10.51 the surface cold front	move <u>21</u> 9.83 cold front moves	approach <u>41</u> 9.82 approaching cold front	pass <u>45</u> 9.63 the front passes	zone <u>29</u> 9.23 cold front, transition zone
coastal + <u>186</u> 10.16 the coastal front	approach <u>11</u> 9.03 lowering as surface front approaches	associate <u>73</u> 9.76 front associated	have <u>86</u> 9.61 fronts have	line <u>24</u> 9.20 follow a warm front or squall line. Very commonly
Baiu + <u>138</u> 9.78 the Meiyu / Baiu front	theory <u>18</u> 8.76 and the polar front theory of atmospheric circulation	trail <u>34</u> 9.65 trailing fronts	overtake <u>34</u> 9.30 a cold front overtakes a warm front	occlusion <u>16</u> 9.03 fronts and cold occlusions
polar <u>95</u> 9.21 the polar front	form <u>13</u> 8.54 an occluded front forms	call <u>39</u> 9.58 called a stationary front	catch <u>27</u> 8.98 areas where cold fronts catch up to the	air <u>20</u> 9.01 front, the air
stationary <u>87</u> 9.15 a stationary front	stream <u>9</u> 8.48 fronts, jet streams, and the	overtake <u>30</u> 9.52 a cold front overtakes a warm front	bring <u>26</u> 8.86 A cold front commonly brings a narrow band	system <u>17</u> 8.81 front and convective systems
gust <u>79</u> 9.03 the gust front	pass <u>8</u> 8.46 As the cold front passes	mark <u>27</u> 9.30 of the cold front is marked with the symbol	form <u>28</u> 8.76 Cold fronts form when a cooler	precipitation <u>14</u> 8.74 front and precipitation
split <u>40</u> 8.06 the split front	jet <u>10</u> 8.30 the polar front jet	consider <u>28</u> 9.19 A cold front is considered a	occur <u>36</u> 8.71	hemisphere <u>12</u> 8.63 In the northern hemisphere, a cold front usually causes a
strong <u>49</u> 8				

图 5-2　名词术语 front 的搭配关系词汇素描（部分）

从图 5-2 可知，front 在语料库中共出现了 6 537 次，逐一阅读这些索引行的困难是可想而知的。但是使用了 SkE 之后，编者的工作量大大减少了。这是因为：(1) SkE 返回的搭配数据准确率高，几乎没有 a、the 等干扰信息，无需词典编者对数据进行大量的识别和筛选；(2) 按照句法结构把组合分成形容词＋名词、名词＋名词、动词＋名词、名词＋动词等类别，方便词典编者从中挑选需要的搭配类型；(3) 标出了每一个搭配词的频率以及与 front 的搭配强度，使编者能够对数据做出合理的选择；(4) 点击每一个搭配词后就可以直接阅读所有包含该词的索引行，方便编者获取更多的语境信息，以做出更准确的判断。此外，SkE 对语料库中的词汇进行消尾处理，对各种搭配频率的统计更为合理、准确。对搭配关系的分类虽然以实词（名词、动词和形容词）为中心，但是也重视介词等常见虚词在构成搭配关系过程中的作用，便于词典编者发现实词与实词、实词与虚词之间的组合规律。（参见陈国华等 2006）鉴于此，SkE 为英汉气象学习词典编者获取语境化设计所需的搭配组合数据提供了一个理想的技术方案。

5.3.3　语义和概念关系的提取

梅耶尔（Meyer 2001:279）指出，在撰写专科词典条目之前，编者必须完成以下三项工作：(1) 对术语进行辨认，即确定描写被研究领域中的哪些术语；(2) 对术语进行概念分析，即阐明这些术语表达什么含义；(3) 对术语进行语言分析，即发现这些术语用在什么样的语境中。倘若本节的 5.3.1 和 5.3.2 分别对应术语辨认和语言分析的话，那么本部分将重点探讨如何对专业词目进行概念分析。一般说来,分析概念的过程实质上就是观察概念特征的过程。索娃(Sowa 1984)把概念特征分为属性(attribute)和关系(relation)两类,前者是指颜色、高度、重量等不涉及其他专业领域特有概念(domain-specific concept)的特征,后者是指涉及专业领域内其他概念的那部分特征(如属—种关系、部分—整体关系、致使关系等)。从广义上讲,这里的关系不仅仅是指认知语境微观层面上的层级关系和非层级关系,而且还包括交际语境聚合维度上的同义、反义等语义关系。概念特征不仅是构成微观结构中的释义(如非谓词型术语定义的撰写)、例句(如概念补充类例句的选择)和插图(插图的分类以及插图与文字之间的互动关系)的核心要素,而且是确定正文外材料内容以及决定各信息类型之间关联和互补时必须考虑的重要因素(参见本书6.1.2和6.1.3)。因此,概念特征集中体现了英汉专科学习型词典的认知功能,在词典认知语境要素的文本表征中特别值得编者重视。

　　与术语和搭配一样,概念属性和概念关系也可以通过查阅词典获取。具体讲,词典对术语的定义或解释可帮助术语学家明确术语的上位概念和同位概念,从中获取与术语相关的属—种关系或整体—部分关系,而术语的变体又可以明确术语之间的同义关系。然而,鉴于词典编纂的滞后性,术语学家并不总是能够找到满足编纂需要的词典或者词典释义。咨询学科专家是术语学获取概念数据的另一个途径,这对于学科中新出现的术语而言尤为重要。例如,术语学家就专业领域的某些具体问题对学科专家进行访谈,可以诱导的方式(eliciting)获得所需要的数据。但是这类方法也存在明显的缺陷(参见3.2.3节专业知识获取部分内容)。比较而言,专家的强项在于凭借自己的专业知识对概念数据的正确性进行判断。但是为了发挥专家的这一优势,术语学家必须首先通过其他方式获取数据,供专家评估。阅读专业文本就是术语学家获取相关数据的一种重要方法。事实上,在传统术语编纂工作中,术语学家不仅从文本中辨认专业术语,而且还可以分析术语出现的语境,从中获取术语的概念或语义知识。

　　鲍克和皮尔逊(Bowker & Pearson 2002:17)指出,基于专业文本阅读的专业知识获取方法存在两大问题:首先,术语学家能够阅读的文本数量有限,难以涵盖专业领域中所有相关的概念、术语和语言型式。其次,对文本的分析容易出错。在没有工具辅助的情况下,术语学家可能无法发现有价值的内容,对它们做出正确的解读。电子文本的普及以及语料库工具的出现为解决这些问题提供了一个重要的方案,语料库对其他数据来源的补充作用正日益受到术语学家的重视。洛姆和马什曼（L'Homme & Marshman 2006:72-73）总结了从语料库中获取概念知识的三种方法：（1）第一种方法以形式特点为基础。术语学家认为在形式上相似（即含有共同的构成成分）的多词型术语在概念或语义上也存在关联。例如，①emission rate（排放率）、②rate of emission（排放率）、③greenhouse gas emission（温室气体排放）和④air pollutant emission（空气污染物排放）中都含有⑤emission（排放）这个术语。它们之间存在着如下概念或语义关系：②是①的变体，二者之间是同义关系；③和④与⑤之间是属—种关系（hyperonymy），③和④之间又形成同位关系（co-hyponymy）。这种方法同样适用于部分单词型术语。例如，pollution（污染）和 de-pollution（消除污染）都含有 pollution 这一构成成分，它们之间既构成反义关系，也存在派生关系。

（2）第二种以共现词为基础。首先，共现词可用作辨认某些概念特征的线索。例如，Noun＋Verb 可用于表达功能关系（如 Another instrument that **measures** rainfall is the tipping bucket rain gauge. 另一种测量降雨的工具就是翻斗雨量计）或因果关系（如 However, occasional strong northerly winds may **cause** sand storms. 然而，偶尔刮过的强劲北风可引起沙尘暴）。Adj＋Noun 则可以表达概念属性（如 atmospheric stability 大气稳定性，stability 是 atmosphere 的属性之一）。其次，如果两个或多个术语有着一定数量的相同的共现词，那么这些术语之间可能存在属—种关系、同位关系或同义关系。例如，① snow（雪）、② rain（雨）和③ precipitation（降水）都与 wind（风）形成并列关系，与 accompany、begin、fall 等词构成主谓关系，与 receive、represent、bring 等词构成动宾关系。据此可认为这三个术语之间存在关联，分析后不难发现①和②与③之间是属—种关系，①与②之间构成同位关系。

前两种方法都仅仅是把语义和概念上存在关联的一组术语提取出来，至于这些术语之间的关系，则需要术语学家自己加以辨别。（3）第三种提取方法以知识型式（knowledge pattern）为基础，不仅帮助术语学家发现存在概念或语义关系的术语，而且在一定程度上还指明了关系的具体类型[①]。术语的语境可以分为贫知识语境（knowledge-poor context）和富知识语境（knowledge-rich context）两类（Reimerink, de Quesada & Montero

---

① 第三种方法存在以下不足：（1）知识型式可能存在歧义；（2）知识型式可能有多个变体；（3）知识型式有时仅适用于特定学科或特定语料库；（4）知识语境中存在回指现象；（5）知识语境的效度难以评估；（6）有些知识语境不含知识型式。（参见 L'Homme & Marshman 2006:75）。

Martínez 2010:1934),前者指语境中不包含与被研究术语有关的任何专业知识项(item of domain knowledge),后者则指那些至少包含一个专业知识项的语境,即要么表明概念属性,要么表明概念关系(Meyer 2001:281)。显然,只有富知识语境才有助于对术语的概念分析。然而,在阅读专业文本的过程中,术语学家往往需要过滤掉大量无关的文字和贫知识语境,才能找到需要的富知识语境。为了提高效率,把更多的时间投入术语工作的其他方面,术语学家需要快速从文本中找到有价值的信息语境。与贫知识语境相比,富知识语境的特点是包含反复出现且能够表明概念特征的标记,即知识型式。(Meyer 2001:257)根据表现形式,可把知识型式大致分为副语言型式(paralinguistic pattern)和语言型式(linguistic pattern)两类。前者指标点符号、文本结构要素等非语言标记。例如,在 Tropical cyclone: The generic term for the class of tropical weather systems including tropical depressions,tropical storms,and hurricane(热带气旋:对包括热带低气压、热带风暴和飓风在内的热带天气系统的总称)中,冒号就充当了知识型式,表现的是属—种关系。语言型式表现为特定的词汇标记(lexical marker),几乎可以表达所有类型的概念特征。例如,is a (kind of)可用于表达属—种关系(Carbon monoxide **is a** major pollutant of city air. 一氧化碳是城市空气中的一种主要污染物);is a part of 和 contain 可用于表达部分—整体关系(The atmosphere **contains** less than 1. 7 percent of the CO_2 held by the oceans. 大气中的二氧化碳含量不及海洋的 1.7%);results in 和 cause 可用表达原因—结果关系(Cold air **results in** low pressure at higher altitudes and warm air,high pressure at higher altitudes. 冷空气导致高海拔地区产生低气压,暖空气则导致高海拔地区高气压的出现);is characterized by 可用于表达概念之间的属性—宿主关系(During much of the year, marine climates are **characterized by** low clouds,fog,and drizzle. 一年中的大多数时候,低云、雾和小雨都是海洋气候的典型特点)(各种知识型式及其对应概念关系参见 León-Araúz. , Reimerink & Faber 2009:5;Buendía Castro 2013:71)。

　　针对第一种和第二种方法,目前已有比较成熟的语料库分析工具可供使用。例如,利用 TermoStat 的 Structuration(术语结构分析)功能,术语学家可以从语料库中获取包含某个单词型术语的所有多词型术语,这使得术语学家能够根据术语在构成方面的共性分析术语之间的概念关系或特征。本节在 5.3.2 中展示了 SkE 的 Word Sketch(词汇素描)功能,对搭配和组合的总结和分类不仅可以帮助使用者选择这些信息,而且方便了术语学家基于共现关系对概念关系和概念特征的辨识。此外,SkE 的 Thesaurus(近义词汇总)功能可以把具有相同共现词的词语从语料库中提取出来并汇总在一起,其 Sketch Diff(差异素描)还能够把词语之间在共现词方面的差异和共性以列表的形式展示给用户。这两项功能都可以帮助术语学家以共现词为基础辨认术语之间的属—种关系、同位关系或同义关系。第三种方法需要使用语料库分析软件(如 WordSmith Tools 和 AntConc)的 KWIC 功能(Marshman 2022:297),即语料库检索软件返回含有目标术语的索引行,用户逐一阅读这些索引行,从中寻找包含知识型式的富知识语境,基于知识型式分析目标术语的概念关系或属性。用户也可以根据正则表达式设置复杂的检索模式,或者将含有目标术语的索引行导出来后进行二次查询,以提高富知识语境查找的命中率。与传统方法相比,语料库及分析工具的应用一定程度上可以提高术语学家的工作效率。但是这些软件并非为术语概念分析而设计,因而操作起来还显烦琐,检索结果中有较多干扰信息,还需要较多的人工介入。

为了提高从语料库中提取概念关系的效率,术语学家基于知识型式拓展了 SkE 的词汇素描功能(León-Araúz, San Martín & Faber. 2016; San Martín, Trekker & Díaz-Bautista 2023),具体步骤如下:(1)他们基于自己的术语分析经验和其他学者的研究汇集了所有已知的知识型式;在语料库中输入概念关系已知的术语对,从索引行中发现新的知识型式。(2)对这些知识型式进行分解或合并,结合词性标注与正则表达式,将其转写成CQL 扫描语法(Sketch Grammar)。(3)充分考虑知识型式的各种变体,结合检索效果,反复调试扫描语法。以下为检索种—属关系而撰写的检索语法中的 1 条:

HYPONYM, | (| : | is | belongs (to) (a | the | . . .) type | category | . . . of HYPERNYM

采用同样的方式,莱昂-阿劳斯等(León-Araúz et al. 2016)总共撰写了56 条检索语法,涵盖了种—属、部分—整体、因果、地点和功能等五大类最基础的概念关系。由于使用了新撰写的素描语法,SkE 不仅能够提取出与被检索名词术语发生关系的名词,而且还可以按照所属概念关系对这些名词进行分类,一目了然地展示了围绕名词术语形成的各种基本概念关系。SkE 归纳了围绕 front 形成的九种具体的概念关系,图 5-3 汇总了其中四种概念关系:

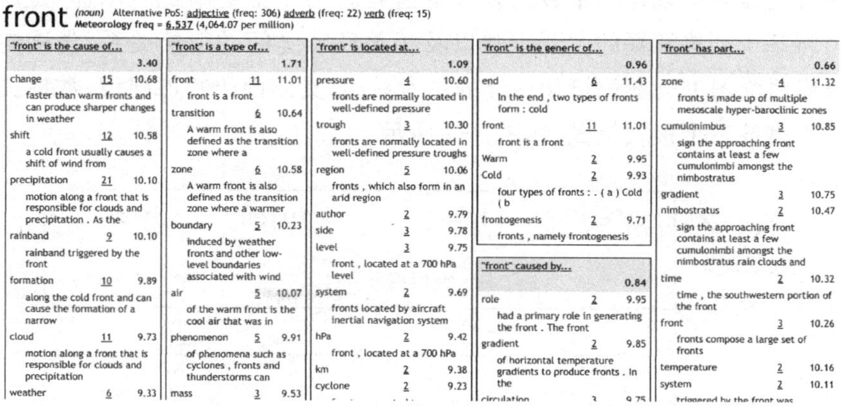

front *(noun)* Alternative PoS: adjective (freq: 306) adverb (freq: 22) verb (freq: 15)
Meteorology freq = 6.537 (4,064.07 per million)

"front" is the cause of... 3.40

change	15	10.68

faster than warm fronts and can produce sharper changes in weather

shift	12	10.58

a cold front usually causes a shift of wind from

precipitation	21	10.10

motion along a front that is responsible for clouds and precipitation . As the

rainband	9	10.10

rainband triggered by the front

formation	10	9.89

along the cold front and can cause the formation of a narrow

cloud	9	9.73

motion along a front that is responsible for clouds and precipitation

weather	6	9.33

"front" is a type of... 1.71

front	11	11.01

front is a front

transition	10	10.64

A warm front is also defined as the transition zone where a

zone	6	10.58

A warm front is also defined as the transition zone where a warmer

boundary	5	10.23

induced by weather fronts and other low-level boundaries associated with wind

air	5	10.07

of the warm front is the cool air that was in

phenomenon	5	9.91

of phenomena such as cyclones , fronts and thunderstorms can

mass	5	9.53

"front" is located at... 1.09

pressure	4	10.60

fronts are normally located in well-defined pressure

trough	3	10.30

fronts are normally located in well-defined pressure troughs

region	6	10.06

fronts , which also form in an arid region

author	2	9.79
side	3	9.78
level	3	9.75

front , located at a 700 hPa level

system	3	9.69

fronts located by aircraft inertial navigation system

hPa	2	9.42

front , located at a 700 hPa

km	2	9.38
cyclone	2	9.23

"front" is the generic of... 0.96

end	4	11.43

In the end , two types of fronts form : cold

front	11	11.01

front is a front

Warm	2	9.95
Cold	2	9.93

four types of fronts : . (a) Cold (b

frontogenesis	2	9.71

fronts , namely frontogenesis

"front" caused by... 0.84

role	2	9.95

had a primary role in generating the front . The front

gradient	2	9.85

of horizontal temperature gradients to produce fronts . In the

circulation	2	9.75

triggered by the front was

"front" has part... 0.66

zone	4	11.32

fronts are made up of multiple mesoscale hyper-baroclinic zones

cumulonimbus	2	10.85

sign the approaching front contains at least a few cumulonimbus amongst the nimbostratus

gradient	2	10.75
nimbostratus	2	10.47

sign the approaching front contains at least a few cumulonimbi amongst the nimbostratus rain clouds and

time	2	10.32

time , the southwestern portion of the front

front	3	10.26

fronts compose a large set of fronts

temperature	2	10.16
system	2	10.11

triggered by the front was

图 5-3　名词术语 front 的概念关系搭配素描

从图 5-3 可知，与 front 形成概念关系的名词按照关系类型被分为"front 引起……""front 是……一种""front 位于/发生于……""front 可分为……""front 的组成部分有……"和"front 由……引起"六类，每个词语分别给出了出现频次、关系强度以及包含该组合的典型短语。与对搭配信息的显示一样，用户可以点击 SkE 列出的名词，直接阅读所有包含该词的索引行，以获取更多的语境信息，对概念关系做出更准确的判断。比较而言，使用 SkE 提取概念关系是对词汇素描功能的实验性拓展，还处在起步阶段。据莱昂-阿劳斯和圣马丁（León-Araúz & San Martín 2012）的评估，SkE 提取概念关系的准确率还有待提高，返回的数据还存在较大噪声。尽管如此，SkE 在富知识语境检索方面具有独特的优势，极大地方便了编者从语料库中获取英汉专科学习型词典语境化设计中不可或缺的各种概念或语义关系。

5.4　英汉专科学习型词典语境化设计的技术模型

从前述几节的讨论可知，英汉专科学习型词典的语境化设计以语料库的建设和信息提取为主要技术特征。作为词典编纂最重要的资源之一，语料库可以为词典编者提供多种类型的一手数据，其建设亦需要考虑多重因素，其应用更是涉及多种技术和工具。此外，从语料库中获取的词典数据还需要与英汉专科学习型词典语境化设计的其他环节进行对接，最终根据词典文本的结构特点转化为各种信息类型。因此，英汉专科学习型词典语境化设计的技术实现是一个较为复杂的过程。为了更清晰地展示这一过程，本节将基于词典编纂的主要步骤以及相关环节之间的衔接关系，尝试构建英汉专科学习型词典语境化设计的技术模型，具体由语料库建设、数据提取和文本表征三个板块组成，如图 5-4 所示：

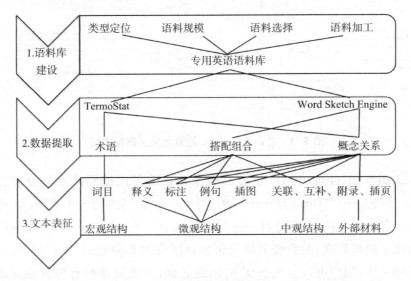

图 5-4　英汉专科学习型词典语境化设计的技术模型

（一）语料库建设是技术实现的准备阶段。这一板块包括类型定位、语料规模、语料选择和语料加工四个方面。其中，语料库的类型定位是大前提，为其他工作的展开奠定了基础；确定语料规模决定了建成的语料库是否能够满足英汉专科学习型词典的编纂要求；语料的选择则关乎从语料库中提取的数据是否具有合理性；语料的加工既保证了软件对语料统计的准确性，也使词典编者能够对数据做出更全面的解读。

（二）数据提取是技术实现的实施阶段，集中体现了词典编纂的技术特征。就本研究而言，该环节主要指利用两款软件从专用语料库中提取对英汉专科学习型词典复合语境建构不可或缺的三类数据。其中，TermoStat 主要用于从专用英语语料库中提取术语，该软件也可以用于提取部分语义关系类型；Sketch Engine 主要用于提取搭配组合以及基于知识型式提取概念或语义关系。

（三）文本表征是技术实现的应用阶段，把提取到的数据转化成词典文本能够容纳的信息类型（参见本书第六章）。在前述三种数据中，术语被用作宏观结构层面上词目选择的基础。搭配组合不仅为微观结构层面上释义和标注的撰写以及例句和插图的选配提供了素材，而且还是中观结构层面上重建词目之间的谓词-论元(predicate-argument)关系的依据。语义或概念关系则集中体现了英汉专科学习型词典的认知功能,不仅为微观结构中所有信息类型的构建提供了数据支撑,而且还是词典文本的中观结构以及附录和插页所表达的重要内容。

上述三个板块之间既彼此独立,又前后承接:语料库建设为数据提取做了基础的准备工作,数据提取为文本表征提供了加工素材和证据支撑,文本表征是否成功既取决于语料库的构建是否合理,也与数据提取的准确度和相关度息息相关。三个板块缺一不可,最终从技术上把抽象的复合语境转变为能够满足用户查询和学习需求的具体文本。

5.5　小结

第四章分析了英汉专科学习型词典复合语境的构成要素,为确定语境化表征需要的核心数据类型指明了方向。本章回答了如何从技术上为语境化设计做好准备,结合气象学学科探讨了专用语料库的创建以及核心数据类型的提取。

数据为词典设计提供了依据,决定了词典质量是否可靠。词典、内省、引例是获取数据的传统方式,在词典编纂中依然发挥着不可替代的作用,互联网、语料库等新兴的数据获取来源是传统方式的补充,在词典中正发挥越来越重要的作用。语料库不仅能够对从词典中获取的二手数据进行验证,而且能够为编者提供真正意义上的词典依据,有别于内省方式获取的证据,同时又能弥补引例库和互联网的不足,代表了词典学技术发展的未来方向。

语料库的建设是从语料库中提取可靠数据的关键。为了建设面向英汉专科学习型词典语境化设计的语料库,词典编者需要首先在语料库分类体系中为专用英语语料库定位以明确其类型特征,然后根据语料库的建设目的和涉及的主题范围确定语料的大致规模,根据数据提取中出现的新情况向语料库中添加新语料。为了保证语料库的代表性,词典编者还需要根据专业交际的特点和学科的内部构成确定语料选择的标准。最后在使用语料之前,还应该对收集的文本进行必要的格式转换、内容清洗以及信息标注等处理。

术语、搭配组合和概念或语义关系这三类数据是表征复合语境各要素、撰写词典信息的基础。为了从语料库中提取这些信息,英汉气象学习词典的编者不仅可以借鉴语料库语言学(Corpus Linguistics)的研究成果,而且还需要应用计算术语学(Computational Terminology)的相关研究成果和工具。使用术语研究工具 TermoStat 可以从语料库中提取术语，在收词立目方面为词典编者提供参考；词典编纂辅助工具 Sketch Engine 在获取与术语相关的搭配和概念关系方面具有独特的优势，可以大大减轻词典编者获取相关信息的工作量。

英汉专科学习型词典复合语境的构建和表征过程是一个包括语料库建设、数据提取和文本表征三个板块在内的技术实现过程。其中，语料库建设是技术实现的准备阶段，数据提取是实施阶段，文本表征是应用阶段。它们之间既彼此独立，又前后承接，每一个板块都构成了语境化设计的整个技术实现过程中不可或缺的一环。

本章探讨了数据提取的来源和手段，为英汉专科学习型词典语境化设计做了必要的数据准备。如何把获取的数据最终变成可为词典用户使用的信息类型，最终还有赖于英汉专科学习型词典语境化设计的文本表征。

第六章　英汉专科学习型词典语境化设计的文本表征

本书第五章探讨了如何创建专用语料库，从中提取重要的数据类型，以及如何在这些数据类型与英汉专科学习型词典语境化设计的信息类型之间初步建立对应关系。本章将继续以气象学为例聚焦英汉专科学习型词典语境化设计的文本表征，具体讨论如何把复合语境要素转换成词典文本能够容纳、词典用户能够使用的信息类型。本章6.1节将重点从宏观结构、微观结构和外部材料等三个层面探讨英汉气象学习词典复合语境要素表征的信息类型。其中宏观结构层面上的信息类型主要涉及词目的种类和范围（6.1.1）。微观结构层面上的信息类型比较复杂，主要包括左项中的拼写、发音、词类和屈折变化等形式描写信息和右项中的标注、释义、例句和插图等语义描写信息（6.1.2）。外部材料中的信息类型涉及学科导引、整页插图、语言提示、专题研究、词素汇总、云的分类及风力等级等功能类信息（6.1.3）。本章6.2节将探讨英汉气象学习词典复合语境要素表征的信息互补性与关联性。其中信息互补性部分重点关注词条之间以及词条与外部材料之间的信息互补性（6.2.1），信息关联性主要是指词目之间和义项之间的信息关联性（6.2.2）。本章6.3节将探讨复合语境要素表征的信息便查性和易读性，其中信息的便查性部分将重点探讨宏观结构和微观结构层面上的信息布局（6.3.1），信息的易读性部分主要考察其实现的间接手段和直接手段（6.3.2）。本章6.4节将考察英汉气象学习词典复合语境要素表征在词典文本中实现的可行性，首先选取典型词目设计样条，把复合语境要素转化为具体的词典文本（6.4.1），以样条为例编写发放问卷，了解目标用户对词典文本的认可度（6.4.2）。

6.1 复合语境要素表征的文本结构和信息类型

如第四章所述,英汉专科学习型词典的认知和交际双重功能需要借助复合语境来实现。然而,认知语境和交际语境的构建是对术语或专业词汇在自然语言中的各种语境要素的概括和总结,是一种功能潜势(function potential),要把潜在意义上的认知功能和交际功能转化成现实中的功能,离不开编者在词典文本中对认知语境和交际语境的构成要素进行表征(representation)。具体而言,词典编者应该充分考虑词典文本的设计特点,把认知语境的宏观层面和微观层面以及交际语境的组合维度和聚合维度转换成能够满足词典用户需要且为词典文本容纳的信息类型,并把它们融入词典文本结构中。

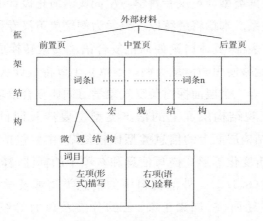

图 6-1　词典文本结构

与其他文本类型相比,词典文本的最大特点是有着明显的结构层级性。现代词典学理论一般把词典视为一个由框架结构(frame structure)或总观结构(megastructure)、宏观结构(macrostructure)、外部材料(outside matter)和微观结构(microstructure)形成的三层结构文本[①],如图 6-1 所示(Hartmann 2001:59)。

---

① 斯文森(Svensén 2009:77)分辨出了七类词典结构,即框架结构、宏观结构、微观结构、分布结构(distribution structure,指因信息分布在不同结构组件中而形成的词典结构)、中观结构(mediostructure,也称互参结构,指能够把词典用户由词典中甲位置导向乙位置以获取更多信息的词典结构)、索引结构(access structure,指能够把词典用户导向目标信息的词典结构)和指向结构(addressing structure,指因词典文本要素之间评述和被评述关系而形成的词典结构)。斯文森认为前三者构成词典结构的主体,都有独立的文本层次与之对应;后三者往往涉及多个文本层次并横跨前三个结构。鉴于此,本章 6.1 节对词典信息结构的探讨主要围绕前三者展开,6.2 节和 6.3 节虽然提及后三者,但并不对它们展开专题论述。

如图 6-1 所示,框架结构是指词典知识的组织形式或布局,包含宏观结构和外部材料,在词典文本的层级结构中处于顶层。宏观结构和外部材料处于层级结构的中间层。其中宏观结构是词典框架结构的主干部分,指按一定排检方式对词典所收录的全部词目及词条进行合理布局和编排的框架。(章宜华、雍和明 2007:41-42)微观结构在词典文本层级结构中处于底层,指宏观结构中各词条内部的信息组织结构。在微观结构中,词条信息是分层次逐步展开的,其基本结构由"形式描写"和"语义诠释"两部分组成,二者都可以看作就词目引出的"主题"所作的"评论"。(雍和明、彭敬 2013:117)微观结构把词目的相关信息组织起来形成词典的基本单位——词条,宏观结构则把众多词条联结在一起,二者分别从横向和纵向两个维度把词典信息交织成一个连贯的整体,从而形成词典的主体结构——词典正文。外部材料则是词典正文之外的辅助信息,通常被置于正文之前或之后,有时还穿插于正文之中,分别被称为前置页、后置页和中置页。

从上文对词典结构的描述可知,框架结构是构成词典文本各部件的总和,处于词典结构的顶层,并不涉及具体的信息类型;宏观结构处于中间一级,主要涉及词目的选择;外部材料与宏观结构处于同一级别,包含了词典正文之外的辅助信息;微观结构处于词典文本的最底层,涉及的信息类型既复杂又重要,几乎包含所有与词目有关的形式和语义信息。由此可见,词典文本能够容纳的信息类型因层级结构而互不相同,其层级越高,涉及信息类型越笼统或单一,反之则可能更加具体或多样。因此,只有结合词典文本的层级结构才能对词典的内容特征做出较为全面的描述。本节将从宏观结构、微观结构和外部材料三个方面对用以表征英汉气象学习词典复合语境要素的信息类型展开探讨。

6.1.1　宏观结构中的信息类型

宏观结构属于词典结构的中间层级,具有承上启下的作用,因而被视为词典正文的脊柱和微观结构的支撑框架(章宜华、雍和明 2007:52,41),是词典中唯一不可或缺的结构组件(Svensén 2009:379)。然而,宏观结构在多大程度上能够发挥上述功能,首先取决于收录了什么样的词目。因此,词典学界都比较重视对词目及其选择的研究。例如,兹古斯塔(Zgusta 1971)、黄建华(1987:53)、杨祖希和徐庆凯(1991)、雍和明和彭敬(2013:157-161)、文军(2006)、斯文森(Svensén 2009)、李明一和周红红(2011)等分别从词目的特点、类型等角度对这一问题进行了探讨。在相关研究中,阿特金斯和朗德尔(Atkins & Rundell 2008:178)论述最为全面。他们用图 6-2 展示了影响词典词目选择的各种因素:

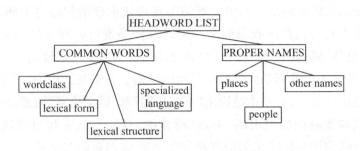

图 6-2　影响词目选择的各种因素

由上图可知,阿特金斯和朗德尔把词目分为普通词汇和专有名词两种。专有名词又进一步分为地名、人名或其他三类。两位学者提醒词典编者在选择普通词汇作为词目的时候应该考虑以下四个方面的因素:(1)词类,即词目选择应该注意名词、动词、形容词、副词、连词、介词、限定词和感叹词等词类。(2)词汇形式,即词目选择应该考虑词汇的地域变体、拼写变体、屈折变化和派生形式。(3)词汇结构,即词目选择应该考虑单词、缩略语、词缀词素和多词表达。(4)词汇类型(vocabulary types),即词目选择需要注意词汇在专业、地域、方言、语体、风格、时间、感情色彩等方面的特征以及词目是否俚语、行话或粗俗语。我国学者黄建华和陈楚祥(1997)、李明一和周红红(2011)还讨论了同形异义和同音异义对词典词目确定带来的问题。

前述因素虽然主要针对普通语文词典或学习型词典,但是其中的一些因素在英汉气象学习词典词目选择过程中也必须加以考虑。例如,就词汇结构而言,英汉气象学习词典的词目不仅包括单词(如 cryology[冰冻学])和缩略语(如 CTH[云顶高度]),还可以收入多词表达(如 cloud droplet[云滴],above the weather[摆脱天气影响])。比较而言,词汇在时间和地域方面的特点与英汉气象学习词典的词目选择关系不大,词汇的感情色彩以及是否属粗俗语则超出了英汉气象学习词典的关注范围。从理论上讲,同形异义和同音异义在气象英汉学习词典中也应该分立为不同词目,但是本书作者在已出版的气象词典中尚未发现同形异义和同音异义现象存在。鉴于本节旨在考察如何在宏观结构层面上通过对词目类型的选择实现对复合语境相关要素的表征,本书作者认为英汉气象学习词典在词目选择方面应该特别注意以下两个方面:

（一）英汉气象学习词典中不同词性条目的收录

塞杰(Sager 1990:114)指出,"专科词典中主要用名词表达概念;即便是在语言中用形容词和动词表达的概念,在词典中常常只能发现这些形容词和动词的名词形式,有些理论家甚至否认存在形容词和动词概念"。布恩迪亚·卡斯特罗(Buendía Castro 2012:149)也注意到"术语学主要关注对名词术语的描写和分析,却不重视对动词和其他类型的词汇单位的描写"。受传统术语定义的影响,在专科词典的词目中,名词词性占了绝对多数。为了弄清楚名词、动词和形容词在英语单语或英汉双语气象词典中的分布情况,笔者就词性对《大气科学名词》和《气象学词集》(*Glossary of Meteorology*)中以字母 a 开始的词目进行了统计,结果如表 6-1 所示:

表 6-1　气象术语词性分布比较

词典名称	名词数目及所占比重	动词数目及所占比重	形容词数目及所占比重	词目总数
《大气科学名词①》	395(100%)	0(0%)	0(0%)	395
Glossary of Meteorology	943(98%)	0(0%)	16(2%)	959

从表 6-1 可知,在《大气科学名词》中,词目是清一色的名词;*Glossary of Meteorology* 虽然收录了少量形容词词目(在总数中所占比重不到 2%),但是同样没有收录动词词目。有理由相信,在以其他字母开始的词目中,动词和形容词的比例同样过低。

传统专科词典编纂偏爱名词词性,忽略动词和形容词词性,这显然难以满足英汉气象学习词典对交际语境和认知语境的表征需求,最终也势必影响其交际功能和认知功能的发挥。首先,形容词和动词是英汉气象学习词典交际语境要素表征不可或缺的信息类型。在组合维度上,动词和形容词与名词之间能够形成搭配关系(例如,形容词 advective[平流的]与名词术语 thunderstorm[雷暴]形成"形＋名"搭配),在聚合维度上与名词(例如,advective 与名词术语 advection[平流])之间又能够形成派生关系。洛姆(L'Homme 2003)批评了专科词典在编纂中因忽略其他词性词目而带来的不一致问题,如收入了名词词目,却遗漏与之含义相同的动词或形容词派生词(例如,收录了 advection,却不收其动词 advect);在多词词目中包含了形

---

① 此处的名词是术语在我国的传统叫法,意为用于命名的词(naming words),与语法研究中的名词(nouns)不同。事实上,词典名称恰恰反映传统研究对术语的狭隘看法:术语被限制在名词词性这一狭小的范围内,名词因而几乎成为术语的别称。

容词,但是并不把形容词单独立目(例如,把 advective thunderstorm 立为词目,但是并未把 advective 立为词目)。英汉气象学习词典在宏观结构层面上增收动词和形容词词目,不仅可以避免收词立目中的不一致问题,而且为在微观结构层面上表征交际语境的组合维度和聚合维度提供了前提。其次,形容词和动词还是英汉气象学习词典认知语境要素表征不可或缺的信息类型。概念通常被分为实体、属性、状态、事件等类别,但是传统术语学在表征这些概念时没有充分考虑各类型之间的差异,往往偏好使用名词表征所有的概念。然而,某些动词和形容词从直觉上讲与属性、状态、事件等概念类型的关系更直接,是这些概念更理想的语言指称(例如,动词 evaporate 比名词 evaporation 能够更好地指称"蒸发"这一事件概念),至少应该像名词一样参与对概念的指称。洛姆(L'Homme 2010:142;2015:78)还认为动词和形容词等谓词(predicative units)不仅在知识交流方面是不可或缺的,而且其论元结构本身就是知识结构的一部分。例如,thaw 的论元结构包含施事 warming 和受事 permafrost,反映了 warming 和 permafrost 之间的概念关系,能够补充传统的层级概念结构。因此,在宏观结构层面上增收动词和形容词词目可使英汉气象学习词典更全面地表征实体以外的其他概念类型。

在名词以外的词性中,动词特别值得词典编者的关注。"动词可被视为语言中最重要的词汇和句法范畴……为句子提供了关系和语义框架"[1](Fellbaum 1990:278),因而是学习型词典重点描写的对象。然而,从前述对三种词目词性的统计中可知,动词在气象词典所收词目中占的比例严重偏低,这与动词在语言编码活动中发挥的重要作用极不相称。洛伦特(Lorente 2002,转引自 Buendía Castro 2013:370-371)把专业语言中的动词分为四种类型:论述动词(discursive verbs),与文本功能、言语行为、语篇的结构和目的以及研究方法紧密相关,是专家用以专业交际的元语言,如 describe、convince、analyze 等;连接动词(connective verbs),连接两个语言指称,用以表达属性、相同(或近似)、依靠等关系,如 seem;短语动词(phraseological verbs),用以在专业文本中表达行为、过程和状态,虽然其意义与在普通文本的用法没有什么不同,但正是与术语之间的共现关系赋予它们专业特色,例如 generate energy 中的 generate;术语动词(terminological verbs),是指含义与专业领域直接相关的动词,通常与名词

---

① 原文:Verbs are arguably the most important lexical and syntactic category of a language … The verb provides the relational and semantic framework for its sentence.

或形容词术语相关,例如前文提到的 supercool,与 supercooling 就存在派生关系。后两类动词由于与名词术语之间存在组合或派生关系而受到描写术语学的重视,开始被专科词典选为词目。本研究认为前两类动词虽然不表达专业含义,但是对用户的专业语言编码活动而言十分重要,因而应该为英汉气象学习词典所收录。由于这两类动词在普通学习型词典中已得到详细描述,专科学习型词典在借鉴相关成熟经验的同时,仅需保证其信息类型的专业相关性,下文对这两类动词将不做专门论述。

(二) 英汉气象学习词典中知识系统性相关条目的收录

专科词典的收词应该具有很强的学科性和很高的系统性,以确保学科的知识体系能够整体地、全面地呈现给用户。(雍和明、彭敬 2013:251)这里的系统性是英汉气象学习词典认知语境最突出的特点,不仅表现为宏观层面上的学科分支构成以及各分支之间的关系,而且在微观层面上的概念系统中也有体现。就英汉气象学习词典而言,可以通过宏观结构层面上的选词立目对学科知识的系统性进行表征。首先,英汉气象学习词典在收词方面需要兼顾气象学的各个分支。气象学可以被分为大气、大气探测、大气物理学、大气化学、动力物理学、天气学、气候学、应用气象学等八个相互关联的学科分支[①]。英汉气象学习词典的收词应该在气象学各个学科分支之间基本保持平衡。虽然与天气和气候相关的一些专业词汇普通大众有所耳闻,但其在气象文本中的专业内涵和特殊用法还需要在英汉气象学习词典中进一步得到明确。大气化学、动力物理学等学科对初学者而言相对陌生,但是对气象学的知识体系构建不可或缺,因而也应该收入。其次,在概念系统中处于同一级别的专业概念彼此之间形成对照或同位关系,这些专业词汇都应该被英汉气象学习词典收入。例如, troposphere(对流层)、stratosphere(平流层)、mesosphere(中间层)和 thermosphere(热层)与 atmosphere(大气层)之间是部分—整体的关系,troposphere、stratosphere、mesosphere 与 thermosphere 之间就形成了同位关系。同位概念以及与其紧邻的上位概念共同形成了一个微型的概念系统,反映了微观层面上认知语境的体系性。从理论上讲,只要收入这一微型系统中的任何一个词语,都不应该忽略属于同一系统的同位和紧邻的上位词语。例如,如果词典收录了 troposphere,那么也应该收入其上位词语 atmosphere 和其他三个同位词语,以确保微观认知语境在词典文本表征中的完整性。

---

① 此处参考了《大气科学名词(第 3 版)》对气象学学科的划分。

以上主要讨论的是气象学学科内的词汇收录问题。英汉气象学习词典还涉及学科外的词汇问题。由于学科之间的交叉和融合,专业领域中不可避免会出现一些跨学科词汇,使得甲学科和与其邻近的乙学科在专业词汇方面难以截然分开。实际上,学界对于在专科词典中是否需要收入某一学科之外的词汇已有不少讨论。例如,文军(2006:123)认为专科词典应该收录那些不属于某一具体学科但是具有属于某一学科的独特义项的科学通用术语。皮尔逊(Pearson 1998:87)则把这类在所有或多数学科中通用的词汇称为次科技术语(sub-technical terms),主张不管这些词汇是否为某一学科特有还是也使用于其他领域,都应该收入专科词典。徐庆凯(2011:51)也指出学科之间的交叉关系错综复杂,一般说来,某一学科的词典宜酌收与本学科关系特别密切的交叉学科中的重要词语。这些认识对英汉气象学习词典的词目选择也有启发。气象学最初以大气的热、电、光、声等现象及其大气的运动等物理问题为主要研究对象。受人类活动对大气产生的影响,出现了较严重的大气污染,大气构成成分及其变化等化学问题也开始引起人们的注意。与其他自然学科一样,数学理论和知识在气象学研究中同样发挥了重要作用。例如,测算降雨量、预报台风都需要使用数学方法。此外,天气的变化趋势和气候的分布特点与地理、水文和海洋等学科知识也密切相关,气象学与地球科学的其他二级学科在研究对象方面因而存在一定程度的重合。因此,英汉气象学习词典在气象学词汇之外还应该收录一定量的数学、物理和化学等常用的基础科学词汇以及地理学、水文学和海洋学等学科的高频词汇。最后,受术语化(terminologization,即普通词语转化为专业术语)和去术语化(determinologization,即专业术语转化为普通词语)的影响,加之专业词汇和普通词汇在组合和聚合维度上存在着各种各样的关系,两类词汇之间有时难以分开。贝延霍尔茨和塔普(Bergenholtz & Tarp 1995:103)肯定了在专科词典中收入普通词汇的重要意义,认为如果词典用户对语言不够精通,在表达和翻译中使用普通词汇(common words)就会出现问题。因此,英汉气象学习词典还可以酌情收入一定量的学术词汇(如前文提到的论述动词和连接动词),以满足词典用户的交际需求。

6.1.2 微观结构中的信息类型

微观结构即词条结构,处于词典结构的底层。一般来讲,用户以宏观结构的词目表为词典查询的起点,以词条中的某(几)项具体信息为查询的终点。从这个意义上讲,词条才是词典信息真正意义上的承载主体。与整个词典文本结构一样,微观结构中的词条信息也是逐层展开的。其基本结构由"形式描写"(formal comment)和"语义诠释"(semantic comment)两部分组成,都可以看作就词目引出的"主题"所做的"评述"。(转引自 Hartmann 2001:60)形式描写部分提供词头的基本信息,包括拼写、词法、句法、语音等信息范畴,所以也叫作词头注释;语义诠释部分涉及的内容则包括释义、用法、注释、词源等信息范畴,释义信息还辅以例证,以显示使用语境或帮助用户理解释义。(章宜华、雍和明 2007:59)为了行文方便,本研究把形式描写称为词条的左项(left-core formal comment),把语义描写称为词条的右项(right-core semantic comment)。① 与宏观结构层面上的词汇列表一样,微观结构层面上的信息左右布局是词典结构特殊性的又一重要体现,把词典文本与其他文本类型进一步区分开来。虽然各类词典都遵循这一结构布局,但是在信息类型的取舍方面又各不相同,从而导致词典之间和词条之间的繁简差异。英汉气象学习词典的词条结构同样呈左右布局,其信息内容亦可以分为形式和语义两类,在涉及的信息类型方面与其他词典之间既有共同之处也有自己的特色。

(一)词条左项中的形式信息

众所周知,语言符号是能指和所指的对立和统一,具有形式与内容的双重要素,二者缺一不可。其中的能指或形式不仅指语词的发音,也指其书写。可以看出,词典学把词条结构分为形式描写和语义描写两个部分,与索绪尔对语言符号能指和所指的二元论述有着共通之处,显然是受到了后者的启发。只不过词典学中的形式描写不仅包括词目的发音和拼写(包括屈折变化形式),还涵盖了其语法属性——词类。英汉气象词典在形式描写方面与其他词典类型基本相同,但是在具体的细节上又有着自身的特殊性。

1. 拼写 在形式描写中,拼写是直接通过词头体现出来的。词头是词条不可或缺的组成部分,拼写因而成为各类词典中最普遍的信息。拼写(有时包括词目的替换形式或异体形式)是词典使用者在阅读和书写时遇到的首要问题,也是词典编纂中最为复杂的一项任务,这是因为大部分单词的拼写是无章可循的,没有一个固定的模式或体例。(姚喜明、张霖欣 2008:

---

① 词典微观结构传统上分为左项和右项,前者指词目,后者指释文(黄建华、陈楚祥 1997:47)。这种看法没有考虑除拼写外的发音、词性等信息,适用于信息类型有限的双语词汇对照型和单语概念解释型专科词典。下文将采用这两个术语,但是拓展其内涵和外延,将其与哈特曼(Hartmann 2001:59)提出的 left-core formal comment 和 right-core semantic comment 分别对应。

81)在提供拼写知识方面,英汉气象学习词典还可以更好地满足学习者的使用需求。在气象英语专业词汇中,有相当一部分包含拉丁语或希腊语词根或词缀。英汉气象学习词典应该以简洁的方式补充构词信息,把这类词汇分解为词素,在词汇的拼写和语义之间架起一座桥梁。例如,acclimation(气候适应)的拼写就可以做如下分解:ad(=ad)朝向+clim 倾向,趋向+ation 行为,结果→倾向于某种外部条件。在词典中提供这样的知识能够引起学习者的兴趣,有助于他们在语言学习过程中形成词汇推理能力(赵彦春 2003:196-198)。

2. 发音　英语词目的拼写形式与其发音之间并无一一对应的关系,用户难以根据词目的拼写推知其发音。因此,在英语或英汉词典中为词典用户(尤其是外语学习者)提供发音已经成为一种惯例。然而,专科词典通常仅关注书面语言,略去注音几乎成为该类词典的编纂标准。值得注意的是,用户不仅需要语音知识(如音节的划分)辅助词汇记忆,而且在口头交流(如学术讲座、研讨和教学)中直接用到专业词语的语音。(Bergenholtz & Tarp 1995:135)因此,英汉气象学习词典也应该为词目(尤其是长且难读或在专业文本中发音特别的词汇)提供发音。例如,derecho(风雷、雷暴)这个英语术语源自西班牙语,很可能对我国的气象英语学习者造成一定的听读障碍,需要在词条中标出其语音。此外,音节可以帮助词典用户剖析单词结构,帮助他们发音和记住拼写形式(李明一、周红红 2011:63)。鉴于此,英汉气象学习词典还应该对多音节词目进行音节划分,在拼读和拼写方面为词典用户进一步提供帮助。

3. 词类　在词典中,词类信息通常被置于语音之后。收录该类信息的意义"不是为了在某种理论分类体系中对词头进行定位,而是描述其语法属性,调动读者对语法规律性的认知"[①](Svensén 2009:136),这对词典用户的解码和编码活动都具有一定的参考价值。例如,若非特别说明,标出aerosol(气溶胶)的词性为 n. 就意味着用户可以推知该词前边可以有冠词,可能有复数形式,可以做主语或宾语等等。但是词类信息在专科词典中却几乎难觅踪影,这很可能是因为专科词典仅收或主收名词词目,认为词性标注的区分意义不大。英汉气象学习词典的词目兼顾名词、动词和形容词等多种词性,因而有必要像普通语文词典和普通学习型词典那样标出词目的

---

① 原文:The main function of the indication of part-of-speech membership is not to specify the place of the lemma in a theoretical classification scheme. Instead, it provides information about the grammatical properties of the lemma, calling on the user's knowledge of regularities in the grammar of the language concerned.

词性。

4. 屈折变化形式　如果词头有不规则变化形式,那么词典还应该在词类信息之后列出词目的屈折变化形式,即名词的复数形式、动词的各种变位形式以及形容词的比较级和最高级形式。就解码而言,收入此类信息可使用户基于屈折变化查找词语原形,获取与该词有关的信息;在编码活动中,这类信息则使用户能够基于词语原形查找其屈折变化,在文本中以正确的形式使用该词。(Svensén 2009:124)解码和编码是英汉气象学习词典交际功能的重要体现,因而有必要在词条中提供词目的屈折变化信息。

(二) 词条右项中的语义信息

语义是人文社会科学中最具挑战却又最有魅力的研究课题之一。语义学家们各自从不同的研究视角寻求该问题的答案,形成了语义学的指称论、观念论、行为论、使用论、情景论和真值条件论等主要研究流派(章宜华2002:3)。尽管学界从没有停止对语义的追问,但是迄今尚未形成一个为各方接受的权威定义。语义研究之所以困难,不仅与自然语言产生的多元基础相关,还因为自然词汇语义的产生和演变有着复杂的生理机制和特点,并受到自然语境、文化语境和认知心理语境等多重语境的制约(魏向清 2005:44,49)。语义的复杂性还与其跨学科的特点有关:语义不仅仅是语言学的研究课题,而且还是哲学、逻辑学、数学、心理学、文学、人类学、社会学、宗教学和法律学等学科的研究对象。语义的复杂性使学者认识到多视角研究的重要性。英国语义学家利奇(1998:13-27)把语义划分为理性意义、内涵意义、社会意义、情感意义、反映意义、搭配意义和主题意义等七个类别。哈曼(Harman 1999:157-159)提出了三个语义层次,即(1) 语义的基本概念层次;(2) 语义的交际思维层次和(3) 语义的语用目的层次,并指出第一层次是基础,第二层次以第一层次为前提,第三层次以前两个层次为先决条件。我国学者张志毅和张庆云(2001)在梳理西方语义理论基础上,提出了自己的词义新论,即"词义七因素说"(即音、音象、普通义位、学科义位、物象、物性和物)。这些有关语义类型、层次或因素的探讨都表明语义从来都不应该是单维度的。

语义同样是词典学研究的重要课题,这是因为"词典编纂者所有的裁夺,几乎都与在词典中如何处理词义有直接、间接的关系……"(兹古斯塔1983:21)。这也是为什么词条的右项被视为"衡量一部词典编得成功与否的重要标志,也是词典编者最需要'精耕细作'的一块土地"(黄建华、陈楚祥1997:47)。兹古斯塔(1983:344-345)还指出,"……词汇意义的所有问题是多么复杂,而弄清这些问题又是多么困难。毫不奇怪,想用一种简单方式编写出来不是那么容易。描述词汇意义的基本手段有:(1)词典定义,(2)在同义词系统中所处的位置,(3)举例,(4)注释"。章宜华和雍和明(2007:127)也认为词典编纂的主要任务就是揭示和表述语言符号的意义信息。鉴于语词的意义是一个复杂的语言特征集合,两位学者提出了多维释义的主张,即在多维释义的框架下全方位地揭示语义表征成分,详尽地表述被释义词的各种语义属性和区别特征集,包括形态特征、概念特征、语法特征、语用特征以及多种附加语义特征等(章宜华、雍和明 2007:230)。由此可见,释义虽然是词典微观结构中的核心内容,但并不是表征语义的唯一信息类型。句法、标签、释义、注释、用法说明、例证、插图等都能够对释义形成重要补充,同样可以参与微观结构对词目的语义描写。长期以来,气象词典仅把学科专家作为服务对象,导致其微观结构中的语义描写信息类型颇为单一,通常仅包括释义或翻译。为了更好地表征复合语境并发挥认知和交际功能,英汉气象学习词典对词条的语义描写至少还应该包含标注、释义、例句和插图等信息类型。

1. 标注

从广义上讲,标注(glossing)是指词条中任何能够强化、限制或/和补充词义的说明性文字,其内容可简可繁,形式上可以仅包含一个词或缩略语(即标签[label]),也可以是几句话(注解[note])。雍和明和彭敬(2013:171-175)指出词典设置标注的目的是向词典用户传达语言用法信息,其设置应该考虑时间、频率、地域、专业、情感、语体和文化等七个方面。如前所述,英汉气象学习词典属文化无关型(culture-independent)专科词典[①],不收录已经淘汰或废弃的专业词汇和用法,也不涉及感情色彩和文化联想,因而其标注设置无需考虑时间、情感和文化等因素。英汉气象学习词典虽然重视频率在语义信息选取中的作用,但是也强调知识系统性对频率标准的补充作用;虽然涉及授课和讲座等口头形式,但本质上仍属正式的交际场景;在地域方面一般也仅有美式和英式两种变体。因此,在涉及频率、地域和语体等方面,英汉气象学习词典只需要参考普通学习型词典的标注设置惯例即可。比较而言,学科标签(field label 或 subject label)体现了英汉气象学习词典的特色,而语法信息依然是该类词典研编的短板,本部分将重点考察

---

① 贝延霍尔茨和塔普(Bergenholtz & Tarp 1995:61)把专科词典分为文化相关型(culture-dependent)和文化无关型(culture-independent)两种,前者涉及政治、经济、法律等存在文化或地域差异的学科,后者处理的则是不因国家或地域而改变的自然或科技领域。

这两种标注的设置。

　　在普通语文词典中,使用标签意味着词目在某方面(如地域或时间)偏离了词典所收录的主体词汇,不设置标签则表明词目属标准或通用词汇(Bergenholtz & Tarp 1995:131)。在专科词典中,标签的种类要少得多,其中最常见者当属学科标签。多学科词典设置学科标签的目的是明示词汇的学科来源,单学科词典则"一般不设置学科标签,除非收有词典科目以外学科的词汇"(李明一、周红红 2011:68)。英汉气象学习词典虽然是单学科词典,但有必要设置学科标签,其功能不仅仅是表明词目的学科来源,而且还肩负着从宏观层面表征认知语境的重任。首先,气象学属二级学科,其内部又可分成多个三级学科分支。为相关词目增设学科标签(如大气、大气探测等),可以帮助词典使用者在整个气象学体系中对词目进行准确定位,体现学科的内部系统性。此外,在专业词汇方面,英汉气象学习词典还酌情涵盖相邻的二级学科(如地理、水文等)词汇乃至部分一级学科(如数学、物理等)词汇。设置标签可把气象词汇与非气象词汇分开,从而明确气象学知识结构的内外界限。最后,英汉气象学习词典还兼收常见的科技词汇(如absolute、approach 等),但是并不为这些词目设置标签,以示它们属于通用学术词汇,旨在满足词典用户的表达需求,进一步明确专业词汇和非专业词汇之间的不同。由此可见,是否为词目设置学科标签以及设置什么样的标签都是英汉气象学习词典表征认知语境的重要手段。

　　研究表明,语义建立在语词的特定分布结构上,这个分布结构体现了语词按一定的语法规则构成的语言交际语境或事件意义。因此,语法信息与词典释义的关系十分密切,有些语法因素甚至直接参与了意义的表述,每一语义的实现都有相应的句法规则投射。(章宜华、雍和明 2007:120-121)鉴于此,语法信息是词典语义描写的重要内容。事实上,"在词典中提供语法信息已成为今天的编者不容推卸的责任。这一点做得如何,也是衡量词典质量优劣的标准之一"(黄建华 2001:147)。尽管如此,语法信息却很少出现在专科词典中,在气象词典中几乎处于完全缺失的状态。此种情况可能与学科专家编者没有语言专业背景或对语法不感兴趣有关,也可能仅仅是为了节约词典的空间。(Bergenholtz & Tarp 1995:111-112)前文已经讨论了在英汉气象学习词典中标出词目词类的必要性,但仅仅提供粗线条的语法类别信息还远远不够。雍和明和彭敬(2013:213)指出,"在双语学习词典、积极型词典或生成型词典中,必须尽可能详尽地标注词类次范畴,因为词典用户需要了解词汇语法的基本特征,在实际情景中学习它们的用法"。也就是说,英汉气象学习词典不仅需要标出词目的名词、动词或形容词词性,还应该把这三种词性分为更细的范畴。具体讲,英汉气象学习词典需要标出名词词目是可数还是不可数,集体可数或集体不可数,以单数还是复数形式出现,其后接单数还是复数动词,以及与定冠词、不定冠词还是零冠词连用。对于动词,词典应该说明词目属于哪一类动词(不及物动词、单宾及物动词、双宾及物动词、带复合宾语的及物动词;动态动词还是静态动词)、与什么样的主语或宾语连用以及用于什么句型中。最后,对于形容词词性,英汉气象学习词典同样有必要进一步说明词目是否有比较级和最高级;是否充当表语、前置定语或后置定语。例如,atmospheric 属关系形容词(relational adjective)。跟其他类型的形容词相比,该词不能做表语或补语,不能为程度副词修饰。这些语法信息可以帮助词典用户选择正确的词语形式进行组合,是表征英汉气象学习词典交际语境的重要手段。

2. 释义

如前所述,词典右项是衡量词典质量的关键指标。在词典右项的语义描写中,释义充当了表征语义的核心手段,其他信息类型一定程度上都是对释义的辅助或补充。因此,释义被形象地比作词典的"灵魂",自然也就成为词典学研究的关键议题之一。兹古斯塔(Zgusta 1971)、黄建华(2001:111)、斯文森(Svensén 2009:217)、兰多(Landau 2005:153)、章宜华(2002:64-85)、贝儒安(Béjoint 2010:319)等众多学者对词典释义的类型、模式和原则进行了细致的分析和探讨。在相关研究中,章宜华和雍和明(2007)不仅总结了规定性释义、精确性释义、说服性释义、理论性释义、操作性释义、内涵性释义、外延性释义、指物性释义、词汇性释义和功能性释义等十种释义类型或模式,而且归纳了客观、多维、简化、闭环、范畴、整体、针对、替换等八个释义原则。

除了一般性的讨论外,词典学界也不乏针对具体词典类型的探讨。例如,章宜华(2002:64-85)对积极型词典的释义特征进行了专题探讨,把学习型词典的释义分为四个大类和 15 个小类,系统梳理了学习型词典释义的原则和方法。就专科词典而言,富埃尔特斯·奥利韦拉和阿里瓦斯-巴尼奥(Fuertes Olivera & Arribas-Baño 2008)的研究特别值得一提,他们把专科词典中的释义分为词汇释义、概念释义和百科释义三类,但是认为专科学习型词典应该采用柯林斯词典首创的整句释义。夸瑞(Kwary 2011)的看法有所不同,他认为服务于编码的专科学习型词典宜采用整句式释义,服务于解码的专科学习型词典宜采用可替换式释义。洛姆(L'Homme 2020)把释义长度与目标用户的专业水平联系起来,认为针对外行的定义比针对专家的长,而针对学生的则介于两者之间(参见 2.2.1 一节)。总之,相关的研究成果不可谓不丰硕,词典释义在整个词典学研究中的研究地位也由此可见一斑。

从总体上看,释义研究大多针对单语词典编纂而言,专门面向双语词典的研究还较为少见。释义研究在双语词典编纂中之所以不受重视,是因为"严格地讲,双语词典不涉及释义(definition),不必用释义的形式去分析词目词的语义成分,而是用目标语去翻译原语词(词目词)"(章宜华 2002:63)。兹古斯塔(1983:404)也指出,"双语词典的基本目的是在一种语言的词汇单位与另一种语言的词汇单位之间找出意义相等的对应词"。该论断被反复引用,几乎被双语词典工作者奉为金科玉律,寻找对等词也成为双语词典编纂中压倒一切的核心任务。

然而,语言之间不存在绝对的对等词,这一看法已经被广为接受。雍和明和彭敬(2013:200-202)把语言及其文化间的词义不对等关系概括地分为五大类:(1) 文化不对等关系;(2) 功能不对等关系;(3) 语义不对等关系;(4) 语言外不对等关系;(5) 专业不对等关系。鉴于词汇单位之间复杂的不对等关系,高质量的对译词(尤其是可插入式对译词)固然值得双语词典编者为之"旬月踟蹰",但是通过简单概括的词目翻译求得词汇间的对等的确是一个难以企及的目标。因此,魏向清(2005:96)主张在双语词典编纂中进行译义[①],认为"如果立足于词汇单位语义的系统特征,将两种语言的词汇单位之间的部分对等关系的描述建立在词汇单位的系统层面上,那么这种对应的难度就降低了",而且词汇单位之间的"种种不对等的关系也能通过系统描述得到有效的补充体现",双语词典使用者"对两种不同文化背景的语言中的词汇信息的异同的比较就更清楚了"。

双语词典的"对应词"传统对专科词典的编纂同样产生了重要影响。双语词汇对照型词典是双语专科词典家族中最为常见的类型,可谓是"对应词"传统在专科词典领域最突出的体现。这一类词典的微观结构颇为简单,其语义描写部分往往仅包含词目的外语对译词。英汉气象词典的出版数量不多,都是双语词汇对照型词典。在气象学中,术语词目的翻译一般不受文化因素的影响,其跨语对应程度明显高于普通词汇,词典编者基本上无需处理词汇之间的各种不对等问题。英汉气象学习词典虽然能够找到理想的对译词,却不能停留在双语词典编纂的"对应词"阶段。这是因为汉语虽然是英汉气象词典使用者的母语,但是汉语对译词(如"平流层")与英语词目(如stratosphere)一样都是去语境化了(decontexualized)的语言标签,前者的专

---

① "译义"还可以被理解为"双语词典中用目标语去翻译原语词(即词目)的过程"(章宜华 2002:63)。该观点与本书涉及的"译义"不同。

业概念透明度并不比后者高。对于已经熟知专业概念的气象专家而言,双语对照型词典的确能够帮助他们理解、翻译英语气象文本。但是对还处于学习阶段的非专家用户而言,仅提供英语术语的汉语对译词远远不能满足他们的认知需求。

为了满足非专家非母语用户的特殊需求,英汉气象学习词典还需要在释义中构建或者唤起对理解专业概念不可或缺的知识结构。换言之,词典对专业词语的释义必须经历一个语境化的过程(contextualization),即采用"翻译+定义"的译义方式,在翻译词目的基础上,增加对词目的定义。值得注意的是,在定义中到底应该提供什么信息,如何呈现这些信息则视被定义词目的类型而定。换言之,英汉气象学习词典还要同时遵循语境化(contextualized)和差别化(differential)的释义原则,或者说其释义是差别化基础上的语境化。如前所述(4.2.1),术语可分为非谓词型术语(non-predicative terms,以实体名词为主)和谓词型术语(predicative terms,包括动词、形容词和由前两者派生来的名词)两类,二者涉及的知识结构类型各不相同,释义的语境化方式也存在明显差异。本节将以名词和动词为例分别考察非谓词型术语和谓词型术语的释义特点。

定义是术语学研究的重点内容,被视为术语概念的微型知识表征(mini-knowledge representation),是连接术语和概念的桥梁(Faber & Tercedor Sánchez 2001)。对于术语定义中到底应该提供多少知识,如何呈现这些知识,专科词典学界也有不少讨论。章宜华和雍和明(2007:235)指出,"……交际型专科词典的释义则以释'名'为主,释义主要揭示语词的指称内容——概念,不刻意描述指称对象——客观事物的性质特征……"因此,专科学习型词典对术语的定义应该遵循释义的简洁性(conciseness)原则,即采用简式定义(阮智富 1982:41),点出概念的本质或典型特征即可,无需面面俱到。框架术语学认为术语定义应该至少满足以下三方面要求:(1)明示概念所属范畴;(2)反映概念与同一范畴内其他概念之间的关系;(3)指明概念的本质属性和特征(Faber et al. 2005)。费伯等(Faber, Léon-Araúz & Reimerink 2014:273)认为生成词库理论提出的物性结构为构建定义提供了重要指导,指出形式角色(表现为属—种关系)和构成角色(表现为部分—整体关系)阐明了概念的属概念(genus),因而能够满足术语定义的前两个要求;第三个要求以种差(differentiae)为基础,把被定义概念与同位概念区分开来,可表现为非层级关系,与施成角色和功用角色对应。

物性角色虽然可以帮助确立"属概念+种差"式的定义框架,但是有时候与物性角色相关的概念特征很多,而术语定义只能纳入那些对理解概念必不可少的特征。对释义特征的取舍需要考虑以下两个要素:(1)术语概念在专业域事件中所属的范畴,这决定了概念可以激活什么物性角色。(2)术语概念在概念系统中所处的层级,这决定了什么概念关系可以得到凸显。例如,自然物可以借助形式角色和构成角色加以描写,但是不可以借助施成角色和功用角色加以描写。glacier(冰川)属自然物,因而可以定义为"由被压实的积雪形成的[Made_of,构成角色]、沿着地表缓慢流动的[Attribute_of,构成角色]巨型冰体[Type_of,形式角色]"。而 barometer(气压表)是人造物,在专业域事件中属于工具范畴,形式角色和功用角色对描述该概念都不可或缺。barometer 可分为 mercury barometer(水银气压表)和 aneroid barometer(空盒气压表),二者构成各不相同,上位概念barometer 因而可定义为"用以测量气压[Has_function,功用角色]的仪器[Type_of,形式角色]",以区别于同属工具角色的 thermometer(温度计:用以测量温度的仪器)。下位概念 mercury barometer 的构成就比较具体,可以上位概念为基础,把它定义为"由一根插在水银(液态金属)槽中、内含水银的玻璃管子组成(Has_part,构成角色)的气压计[Type of,形式角色]"。

框架术语学认为属于同一范畴的概念应该遵循同样的定义模板,在定义中反映出对该范畴而言最典型的特征或关系。(San Martín & León-Araúz 2013:3)仍以 barometer 为例,在原型气象事件中,barometer 充当了工具角色,因而在定义中应该指明其功能(即测量气压)。如果 barometer的定义遵循了"属概念+功能"的模板的话,那么也应该以同样的方式定义属于工具范畴的 thermometer(温度计)。从根本上讲,框架术语学并没有抛弃经典的内涵定义方式,只不过强调了模板在定义中的作用,突出了释义的一致(consistency)原则。英汉词典通常采用词典用户的母语——汉语——作为定义语言,这符合释义的简单原则(即词典释义用词应该比被释义词更易于理解,以方便用户把握词目词的意义)。

为了更好地表征认知语境,英汉气象学习词典对词目的定义还应该适当兼顾释义的闭环(closeness)原则。闭环原则是指词条右项释义中使用的词应该出现在词典左项的宏观结构中,从而在词典中构建一个封闭的释义网络,以方便用户进行循环查询(Landau 2005:160;章宜华、雍和明 2007:231)。然而,闭环效果在英汉气象学习词典中无法直接得到体现:一方面,受到学科范围的限制,词典不可能把所有的释义用词都立为词目;另一方面,如果以汉语为定义语言,那么定义中的汉语词语就不可能直接收入由英语词目构成的宏观结构中。为了克服上述困难,英汉气象学习词典可以标出汉语定义中的英文对译词。例如,在 barometer 的定义"能够测量气压的仪器"中,"气压"也是一个重要的专业术语,与"气压表"是测量和被测量的关系。英汉气象学习词典可把 barometer 译义为"气压表(能测量**气压**[atmospheric pressure]的仪器)"。改进后的定义增加了"气压"的英文对译词,旨在提醒词典用户可以在词典中进一步查询这个术语的定义,这不仅体现了术语之间的概念关系,而且在认知语境层面上实现了词典释义的闭环效果,因而比纯汉语定义更能满足词典用户对概念知识的需求。

在释义中,编者不仅需要考虑用户需求和编纂宗旨,而且还应该考虑释义对象之间的差异,这就是释义的针对原则。上述"属＋种差"的定义模式虽然对动词术语也有一定的参考价值,但是又有着明显的局限性。动词术语可以被看作基础动词的下义词(hyponym)或方式词(troponym),可采用"基础动词＋区别或限制性特征"的定义模式,即在后者基础上对词义进行必要的限制。例如,通过在 move(移动)词义的基础上对运动的方式做出进一步说明,可获得动词术语 advect 的定义,即可把 advect([使]平流)定义为 move horizontally。虽然动词之间的层级关系与名词之间的"属—种"(hyponymy)或"整体—部分"(meronymy)关系有类似之处,却无法通过在动词之间建立起层级树状结构,对动词之间的概念或语义关系进行表征。(Fellbaum 1990:283-85)从这个意义上讲,传统术语学借助概念在知识结构中的位置确定词语的术语资格,参照该位置定义术语指称的概念,这种方法虽然可用于名词术语的释义,却不适用于动词术语。

洛姆(L'Homme 2015:78)指出,由实体概念形成的层级树状表征并不是知识结构的全部,主张把术语扩展到动词和形容词等谓词型词类,认为它们在专业交际中发挥了积极作用,也是知识结构的重要组成部分,应该通过描写论元结构来解释它们在专业文本中的含义。例如,当 advect 被用作不及物动词时,可翻译为"平流移动",定义为"气候异常[anomaly]、气流[current]、湿气[moisture]、空气[air]、气团[air mass]等沿水平方向移动"。当 advect 被用作及物动词时,可以翻译成"使平流"或"使平移",前者可以定义为"气候异常[anomaly]、气流[current]、风[wind]等携带湿气[moisture]、空气[air]、气团[air mass]等沿水平方向流动",后者可以定义为"气候异常[anomaly]、气流[current]、风[wind]等导致热量[heat]、湿度[humidity]等沿水平方向转移"。这些定义能够反映出 anomaly、current、wind 等与 moisture、air(mass)以及 heat 和 humidity 等名词术语之间的概念关系,对动词术语论元结构的反映又可以帮助词典用户在专业语言编码活动中选择正确的名词,形成由名词和动词构成的各种搭配。

3. 例句

例句是词典右项中的重要信息类型,其设置在词典编纂中有着悠久的历史。这一传统在我国可追溯至成书于公元 100 年的语文规范词典《说文》,该词典引用儒家著作中的词句达一千零八十五条之多。在国外,约翰逊所编的《英语词典》虽然不是最早设置例句的词典,却是第一本对例句进行系统分析的词典,全书广泛采集了十一万四千条书证。(李开 1990:330)早期词典中的例句均引自经典著作,其目的是记录某个词语、组合、含义等,说明其源流或年代,证实它们在语言使用中是真实存在的(Svensén 2009:287),因而是名副其实的书证。随着用户群体的变化和词典类型的丰富,例句的证实(attestation)或记录(documentation)功能已经退居次位,明晰语义(elucidating meaning)和阐释语境特征(illustrating contextual features)后来居上,成为例句最重要的功能(Atkins & Rundell 2008:453-454)。托普(Toope 1996)比较了单语词典与双语词典的例证,将其功能归纳为一般功能(general function)和特殊功能(specific function),前者包括语义功能(semantic function)、语法功能(grammatical function)和文体功能(stylistic function),后者可分为翻译功能(translation function)和文化功能(cultural function)。在相关研究中,托普对例句功能的归纳已相当全面,其他学者多是在此基础上对这些功能重新进行整合,或者把其中的某项功能分为更小的类别。例句的功能常常与其类型密切相关。例句从形式上看可大致分为非完整句例证和完整句例证(雍和明、彭敬 2013:182),前者是由两个或多个词组成的短语或词组,后者就是句子例证,可进一步分为单句例、对话例和多句例(李明一、周红红 2011:87)。例句根据来源又可以分为自编例句和真实例句(包括前述名著中的引例和选自语料库的例句)两大类型,前者由编者自撰,往往有很强的针对性,能够说明具体的问题,便于语言学习者进行类推模仿;后者源于真实语料,自然可靠,有助于阐明和解释词目的典型用法。在两类例句之间还有一种过渡类型,即基于真实例句的改编例句。在例句的来源上,双语词典还可以从单语词典中借用现成的例句。这些例句类型各有特色,在词典编纂中到底应该采用哪一种在词典学领域还存在不少争议,应该视具体情况而定。

在词典中,例句被形象地比作"血肉",没有配例的词典则被视为"一副骨架"(转引自黄建华、陈楚祥 1997:59)。在词典右项中,释义和注释是语义描写的重要手段,但是由于这两类信息均是从具体的语言材料里概括出来的,难免抽象笼统,本质上属于对语义的静态描写,需要辅以动态描写,即通过举例来完成从语言到言语的过渡。作为译义的重要手段,例句在双语词典中的地位就显得更为重要了。原语和译语语言文化之间存在着诸多明显或细微的差异,在对应词中较难体现出来。信息的缺失或错位往往导致词典用户在理解方面出现偏差甚至是错误。双语词典在这方面的局限或欠缺,必须靠例证工作来弥补。(魏向清 2005:176)鉴于例句的重要作用,兹古斯塔(1983:360)指出:"绝大多数词典都要举例。词典愈大,所包含的例句愈多。只有极小的词典才可能不举例。但绝对没有例子就会使词典的标准严重降低。"英汉气象词典是双语词典的一种,在编纂设计中自然也应该重视例句这一重要信息类型。然而,在国内词典学界却有这样一种看法,"专科词典侧重于某一学科或某一学科部分特定的词汇或术语,这类词的意义单一、用法比较明确,往往不需要例证的支持"(章宜华、雍和明 2007:130)。或许受类似看法的影响,已经出版的英汉气象词典多属词汇对照型,均未在词条右项中为词目设置例句。此种情况显然不能满足专门用途英语学习者的词典使用需求。

如前所述(6.1.1),英汉气象学习词典在收词方面无需特别关注地域、方言、语体、风格、时间、感情色彩、文化等因素。用以阐释词目的例句也表现出类似的特点,在功能类型方面比普通语文词典简单得多,仅需保证一定的专业相关度,可以大致分为用法示范类和概念补充类两种。用法示范类例句旨在结合具体的语境展示与词目相关的语法信息(主要指各种语类次范畴信息,参见本节注释部分的语法信息),并提供典型的词汇搭配(词目与名词、动词、形容词、介词等词类的组合情况)和语法搭配信息(词目与动词不定式、ing 分词、从句等结构的连用情况)。例如,英汉气象学习词典可为 advect 选配如下例句:

> These winds ***advect*** air *from* humid forested areas *to* the west/south-west,especially during daytime. 特别是在白天,这类风把空气从潮湿的林区平流输送至西部或西南部。

这个句子至少展示或提供了如下三方面的有用信息,即 advect (1) 可以用作及物动词;(2) 可以与 wind 和 air 分别形成"名词+动词"和"动词+名词"这两种搭配形式;(3) 可以与 from... to... 连用引出运动的起点和终点。因为用法示范类例句在普通语文词典和学习型词典中已有非常充分的讨论,所以本部分将着重探讨概念补充类例句。

在上一节中,本书作者指出英汉气象学习词典以释"名"为主,采用简式定义,在定义中仅列出词目最典型的概念特征。简式定义虽然为理解概念提供了一个基本的参照点,但是其提供的信息离准确和全面地认知概念还相差甚远。如前所述,概念不仅展现出多维特征,而且与其他概念之间存在着层级关系和因果、材料、工具等多种复杂的非层级关系。为了更好地表征这些关系和特征,术语学一直把语境作为一项重要数据纳入知识库中。加拿大术语学家梅耶尔(Meyer 2001:279)认为术语语境中知识量有多少之分,只有那些至少包含了一项属性(attribute)或关系(relation)的例证才是富知识语境(knowledge-rich context)。英汉气象学习词典完全可以借鉴术语学的相关研究成果,选择例句以弥补简式定义的不足。例如,英汉气象学习词典可以为 barometer 配备如下例句:

(1) In simplified terms, a rising ***barometer*** means wind, frost, or clear skies, while a falling one indicates coming storms. 简言之,气压计读数下降意味着风、霜和晴好天气,读数上升则意味着风暴即将来临。

(2) Because atmospheric pressure changes with distance above or below sea level, a ***barometer*** can also be used to measure altitude. 由于气压随海拔而变化,气压计还可用于测量高度。

这两个例句都是比较典型的富知识语境,例句(1)增补了 barometer 的概念属性(falling 和 rising 是 barometer 的特点,这两个词同时也与 barometer 形成"形容词+名词"搭配)和概念关系,即 barometer 可用于预测 weather。例句(2)旨在告诉词典用户,barometer 除了定义中提到的测量气压功能,还可以用于测量高度(altitude)。

在单语词典编纂中,学者对于应该采用真实例句还是自编例句看法不一,但是一般认为,双语词典应该使用真实例证,这是因为"双语词典的编纂者,即使外语认知水平再高,也不具备母语的优势,所造出的例句难免不够真实自然,无法为词典使用者展现原语语言文化的真实面貌"(魏向清2005:188)。对英汉气象学习词典而言,编者不仅不具有母语优势,而且往往不是学科专家,在专业方面也缺少必要的知识储备,难以保证自撰例句不出现问题。出于同样的原因,英汉气象学习词典编者对如何在修改例句的同时还能够保证其意义的自足性也缺少把握,因而不宜对例句进行删减。与其他类型的双语词典一样,英汉气象学习词典的例句同样具有辅助翻译的功能,编者因而还需要为例句配备汉语译文,这就涉及了例句的翻译问题。黄建华和陈楚祥(1997:125)指出,"双语词典中例证(尤其是书证)的翻译类似文学翻译",告诫编者"忠实并不意味着只能照搬词典中词目的译文"。考虑到词典例句翻译中的死译现象,灵活处理例句翻译的确是双语词典编者需要特别留意的问题。然而,对于英汉气象学习词典而言,为了保持术语译名的一致性,在例句中采用词目翻译有时不仅可行,而且还是必需的。在我国,科学技术名词审定委员会已经组织专家审定和颁布了气象学术语的规范译名。英汉气象学习词典在词目翻译和例证翻译中应该沿用这些权威译名。至于非术语词目的例句翻译,即便不涉及术语的译名问题,也应该遵循科技翻译的一般原则和方法。相关著述较多,此处不再赘言。

4. 插图

与例句、注释、定义和翻译一样,插图也被视为词典释义的基本手段(Ilson 1987)。因此,插图在词典编纂中正日益受到重视。就学习型词典而言,配置插图更是被视为该类词典的一个主要特征(Stark 1999:153)。胡明扬等(1982)、伊尔森(Ilson 1987)、陈炳迢(1990)、黄建华(2001)、胡普卡(Hupka 2003)、斯文森(Svensén 2009)、徐海、源可乐和何家宁(2012)、雍和明和彭敬(2013)等国内外学者都对插图的类型和功能展开研究。就插图的类型而言,我国学者冯春波(2009:133)在梳理前人研究的基础上,提出了多角度多层次的分类方案。他把插图细分为单个插图、结构插图、场景插图和组合插图,组合插图进一步分为列举分类组合插图、同词异义组合插图、对比组合插图、序列组合插图和联想组合插图等五个小类。这一分类框架较好地克服了其他研究中存在的划分标准不一的问题,值得学界重视。

插图在词典中能够发挥多种功能,具体有补充释义、辨析易混词、说明语法信息、传递文化信息、扩大词汇量、帮助表达、加深记忆、装帧版面等等(参见陈燕1997;冯春波2009:146-148;李明一、周红红2011:52-53)。但是其最重要的作用则是从视觉上表征词目的语义内容,以直观形象的方式补充释义之不足。由于插图占用较多的词典空间,增加了编者的工作量,显然不是所有的词典都需要设置插图。斯文森(Svensén 2009:299)认为双语词典不对词目进行释义,只提供对译词,用户若有理解障碍,应该到目的语单语词典中进一步查询对译词的含义,因而双语词典无需设置插图。或许受此影响,国内外出版的双语气象词典极少设置插图,致使词典的教学价值打了折扣。贾敏和敬炼(1983)、吴建平(1997)等认为,双语词典是否需要插图,不能一概而论,当原语词目的内涵与译语对应词之间存在偏差或涉及异域文化的独有事物(如Jolly Roger/海盗旗)时,双语词典就有必要为词目设置插图。英汉气象学习词典虽然不涉及此类翻译或文化问题,但是同样需要设置插图。原因有二：首先，英汉气象学习词典以释名为主，只能对概念进行粗线条的勾勒，无法提供相关细节，有时在例句之外还需辅以插图。其次，有些概念无论文字描述多么详尽，用户也难得其要领，不如采用插图，直接展示其特点，以济"文字之穷"。

术语学同样重视插图在概念的多维度和多模态表征中的重要作用。框架术语学把富知识语境（knowledge-rich context）分为语言语境（linguistic context）和视觉语境（visual context）（Reimerink, de Quesada & Montero Martínez 2010:1937），前者对应于词典学研究中的例句，后者主要由插图构成。费伯等（Faber et al. 2007）指出语言信息和图形信息之间相互关联，二者结合能够凸显概念的多维性和术语在专业域中的概念关系。他们认为选择图形信息的目的是凸显在定义中激活的概念属性或关系，根据所激活的知识类型把图形分为形象示图（iconicity）、抽象示图（abstraction）和动态示图（dynamicity）三种类型。现结合布恩迪亚·卡斯特罗（Buendía Castro 2013:80-82）对 hurricane 概念的描写对这三种图形做一简要介绍。形象示图与实物相似，可以帮助用户基于对基本特征的推断来识别实物，对表征非层级关系非常有用，如图 6-3 所示：

–TORRENTIAL RAIN,STORM SURGE,FLOODING,
TORNADO,LANDFALL,TSUNAMI: *cause*

–TROPICAL AND SUBTROPICAL WATERS:*location*

图 6-3　hurricane 形象示图（1）和（2）

在图 6-3 中，（1）描绘了飓风过境后所造成的巨大破坏，体现的是概念的因果关系；（2）展示了飓风经常发生的地点，体现的是处所关系。

抽象示图通常以概念的某个或某些方面为焦点。抽象意味着感知者为识别示图所表征的概念需要付出认知努力（Rieber 1994），如图 6-4 所示。

图 6-4 中，（1）聚焦于飓风的构成部分（eye［风眼］，eyewall［眼壁］和 rainbands［雨带］），（2）反映的是飓风季节分布特征。从图中可知，飓风季节从 6 月 1 日开始，一直持续到 11 月 30 日，其中 8 月中旬和 10 月末是飓风的多发时期。

HURRICANE

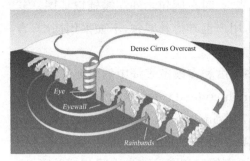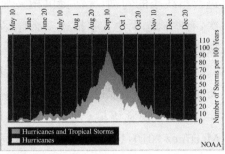

–EYE, EYEWALL, RAINBANDS: *part_of*   – HURRICANE SEASON: *takes_place_in*

图 6-4   hurricane 抽象示图(1)和(2)

动态示图代表时空运动,特别适用于解释由不同阶段构成的复杂过程,如图 6-5 所示:

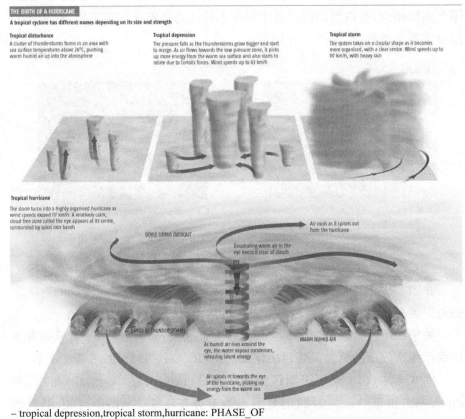

– tropical depression,tropical storm,hurricane: PHASE_OF

图 6-5   hurricane 动态示图

图 6-5 展示的是飓风形成所经由的不同阶段,由热带低气压(tropical depression)发展为热带风暴(tropical storm),最后转变为飓风。

与词典学领域中对插图分类的探讨相比,框架术语学对图形信息的三分法虽然简单得多,但是突出了图形信息的功能以及与文本信息(即术语定义和例句)之间的互动关系,可表征多种概念特征,不仅适用于名词词目,也适用于部分动词和形容词词目,因而对英汉气象学习词典的插图设置有着非常重要的借鉴价值。然而,值得注意的是,并非每个词目都需要设置插图,或者需要同时提供上述三种图形信息。兹古斯塔(1983:351)也提醒说,词典编者插图不宜使用太多,只有多数使用者不常见的和不熟悉的事物才需要设置插图。就英汉气象学习词典而言,插图的设置还需要考虑更多因素。例如,在上述用以表征 hurricane 的三幅图片中,图 6-3 展示的场景在影视和新闻资料中经常出现,用户已经相当熟悉,没有必要作为插图收入词典。图 6-4(2)体现的是 hurricane 的时间分布特征,若改由文字(如例句)表述,效果不受影响而且还能够节约不少词典空间。图 6-4(1)直观地展示了 hurricane 的构成情况,拥有文字所不具有的表现力,但是考虑词典空间的问题,完全可以整合到图 6-5 有关 hurricane 形成的第四阶段中去。总之,英汉气象学习词典是否需要配图以及配置什么样的插图,不仅需要考虑词典的文本空间,还需要考虑用户的认知水平和词目的概念特点。

6.1.3　外部材料中的信息类型

在词典结构中,外部材料与宏观结构同处于中间级,比微观结构高,或置于正文前后,或穿插于正文之中,分别被称为前置页、中置页和后置页。在词典文本中,宏观结构是词典文本不可或缺的组件,是词典正文的脊柱,没有宏观结构词典也就无从谈起;微观结构是词典信息的承载主体,包含了词典用户所要查找的绝大部分信息。宏观结构和微观结构的重要性是毋庸置疑的。与宏观和微观结构相比,外部材料是词典正文之外的辅助组件,其三个构成部分并非缺一不可(例如,许多词典并不提供中置页),加之外部材料在词典学研究中属于较新的概念,与词典文本的两大传统组件——宏观结构和微观结构——相比,学界对其研究兴趣整体不高,国内外仅有部分教程类的著述论及外部材料。在外部材料中,前置页和后置页是外部材料中两个比较常见的组成部分,随着用户需求的变化,其辅助功能逐渐受到词典编者的重视。相对于前置页和后置页,中置页的出现较晚,主要见于英语学习型词典。(章宜华、雍和明 2007:49)

外部材料虽然只是词典正文之外的辅助组件，但是涉及的信息类型并不比词典文本的其他部分少。这些信息按照在词典文本中习惯出现的位置可分为前置页信息、中置页信息和后置页信息三种。这样一种基于位置的信息分类方法仅仅停留在现象层面，并不能满足英汉气象学习词典的复合语境表征的需要。塔普（Tarp 2013：465）把词典数据分为功能类数据（function-related data）和使用类数据（usage-related data），前者主要服务于词典的认知功能和交际功能，包括语言信息和百科信息，后者旨在让用户更全面地了解词典，从而能够正确充分地使用词典。这种二分法同样适用于外部材料中的信息。换言之，外部材料中的信息同样可以分为功能类和使用类两种。在这两种信息类型中，显然只有功能类信息直接参与了对专科学习型词典复合语境的表征。因此，本节将重点考察英汉气象学习词典外部材料中的功能类信息。

（一）前置页信息

一般说来，词典文本的前置页信息可以包括书名页、版权页、署名页、致谢页、目录、序言/前言/导言、词典用法指南/凡例、缩略语及使用标志说明等内容。这些信息也是构成英汉气象学习词典前置页的重要材料，其中的书名页、版权页、署名页、致谢页和目录反映了词典作为出版物的一般特征，体现了词典与其他类型书籍之间的共性。序言/前言/导言、词典用法指南/凡例、缩略语及使用指南相当于是对词典的介绍，可帮助词典用户更全面、更充分地了解和利用词典。英汉气象学习词典同样需要在前置页中呈现这些信息。值得注意的是，在早期词典中，导言往往会详尽地介绍有关语言的语法（包括发音）和/或有关语言的简史（雍和明、彭敬 2013：91），在一定程度上发挥了词典的认知或交际功能。奥胡斯学派就特别重视导言的认知功能，主张在专科学习型词典设置学科导引（subject-field introduction，又称学科组件［the subject-field component］、百科部分［encyclopedic section］或系统介绍［systematic introduction］）。贝延霍尔茨和尼尔森（Bergenholtz & Nielsen 2006：283）把学科导引视为专科学习型词典教学维度的重要体现，认为这一信息类型与术语编纂所倡导的系统原则对应，一定程度上可以弥补被字母编排破坏的知识系统性。由此可见，设置学科导引是表征认知语境的重要手段。就英汉气象学习词典而言，其学科导引设置应该简要介绍以下内容：（1）气象在一级学科地球科学中的学科地位，气象与物理、数学和化学等一级学科以及气象与地理学、水文学和海洋科学等二级学科之间的关系；（2）大气探测、大气物理学、大气化学、动力物理学、天气学、气候学、应用气象学等三级学科分支的研究对象、方法和原理以及主要观点。为了方便用户理解气象学的宏观认知语境,学科导引可采用汉语作为解释用的语言,同时还需要给出涉及的气象术语的英语译名。

(二) 中置页信息

中置页中的信息类型可分为以下四类信息:(1) 整页插图,用一个或多个页面系统介绍同类事物和系列动作等;(2) 语言提示,主要说明一些特别的语言现象、语言技能和语用规则;(3) 主题用语,以图文的形式,分主题系统地介绍某些事物、场景、文化现象等常用语和相关知识;(4) 专题研究,专题介绍某些词类的用法特征和常见应用文的格式。(章宜华、雍和明 2007:49-51)不难发现,这些信息类型都属于功能类信息,提供了用户可能需要的语言知识,能够帮助他们更好地进行语言交际,这也解释了中置页在学习型词典研编中越来越受到重视的原因。

就英汉气象学习词典而言,在中置页中设置这些信息类型是非常有必要的,只不过在选择具体的信息时还应该充分考虑涉及的学科以及目标用户的需求。首先,英汉气象学习词典可以针对复杂的现象或过程设置整页插图,形象直观地展现概念之间的多种互动关系。例如,水循环是气象学中的一个重要事件,指地球上不同地方的水,通过吸收或释放能量,在固态、液态和气态之间发生改变,借助蒸发、降水、渗透、地表流动和地底流动等物理作用,由一个地方移动到另一个地方[①]。如此复杂的专业现象只有借助整页插图才能清晰地展现众多概念之间的复杂关系。其次,英汉气象学习词典还可以设置语言提示,对气象英语的语法和词汇特点进行系统介绍,重点突出气象英语与通用英语之间的差别。再次,英汉气象学习词典同样可以设置主题用语,根据意念表达为用户提供图表公式、数值运算、比较分类、解析推论等方面的英语常用表达。最后,鉴于目标词典用户需要经常阅读甚至撰写气象学术研究论文,英汉气象学习词典可以在中置页的专题研究部分系统讲解介绍学术论文的主要结构成分以及标题、署名、摘要、引言等各部分的注意事项或写作技巧。

(三) 后置页信息

后置页中的内容大抵可以分为语言信息(如动词变位表、发音规则表、

---

① 水循环百度百科 http://baike. baidu. com/link? url＝4R3fHU5Pbh3LJwKvozcbJBJG8lDjgUU4cnb7yZNU2X5gJQvIFOTkOG5TiNPuxhfCOzJ-CXKyTQb4nf4laUpu4a

构词规则等）、百科信息（如地理名称、个人姓氏、化学元素、货币单位、度量衡单位换算等等）和索引信息三大类。除索引信息，语言信息和百科信息都属于功能信息。在后置页中提供词典用户需要的语言信息和百科信息有助于更好地表征复合语境。如前所述，英汉气象学习词典为所有的词目标注了语音，其收词不仅包括术语动词，而且涵盖论述动词、连接动词和短语动词。因此，可以考虑在后置页中设置动词变位表和发音规则。然而，考虑到这些信息在普通用途词典中已经普遍收录，英汉气象学习词典可把有限的篇幅节约下来留给其他信息类型。例如，许多气象术语词目的拼写颇为复杂，包含拉丁语或希腊语词根词缀。在后置页中对那些生成能力较强的词根或词缀进行汇总，能够促进词典用户词汇推理能力的形成。在后置页中，有的词典提供的是历史事件和家族谱系，有的则收录日期时区和电话区号，彼此之间在百科信息的选择方面差异很大，以至"许多附录仅仅是被当作卖点，词典是否有正当理由收录它们还值得商榷[①]"（Svensén 2009：386）。雍和明和彭敬（2013：98）认为后置页百科信息的内容在很大程度上取决于词典的设计、规模和功能。从满足词典用户学习需求的角度看，英汉气象学习词典可在后置页中以列表的形式呈现那些涉及多个专业概念的主题信息。例如，云在天气形成中发挥了重要作用，气象学因而非常重视对云的分类，一般是先按云底的高度把云分为低云、中云、高云三族，然后再按云的外形特征、结构和成因把云族划分成若干属，各云属再分若干主要云状，最后形成了一个三族十属二十九类的体系。云的命名虽然规律性强，但是每一类云又有着不同的拉丁文学名和国际简称，致使指称云概念的术语特别多[②]。在后置页中以列表的形式把这些术语按照体系一一列出，可以方便用户的查阅，能够帮助他们更好地掌握相关知识。风力等级划分具有类似的特点，也应该以同样的方式在后置页中集中呈现。

6.2 复合语境要素表征的信息互补性与关联性

整个词典文本可被看作一个由宏观结构和外部材料构成的框架结构。构成宏观结构的基本单位是词条。每一个词条都形成了一个微观结构，可进一步分为左项形式描写和右项语义诠释。复合语境表征就是根据词典文本的特

---

① 原文：Many of these appendices are probably included mainly as selling points, and it is open to discussion whether their presence in the dictionary is really justified or not.

② 云的种类 http://www.douban.com/note/212454554/

点把复合语境要素转换成词目、拼写、发音、词类、屈折变化、标注、释义、例句、插图、学科导引、主题用语、语言提示等信息类型，把这些信息类型纳入前述词典文本的层级结构中。由于在词典文本中，特定的结构只能容纳特定的信息类型，特定的信息类型也只能出现在特定的结构中，这使得词典文本结构层次分明，信息并然有序。因此，对复合语境的表征同时也是形成词典分布结构（distribution structure）的过程。然而，词典各结构层面之间和各信息类型之间只是保持着一种相对的独立，这是由词典文本的表征对象——复合语境自身的特点所决定的。如前所述，复合语境可分为认知语境和交际语境，认知语境有宏观和微观之别，交际语境有组合和聚合之分，但认知语境和交际语境内部的构成要素相互交织，这二者之间在功能方面亦相互交融。因此，在表征复合语境时，不能孤立地看待各个结构层面和各个信息类型，而是应该从词典信息的系统性着眼。这就要求词典编者借助词典的中观结构①（mediostructure）重建各个结构层面和信息类型之间的关联和互补。

6.2.1 复合语境要素表征的信息互补性

词条是构成词典文本的主要单位，是词典信息的承载主体。构建于词条之上的词典文本呈现出分层级和分板块的特点。编者只有充分考虑词典文本的这些特点，才能在英汉气象学习词典中对复合语境进行文本表征。换言之，词典必须对复合语境的某一项或某一类知识/语言要素进行适度拆解并把它们分散到不同的文本层级或板块中。这将不可避免地导致信息的完整性遭到一定程度的破坏，不利于词典认知和交际功能的有效发挥。为了弥补这一不足，英汉气象学习词典编者应该重视词条之间以及词条与外部材料之间的信息互补，在文本表征中努力重建被破坏的信息完整性。

（一）词条之间的信息互补性

词条之间的信息互补是指词典虽然描写的是同一概念或同一语义框架（semantic frame），但是受词典文本结构的限制，相关信息被分散在不同的词条中，词条之间因共同的描写对象或基础而存在信息互补这一现象。词条之间的信息互补主要有以下三种表现形式：

1. 同义术语之间的信息互补。在专业交际中，一个概念同时由多个术

---

① 这里的中观结构本质上是指认知语境和交际语境内部各要素之间以及这两种语境之间形成的各种语义或概念关系，其表现形式不限于传统词典编纂中使用的各种明示或暗示参见。

语指称的情况并不少见,导致同义术语现象的发生。例如,在气象学中,"整个地球的气候状况"这一概念既可以由 global climate(全球气候)指称,也可以由 world climate(世界气候)指称,两个术语之间因共同的内涵而形成了同义关系。从理论上讲,把二者置于一个条目中释义,既可以节省词典空间,又能够保持术语与概念之间指称关系的完整性。然而,global climate 和 world climate 虽然在概念内涵上完全相同,但是在词形构成方面又存在显著不同,需要在词典文本中立为不同的条目。词典编者可根据使用频率把其中一个确定为主条并配备翻译和定义,把另一个设置为副条,仅提供翻译,在二者之间建立起参见,以弥补因词目分立而造成的信息不完整问题。

2. 派生术语之间的信息互补。在专业文本中,为了满足在不同的句法结构中指称概念的需求,术语往往通过形态变化产生新的术语,从而导致术语之间派生关系的形成。例如,为了表达"大气的"这一含义,除了短语 of/in atmosphere,用户还可以选择使用形容词 atmospheric。同理,atmospheric 在概念含义上以 atmosphere 为基础,但是在搭配信息方面与后者存在不同。为了方便用户查阅,应该将其单独立目,在词条中可以提供汉语翻译和相关的搭配信息,并与 atmosphere(大气,包围地球的空气层)建立互相参见关系。

3. 属于同一语义框架的术语之间的信息互补。例如,infiltration(入渗,水自地表进入土壤的运动)和 percolation(渗透,水分通过土壤或覆盖层的向下运动)都属于 FLUIDIC_MOTION(液态运动)这一框架,二者在运动的起点和终点以及经过的路径方面存在不同。(Reimerink, de Quesada & Montero Martínez 2010:1942)它们虽然是两个不同的术语,但是在概念内涵上高度相近,使用者极易造成混淆。编者可以在其中一个条目中设置对这两个术语的辨析,在辨析与另一个条目之间建立参见,使二者之间形成相互参照,不仅能够帮助用户准确理解其内涵,还可以使他们对水在土壤中的运动有更全面的理解。

(二) 词条与外部材料之间的信息互补性

词条与外部材料之间的信息互补是指词条和外部材料之间因从不同角度描写同一对象而产生的信息互补,或者因词条提供的信息较为分散,需要在外部材料中进行汇总而形成的信息互补。词条与外部材料之间的信息互补有以下三种形式:

1. 词条与学科导引之间的信息互补。虽然英汉气象学习词典在确定词目的时候充分考虑了气象学内部各分支以及气象学与其他学科之间的关系,而且在微观结构中也标出了词目所属的具体学科分支,但是词条总体上讲是从微观视角对认知语境的表征。为了避免出现"见木不见林"的问题,英汉气象学习词典还需要在前置页中设置学科导引,从宏观层面对气象学在整个学科体系中的定位、气象学的内部分支构成以及各分支的研究情况做简要介绍。

2. 词条与语言提示、主题用语和专题研究之间的信息互补。辅助词典用户进行专业语言编码活动是英汉气象学习词典发挥交际功能的重要体现。在词条中,英汉气象学习词典已经为词典用户提供了组合维度上的词项搭配和句法信息以及聚合维度上的词项选择信息,能够帮助他们提高句子层面的表达能力。但是专业语言编码活动不能只停留在句子层面,还需要组句成段和组段成篇。通过设置语言提示等中置页材料,英汉气象学习词典能够更好地把交际语境转化为用户的交际能力。

3. 词条与整页插图和附录之间的关系。在前两种信息互补中,外部材料从宏观层面增加了词条中没有的信息内容。相比之下,在词条与整页插图和附录之间的信息互补中,后两者很大程度上是对前者已有信息的归纳和汇总。例如,词根词缀在词条左项的形式描写中已经给出,附录中的词根词缀表只不过以列表的形式对这些信息进行了归纳和总结,方便词典用户对它们进行系统学习。后置页中云的分类也有类似的功能。如前所述,气象学把云分为三族十属二十九类,涉及多个词条。把这些术语按照层级关系以树形图的形式进行汇总,可以简明扼要地展现气象学中云的分类体系。中置页中的整页插图也可以直观地展示术语之间的概念关系。由于以图形为媒介,整页插图可以表现出更多的细节,可用于展示相关概念之间复杂的层级和非层级关系。

6.2.2　复合语境要素表征的信息关联性

在词条中,词目相当于主题(topic),释义可被看作针对词目的评述(comment)。多义词的释义往往需要被切分为多个义项,相当于为同一个主题提供了多个评述。这种"主题+评述"的结构使得词条或义项保持了一定程度的独立性。然而,在整个知识网络中,单个词目不过是其中的一个节点(node),与其他词目之间有着各种概念或语义关联;在多义词的语义序列中,单个义项只是语义链条上的一环,与其他义项也存在语义关联。词典文本的层次化和板块化隔断了词目之间和义项之间的关联。为了更好地满足词典用户的学习需求,英汉气象学习词典应该弥补词典文本层次化和板块化所带来的不足,重建词目之间和义项之间的关联。

(一) 词目间的信息关联性

在认知语境的微观结构中,除了属—种和整体—部分这两种层级概念关系,词目之间还可能存在原因—结果、过程—工具、现象—测量、材料—产品、物体—质量、活动—场所等非层级关系。在交际语境的组合和聚合维度上,词目之间又形成多种搭配和替换关系。词目之间丰富的信息关联在英汉气象学习词典中可以分为如下两类:

1. 词目间的单向信息关联。定义是表征单向信息关联的重要手段。例如,英汉气象学习词典把词目 barometer 定义为"能测量气压[atmospheric pressure]的仪器",把词目 advect 定义为"气候异常[anomaly]、气流[current]、风[wind]等携带湿气[moisture]、空气[air]、气团[air mass]等沿水平方向流动"。这两个定义涉及 atmospheric pressure、anomaly、moisture、air、air mass 等词目以外的专业术语。因为这些术语也被词典立为词目,所以在定义中把它们与被释义词目串并在一起的同时,也就相当于在它们之间建立起了信息关联。与定义一样,例句和插图同样可以把不同的词目集中在一起,因而也能够用于表征词目之间的信息关联。值得注意的是,定义、例句和插图以一种隐含的方式把甲词目(如 barometer)引向与之有信息关联的乙词目(如 atmospheric pressure),但是在针对乙词目的词条中,未必有相关的定义、例句或插图把信息关联引回甲词目。因此,定义、例句和插图表征的是词目之间的单向信息关联。

2. 词目间的双向信息关联。双向信息关联针对的是词目之间的概念或语义关系,参见是其主要的表征手段。由于参见不仅把信息关联从甲词目引向乙词目,而且还把信息关联从乙词目引回甲词目。在此意义上,利用参见在词目之间建立起的信息关联属双向信息关联。例如,如果英汉气象学习词典在 evaporation(蒸发)词条中标出其反义词 condensation(凝结),那么同样需要在 condensation 词条中标出其反义词 evaporation。

(二) 义项间的信息关联性

一般认为多义现象在通用语言中普遍存在,在专业语言中占据主导地位的则是单义性。就某一具体学科而言,术语的含义理应是确定和唯一的。然而,研究表明多义现象在专业语言中同样存在。只不过与通用语言相比,气象英语中的多义词项涉及的义项数目要少得多。与通用语言中的多义词项一样,术语的多个义项之间也存在信息关联,在英汉气象学习词典中可分为如下两种基本类型：

1. 认知语境内的义项间信息关联。术语的多义现象是指一个术语与多个概念之间的对应或指称关系。术语的多个义项相当于对多个概念内涵的文字表述。正如概念之间存在着层级或非层级关系一样，义项之间也表现出类似的信息关联。例如，freshet 在气象学中可理解为：①洪水（因降雨或雪融而造成的溪流水位上涨）或②春汛（寒冷地区每年春节因融雪而造成的溪水上涨）。义项②是义项①的下位概念，二者之间是属—种关系。再如，burn-off 可同时做"雾消"与"云消"讲，前者指"雾因太阳加热而消散"，后者则指"云因太阳加热而消散"。二者处于同一抽象级别，它们之间是一种同位关系。

2. 交际语境内的义项间信息关联。这种信息关联又可以进一步分为两种情况。第一种情况指因为搭配成分不同而产生的信息关联。例如，advect 被用作及物动词时，根据搭配成分的不同，其释义可以分为如下两个义项：①使平流（气流[current]、风[wind]等使空气[air]、湿气[moisture]、气团[air mass]等沿水平方向流动）；②使平移（气流[current]、风[wind]等使热量[heat]、湿度[humidity]等沿水平方向转移）。义项②与义项①之间是一种伴随关系。第二种情况指因及物性交替（transitivity alternation）而产生的信息关联。及物性转换是指某些动词（如 break）可以在及物结构 NP1＋V＋NP2（如 John broke the cup）和不及物结构 NP2＋V（＋PP）（如 The cup broke）中变换使用。（Levin 1993:25）这种情况在气象语言中也同样存在。例如，advect 还可以用作不及物动词：③平流（空气[air]、湿气[moisture]、气团[air mass]等沿水平方向流动）。义项③与义项①之间就是一种"致使—起始"（Causative/Inchoative Alternation）交替关系。

6.3 复合语境要素表征的信息便查性与易读性

为了真正发挥认知功能和交际功能，英汉气象学习词典编者需要保证词典信息的可用性（availability）。具体讲，编者可根据词典文本分层次和分板块的特点，把复合语境分化为多个围绕节点词（node）形成的语义或概念关系簇，将其中的节点词转化为词条的词目（headword），把围绕节点词形成的关系主要转化针对词目的释义、例句、插图等各种信息类型（参见本章6.1.1、6.1.2 和 6.1.3）。此外，信息的便查性（findability）对英汉气象学习词典语境化设计同样重要，因为"无论内容多么出色，如果用户不能快速直接地检索到需要的内容,那么这样的词典就算不上好词典"①(de Schryver 2003:173)。就英汉气象学习词典而言,词目充当了通达复合语境的入口,释义、例句、插图等信息类型则是复合语境要素在词典中的具体表征。词典编者还必须按照特定的方式编排这些信息类型,才能使用户在词典文本中找到需要查询的词目,进而发现自己需要的相关信息。最后,信息的易读性(comprehensibility)也值得词典编者重视。复合语境包含多种要素,在词典中应该分别呈现为不同的信息类型。为了使词典用户理解这些要素,词典编者一方面需要对某些文本表征进行必要的解释和说明,另一方面还需要尽可能提高文本表征的透明度。

6.3.1 复合语境要素表征的信息便查性

塔普(Tarp 2013:465)指出,词典与其他书籍和文本的真正区别不在于所收录的各类信息,而在于这些信息是可及的,即用户可以在词典文本中方便快捷地对它们进行定位。对词典用户而言,他们对词典的使用往往先从词目列表开始,其目标是词条中的某项或某些具体信息。因此,英汉气象学习词典复合语境要素表征的信息便查性可以通过对词典检索结构(access structure)的构建得以实现。具体讲,编者需要按照特定的顺序或布局安排词目和词条内部信息之间的相对位置。

(一) 宏观结构层面上的信息便查性

宏观结构层面上的信息便查性主要通过对词目的顺序编排得以实现。在词典编纂中,按照字母表顺序编排词目是构建宏观结构常见的手段之一。由于字母排列顺序确定且已为词典用户熟知,编者在处理词目的编排时一般不受个人判断的干扰,用户无需学习就能轻松把握这种编排方式。因此,采用字母编排法能够最大程度地保证词典信息的便查性。字母编排法可以分为纯字母排序法(letter-by-letter arrangement)和逐词排序法(word-by-word arrangement)(Svensén 2009:370)。前者将相对独立的构词单位当作连续书写的单位排序,对词的间距和非字母符号忽略不计;后者要考虑各构词单位的间距,词距通常作为一个检索符号来处理,而且总是优先于字母。(章宜华、雍和明 2007:53)试比较以下两种排序方法:

---

① 原文:No matter how outstanding the contents of a dictionary, if the contents one needs at a particular point in time cannot be accessed in a quick and straightforward way, the dictionary fails to be a good dictionary.

纯字母排列法	逐词排列法
band	band
band absorption	band absorption
Banda Sea Water	band model
banded structure	Banda Sea Water
band model	banded structure

可以看出,纯字母排序法打乱了主题域体系,阻断了概念关系之间的联想,也使词目词之间失去了形态和语义联系,不利于词典用户对词汇的习得。(章宜华、雍和明 2007:54)对比之下,采用逐词排序法后,band、band absorption 和 band model 被放在一起,很容易看出它们之间存在关系。鉴于气象学中有大量的复合型术语词目,为了兼顾术语之间的关系,英汉气象学习词典应该采用逐词编排法。逐词排序法有两种变体:聚合排序法(nest-alphabetic method)和直接字母排序法(straight-alphabetic method)。前者是把词族中的相关语词和短语(如 band model)作为内词目排列在基本词目(如 band)下;后者则把每个单词和字符都立为词目,从而使它们拥有自己的词条,词条内部不再设内词目或内词条。雍和明和彭敬(2013:197)指出,直接字母排序法把所有的词目排列在词典正文中每一栏的最左边并用突出字体印刷,方便了用户对词目的查阅,但其弊端在于使主词目数量猛增,占用太多词典空间。作为单学科词典,英汉气象学习词典收词较少,有相对充足的空间容纳更多的主词目,因而可以把直接字母排序法和聚合排序法结合起来,不仅把每个单词和字符都立为词目,而且可以在基本词目下以内词目的形式列出其派生词。

虽然直接字母排序法部分兼顾了词目之间的形态和语义关系,但是从整体上打乱了主题域体系,使概念脱离了语境,阻断了认知语境要素之间的各种联想关系。为了解决这个问题,也有编者主张在编排词目时采用语义排序法,即按学科类别、概念范畴或概念主题将词目进行分类,大类下面还可以再分若干小类,同一类别的词按意义关联排序(章宜华、雍和明 2007:57)。英汉气象学习词典可首先按照学科类别或分支对词目进行一级分类编排,然后按照温室效应、自然灾害、天气预报、测量工具等概念范畴或主题对词目进行二级分类编排。这种编排有两大优点:首先,按照学科类别对词目进行一级分类编排,可与基于学科结构的收词范围以及词条中学科分支标签形成呼应关系,突出英汉气象学习词典收词的系统性,从另一角度对宏观认知语境进行表征。其次,按照概念主题进行分类,有别于传统的层级树状结构,不仅能够兼顾动词和形容词词性,而且在一定程度上可以体现词目之间的非层级概念关系。如前所述,英汉气象学习词典的空间相对充裕。对于在气象学中扮演多重角色的概念,英汉气象学习词典可同时把与之对应的词目编入多个概念主题中,以提高用户查找的成功率。

如果说字母排序法最大程度地满足了用户对知识点的检索需求,那么语义编排法则主要服务于用户对知识面的学习需求。前者突出的是词典信息的便查性,后者强调的是词典信息的系统性。信息的便查性是词典文本的本质特征,信息的系统性是学习型词典的重要特色,二者对英汉气象学习词典而言都非常重要,应该尽可能兼顾。当这两者发生矛盾的时候,词典编者应该诉诸不同的设计特征。因此,本书作者主张英汉气象学习词典对词目编排采用多路径检索(polyaccessible,参见 Svensén 2009:383)设计,即在宏观结构的构建中按照直接字母排序法对词目进行编排,在后置页附录中则按照语义排序法对词目重新编排,将其作为对宏观结构中词目编排的补充。

(二) 微观结构层面上的信息便查性

与宏观结构层面相比,词典的微观结构层面涉及多种信息类型,其编排相对复杂,无法按照统一的标准对所有信息进行排序,但词条中的各信息类型习惯上遵循以下布局:词头→(变体形式)→发音(变体形式)→词类→屈折变化→(句法模式、搭配结构)→释义→例证→参见⇨内词条⇨附加信息(词源)。(章宜华、雍和明 2007:60)由于各类信息在词条中的位置相对固定,整个信息布局表现出较强的有序性,客观上起到了指引作用,使用户能够对微观结构中的信息进行较为准确的定位。此外,字体、字型、字号以及颜色都可用以增加词条要素之间的区分度,凸显其位置并突出其功能。(Svensén 2009:79)在词条中灵活使用这些排版手段也能够提高信息的便查性,方便用户对相关信息的查找。英汉气象学习词典在微观结构层面上的信息种类虽然与语文词典有所不同(比如英汉气象学习词典标出词目的学科来源,但不收词源信息),但是各类信息基本按照同样的顺序编排,若配以字体、字型等排版手段,也可以很好地辅助用户定位,提高信息查找的效率。

前述讨论主要针对的是单义词目。多义词目的信息编排至少还应该考虑义项在词条中出现的先后顺序。义项的排列通常有三种不同的顺序:使用频率顺序——使用频率高的在前,使用频率低的在后;历史顺序——早出现的在前,晚出现的在后;逻辑顺序——按照义项之间在意义上的关联安排顺序。(徐庆凯 2011:111)徐海、源可乐和何家宁(2012:49)指出,"英语学习型词典的定位、服务对象等因素决定了词典不宜采用历史排序做法,因为词典用户感兴趣的是语词的用法,而不是词义的演变历史",主张学习型词典应兼顾使用频率和逻辑顺序原则。英汉气象学习词典理应参照这一编排原则,但是编者必须清楚按照逻辑顺序存在的困难,这是因为词典只收录与气象相关的专业义项,而无关义项的缺失往往造成语义列的中断,难以显示出语义之间的逻辑关联。比较而言,得益于专用语料库的统计功能,按照频率高低编排义项是完全可行的。考虑到气象学习者的查询需求,在兼顾逻辑关系的前提下,把常用义项排在其他义项之前可以最大限度地保证义项的便查性。

在多义词目信息编排中,编者还需要考虑义项与其他信息类型之间的关系。由于"词典编纂者所有的裁夺,几乎都与在词典中如何处理词义有直接、间接的关系……"(兹古斯塔 1983:21),语义成为词典微观结构实质上的轴心。在单义词目词条的各类信息中,释义是表征语义的主要手段,其他各类信息都可看作对释义的补充或拓展。换言之,单义词目词条可以看作由词头(变体形式)、发音(变体形式)、词类、屈折变化、句法模式/搭配结构、例证、插图、参见、内词条等信息类型围绕释义形成的信息结构。从理论上讲,与义项相关的所有信息都能够围绕该义项形成与单义词条类似的信息结构(姑且把这样的结构称为义项信息结构),多义词目词条则可以看作由多个义项信息结构按照义项之间的编排顺序组合而成:

词头→构词信息→发音→词类→屈折变化→句法/搭配结构→(常用)**义项 1**→例证→参见→内词条

词头→构词信息→发音→词类→屈折变化→句法/搭配结构→(次常用)**义项 2**→例证→参见→内词条

……

然而,多义词条并非单个义项信息结构的简单拼接。为了避免重复,有必要把各义项所共享的信息类型(如词头及其变体形式、发音及其变体形式、词类、屈折变化)进行外置(extrapositioning,参见 Svensén 2009:351-352),即把这些信息提升一个层面,置于义项信息结构之外。此外,句法模式、搭配结构、概念特征等信息是例证选择和配置的基础和依据,与例证之间有直接的对应关系,因而需要从义项层面下放至例句层面,最后形成以义项为中心的词条信息结构(参见田兵、陈国华 2009:88)。以此为参照,可把英汉气象学习词典的多义词目词条信息布局表示如下：

词头→构词信息→发音→词类→屈折变化→

1. 学科标签→（常用）**义项 1**

（句法模式、搭配结构）例证

（句法模式、搭配结构）例证

……

→（参见）

2. 学科标签→（次常用）**义项 2**

（句法模式、搭配结构）例证

（句法模式、搭配结构）例证

……

→（参见）

……

→（插图）（内词条）（参见）

可以看出，词头、构词信息、发音、词类、屈折变化、插图、内词条等信息为所有义项所共享，学科标签因义项所属的学科分支而变化，例句的设置不仅需要考虑所针对的义项，而且还要与句法和搭配保持一致。这种信息布局明确了各类信息之间的指向（addressing）结构（例如，学科标签和例证指向义项，句法模式和搭配指向例证），使英汉气象学习词典词条结构的各层次之间更加清晰分明，能够较好地保证信息的便查性，有助于用户查找具体信息。

6.3.2　复合语境要素表征的信息易读性

找到某项信息并不是用户使用词典的最终目的，理解这些信息才是满足其查询或学习需求的关键。因此，信息的易读性也是词典编纂中需要考虑的一个重要因素。英汉气象学习词典中的信息易读性可从间接手段和直接手段两个方面进行考察。

（一）间接表征手段

与其他文本相比，词典文本信息密集，不仅涉及复杂的使用类（usage-related）信息，而且还涉及多种语言、文化或百科等功能类（function-related)信息。对缺少词典学背景知识的用户而言,要正确充分地理解这些信息就离不开必要的解释和指引。编者在词典前置页中的内容设置集中体现了编者对信息易读性的关切。其中,使用指南在辅助用户理解信息方面发挥了特别重要的作用,被视为"重要性仅次于词目列表的词典组件"(Kirkpatrick 1989),"多数情况下都是词典中不可或缺的组成部分"(Svensén 2009:381)。兰多(Landau 2005:161)指出,使用指南对词目词、音节划分、发音、屈折变化形式、各种标签、参见、变体形式、词源信息、同义词辨析和用法说明等词典的各个部分进行详尽说明,目的之一在于阐明词典所包含的全部信息、教会用户如何去理解词典所给出的信息。从这个意义上讲,使用指南间接提高了词典的信息易读性。

由于现代学习型词典需同时兼顾自然词汇认知的语义维度(即组合维度和聚合维度)和语义层次(即言内层次和言外层次)(魏向清 2010:76-77),正文中涉及的信息类型特别复杂。在学习型词典中,使用指南旨在向用户解释或介绍词典信息,发挥了比其他任何词典都重要的作用。雍和明和彭敬(2013:94)提醒说,"只要考察一下《牛津高级学习词典》和《朗文当代英语辞典》中所用的代码系统就不难发现,没有词典用法指南,当代词典就很难使用,更不用说充分利用其潜在的功能"。例如,在 *Oxford Advanced Learners' Dictionary*(3rd edition)中,编者将动词句型分为三大类二十五小类,分别用代码 P1—P25 表示,其中 P1—P19 表示及物动词的动词句型,P22 表示连系动词句型,其余 P20、P21、P23、P24、P25 为不及物动词句型,代码之后再添加字母(A—E)对各句型做进一步的区分。(罗永胜、杨劲松 2008:61)编者如果不查询使用指南中对代码的详尽说明,根本无法理解它们所代表的句型。

相比之下,国内出版的英汉气象词典在前置页的编排说明中对词典内容往往只有寥寥数语的介绍,与其他类型的词典中动辄数页的使用指南完全不可同日而语。如果说,这些简单的介绍文字对内容单一的双语对照型气象词典尚且够用的话,那么它们毫无疑问不能满足英汉气象学习词典用户理解词典信息的需求。除了一般学习型词典的使用指南中常见的一些内容设置,英汉气象学习词典非常有必要对认知语境微观层面上涉及的各种概念关系及其表征手段做出详细而又系统的说明。因为这些关系类型与交际语境中的聚合和组合关系有关联也有区别,用户在没有指导的情况下未必理解其内涵,自然也就无法利用这些信息。

(二) 直接表征手段

使用指南是提升词典信息易读性的间接手段,有着明显的局限性。为了发挥使用指南的引导作用,词典编者不仅以练习的形式采用互动方式编写这部分内容,而且尽可能少用术语,为使用指南编制索引(吴晓真 2007:68),但是词典用户普遍不愿意花费时间阅读使用指南(Béjoint 1981;万江波 2001;胡美华 2004)。鉴于此,学习型词典的编者越来越重视借助直接手段来提升词典信息的易读性,主要体现在以下几个方面:

首先,减少缩略语和符号的使用量,提高其透明度。在词典中,语法搭配、概念关系等信息类型不仅在定义和例句中间接得到体现,还需要在词条中明确标出来。受到词典空间的限制,编者往往需要对文本进行压缩处理(condensation),其重要手段就包括使用各种缩略语和符号。例如,OALD 第四版(1989)把动词句型分为 32 种,分别用缩略语 I、Ipr、Tn、Tnpr、Tw、Tt 等表示。在 1995 年第五版中,动词句型则被简化为 5 种,分别用 V、VN、VNN、Vthat 和 V adj 表示,从字面便可推知这些代码的大致含义,其透明度因而大幅增加。英汉气象学习词典在提升信息易读性方面也可采用类似的措施。例如,参见是专科词典建立概念关系的重要手段,在词典文本中可以用符号或文字予以表示。专科词典对参见的使用分为以下两种情况:①符号(如→或⇒)表示词目之间存在关系,但不具体说明是哪种关系;②符号不仅在词目之间建立参见关系,且能够简单表明关系的类型(如用↑和↓分别表示上义和下义关系,用→和←表示因果关系,用↑↑表示词目之间存在两层关系)(Nielsen 1999)。EcoLexcon 借用文字手段(如 IS-A、PART-OF、TAKES-PLACE-IN、RESULT-OF、AFFECTS、HAS-FUNCTION)表征概念之间的关系类型。鉴于符号具有模糊性强、透明度低的特点,英汉气象学习词典可按照"关系:词目/义项"的模式对概念或语义关系进行表征。例如,在 hurricane(飓风)词条中,设置参见"结果:flood",意在说明 flood 是 hurricane 造成的结果之一。再如,在 freshet①洪水(因降雨或雪融而造成的溪流水位上涨)后可设置参见"下位:②春汛",旨在说明义项②是义项①的下位概念。

其次,精选用于释义的概念信息,减轻词典用户的学习负担。在撰写释义时,词典编者应该遵循释义的简明性原则,即释义词应该比被释词更容易理解。简明性原则对提高词典释义的易读性至关重要。在英语学习型词典中,释义的易读性主要通过控制释义用词实现。1935 年出版的《新方法词典》(*New Method English Dictionary*)用 1 490 个词解释 23 898 个词,是第一部采用释义词汇的英语词典(Cowie 1999:24)。朗文、麦克米伦等学习型词典品牌纷纷效法,虽然使用的释义词汇数量各有不同,但始终控制在 3 500 以内。控制释义用词有助于避免出现生词,在释义中增加新的知识点。然而,专科词典很难通过严格控制用词来实现释义的易读性。例如,圣马丁和洛姆(San Martín & L'Homme 2014:3750)尽可能使用朗文释义 3 000 词撰写谓词词目的英文释义,但是在表征谓词论元时不得不使用超出释义用词的术语。英汉气象学习词典使用汉语释义词目,虽然不涉及这些英语释义词的限制,但是出于语境化的需要,需要在定义中阐明概念关系,同样难以避免使用相关术语。英汉气象学习词典进行差别化释义时,应尽可能根据术语概念所属的范畴、所处的层级确定"种差"的形式,只呈现对理解概念不可或缺的那部分信息,避免产生信息过载,这在一定程度上也能够提高释义的易读性。

最后,控制配例难度,方便词典用户理解和把握。例句的难易程度也是影响学习型词典的信息易读性的重要因素。基尔加里夫等(Kilgarriff et al. 2008:426)指出,在普通学习型词典中,易读易懂的例句应该具有以下特征:长度适中,尽量避免难词、复杂长句、让人费解的专有名词和依赖更多语境信息才能理解的指示代词。语料库检索软件 Sketch Engine 的功能模块 GDX 可以根据以上指标对备选例句加分或扣分,方便编者根据分值高低挑选易读性较高的例证。与普通学习型词典类似,英汉气象学习词典的配例也应该避开冗长、复杂的句式,少含或不含专有名词和指示代词。在英汉气象学习词典中,有一类例句是富知识语境。受到认知语境表征中各类概念关系的制约,这类例句还无法像普通学习型词典那样控制词汇,只选择包含词目术语的例句。如前所述,富知识语境是指至少含有一个知识项(即概念特征或概念关系)的术语例句。知识项的多少决定了例句的易读性。含有多个知识项的例句被称为高密度富知识语境(high-density knowledge-rich context)(León-Araúz & Reimerink 2019)。例如,**Contact metamorphism** of **carbonate rocks** *produces* **skarn deposits** *containing* **minerals** *such as* **wollastonite**、**tremolite** and **grossular garnet**、**spessartine garnet** and **andradite garnet**(**碳酸盐岩**发生的**接触变质作用**形成**硅卡岩矿床**,后者包含**硅灰石**、**透闪石**、**钙铝榴石**、**锰铝榴石**、**钙铁榴石**等**矿物**)就属于典型的高密度富知识语境。这个句子共涉及九个术语,至少包含了 Causes、Part_of、Type_of 三种概念关系。相比之下,富知识语境 A warm **front** can *cause* widespread light **precipitation**(**暖锋**能够引起普遍弱**降水**)涉及两个术语,仅包含了 Causes 一种概念关系,其知识密度明显低于前者,因而对学习者而言易读性更高,显然更适合作为例句入选英汉专科学习型词典。

6.4 复合语境要素表征的样条设计和调研

本研究基于词典功能和用户需求,以气象学科为例把英汉专科学习型词典的复合语境要素转化为词典文本层级结构能够容纳的信息类型(参见本章 6.1),同时还考察了词典信息的互补性、关联性、便查性和易读性(参见本章 6.2 和 6.3)。相关论述虽然辅以实例,但以设想为主;由于分专题展开,难免有碎片化之嫌。因此,还需要整合前述认识,设计样条,在文本层面直观展示语境化设计的可行性,同时针对目标用户展开调研,借助一手数据考察用户对语境化设计的认可度。

6.4.1 复合语境要素表征的样条设计

由于外部材料和宏观结构涉及整部词典的收词,难以通过有限的样条设计加以展示,本节将从微观结构层面入手,聚焦英汉专科学习型词典词条内容的语境化设计。具体讲,本节将选取五个有代表性的词目,设计如下五个样条,旨在展示词条左右项的形式信息和语义信息,在样条中尽可能反映词典信息的互补性与关联性,同时适当兼顾用户视角下词典信息的便查性与易读性。

样条 1:

advect(ad 向＋vect 运输)/æd'vekt/ 动词 【物理】【大气物理】

1 不及物 (＋表方向的介词或副词) 平流移动(**气候异常** [anomaly]、**气流** [current]、**空气** [air]、**湿气** [moisture]、**气团** [air mass]等沿水平方向移动):

✍Cooler and drier *air masses* **advect** *into* the *hurricane*'s circulation on the south side of the storm. 更加湿冷的气团平流移入风暴南侧的飓风环流中。

✍The remaining *moisture* **advects** *in from* the Arabian Sea *along* the path of the flow. 其余的湿气随着气流从阿拉伯海平流进入。

✍The *airmass* **advects** *through* the study region carrying aircraft exhaust away. 气团平流经过被研究区域,带走了航空排放物。

✍In the east-west oriented valleys, moist *air* from the Norwegian Sea easily **advects** *into* the area. 在东西走向的山谷中，来自挪威海的潮湿空气很容易平流进入该区域。

✍The summer monsoon *currents* do not **advect** *to* northern BoB during this time. 夏季季风洋流在这段时间不会平流移动至孟加拉湾北部。

✍The remnant of the negative *anomaly* **advects** *away* and diffuses slowly. 残余的负异常平流移走，缓慢消散。

✍Individual *parcels* **advect** *offshore*. 个别气块向近海平流移动。

✍Fortunately, *fog* does not **advect** very *far inland*. 幸运的是，雾向内陆平流移动，但没有深入。

✍*Warmer air* can **advect** *rapidly northward*. 暖空气可快速向北平流移动。

2. 及物（＋名词＋表方向的介词或副词）

2a. 使平流（**气候异常、气流、风**等携带**湿气、空气、气团**等沿水平方向流动）：

✍These *winds* **advect** air *from* humid forested areas *to* the west/ south-west. 这类风把空气从潮湿的林区平流输送至西部或西南部。

✍This *anomaly* and the mean *atmospheric circulation* **advect** the cold *air masses over* large regions. 气候异常和平均大气环流把冷气团平流吹散至大片区域。

✍Warmer *air* is **advected**(transported horizontally) *over* the ice surfaces of the polar regions. 暖空气平流移动（即沿水平方向输送）覆盖了极地冰面。

✍Ambient *winds* above the mountains **advect** the moist *air horizontally into* lee areas. 山上周围的风把潮湿的空气水平输入下风区域。

2b. 使平移（**气候异常、气流、风**等导致**热量**[heat]、**湿度**[humidity]等沿水平方向转移）：

✍The *atmospheric circulation* will **advect** and turbulently diffuse *heat from* one region *to* neighboring regions. 大气环流将热量从一个地区平流移动至邻近区域并使这些热量快速散开。

✍The westerly *anomalies* in the Indian ocean will **advect** *humidity* *to* the eastern Indian ocean. 印度洋上的西风异常把湿气平流输送至东印度洋。

☞比较：convect（对流）；词根：advection（平流）；派生：advective（平流的）

样条 2：

atmospheric（atmo 气体＋spher 球形＋ic）/ætməsˈferɪk/ 形容词
【大气】（仅用于名词前，无比较级和最高级，不与程度副词连用）大气（层）的（＋表属性或特点的名词）：

✍**atmospheric** *pressure* 大气压　✍**atmospheric** *circulation* 大气环流

✍**atmospheric** *stability* 大气稳定度　✍**atmospheric** *conditions* 大气状态

☞词根：atmosphere（大气、大气层）

样条 3：

barometer（baro 重量＋meter 测量）/bəˈrɒmɪtə/ 名词【大气探测】
可数 气压表（用以测量**气压**[atmospheric pressure]的仪器）：

✍A little practice will accustom a person to *setting* and *reading* any **barometer** quickly. 稍加训练就能快速适应气压表设置和气压值读取。

✍Some errors found to be so large that a few **barometers** *read* half an inch and upwards too high, while others read as much too low. 人们发现有些误差很大，一些气压表读数因而比正常高出不止半英寸，另一些则比正常低半英寸。

✍He *tapped* the **barometer** and noted where the needle was pointing. 他把气压计轻轻弹了弹，看了看指针的位置。

✍To work properly, a **barometer** needs to be *calibrated* and *checked*. 气压表需要调试和检查以正常工作。

✍During cold weather like ***rain storms*** or ***snow storms*** the **barometer** *goes down*; during warm weather the **barometer** *goes up*. 在雨暴和雪暴这样的寒冷天气中，气压表读数下降；在温暖天气中，气压表读数上升。

✍In simplified terms, a *rising* **barometer** *means* **wind**, **frost**, or **clear skies**, while a *falling* one *indicates* coming **storms**. 简言之，气压表读数下降意味着风、霜和晴好天气，读数上升则意味着风暴即将来临。

✍Were you able to *measure* the change in air pressure *with* your **barometer**? 你能够借助你的气压表测量气压变换吗？

📖A standard **barometer** *consists of* a glass tube filled with mercury (a liquid metal) that is inserted into a reservoir, which also contains mercury. 标准气压表由一个插在水银（液态金属）槽中的玻璃管子组成，玻璃管子中装有水银。

📖Because atmospheric pressure changes with distance above or below sea level, a **barometer** can also *be used to* measure **altitude**. 由于气压随海拔而变化，气压表还可用于测量高度。

📖A **barometer** can *be used as* an aid to forecasting the **weather**. 气压表可用于辅助天气预报。

☞下义：aneroid barometer（空盒气压表），mercury barometer（水银气压表）

样条 4：

freezing rain /ˈfriːzɪŋ reɪn/ 复合名词 【大气】不可数 冻雨（**过冷却水滴**[supercooled water droplet]与物体碰撞后立即冻结的**液态降水**[liquid precipitation]）：

✍The **freezing rain** is still *falling*. 冻雨还在下。

✍However, it is possible to estimate the area *covered* by **freezing rain** with radars indirectly. 然而，不可能使用雷达间接估测被冻雨覆盖的区域。

✍Once this **freezing rain** *hits* a surface that is below freezing, it turns to *ice* and *glaze*. 冻雨砸到温度在零下的地面后就变成了冰和雨淞。

✍If **freezing rain** *persists*, the resultant *ice storm* can result in one of winter's greatest disasters. 冻雨持续产生的冰暴能够造成冬季最严重的一种灾害。

✍**Freezing rain** *occurs* about once every 5 to 10 years. 冻雨每隔 5 到 10 年发生一次。

✍*A heavy coating of* **freezing rain** *during* this ***ice storm*** caused tree limbs to break and power lines to sag. 在此次冰暴中，一层厚厚的冻雨压断了树枝，压垂了电线。

✍***Ice storms*** occur when **freezing rain** *accumulates* on the ground, *building up* layers of ***glaze*** or ***rime*** that coat everything. 积于地面上的冻雨形成了包裹万物的多层雨凇或雾凇，从而产生了冰暴。

📖**Freezing rain** *is common in* hilly or mountainous areas, where cold air sinks into the valleys. 由于冷空气沉入山谷，冻雨常见于丘陵和山区。

📖**Freezing rain** and ***freezing drizzle*** are sometimes *found in the vicinity of fronts.* 有时在锋附近发现冻雨和冻毛毛雨。

📖 **Freezing rain** is *caused by* ***snowflakes*** melting before they reach the ground. 雪花在到达地面之前融化，形成冻雨。

📖An ***ice storm*** is a type of winter storm *characterized by* **freezing rain.** 冰暴是冬季暴风雪的一种，冻雨是其特点。

📖These ***ice accumulations*** are *caused by* **freezing rain.** 冻雨造成了这些积冰。

☞上义：freezing precipitation（冻结降水）；同位：freezing drizzle（冻毛毛雨）

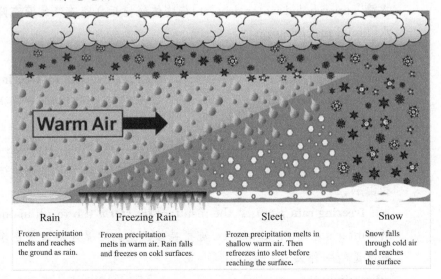

Rain	Freezing Rain	Sleet	Snow
Frozen precipitation melts and reaches the ground as rain.	Frozen precipitation melts in warm air. Rain falls and freezes on cold surfaces.	Frozen precipitation melts in shallow warm air. Then refreezes into sleet before reaching the surface.	Snow falls through cold air and reaches the surface

rain（雨）、freezing rain（冻雨）、sleet（雨夹雪）和 snow（雪）的形成图示

样条 5:

infiltration(in 进入＋filtr 通过＋ation)/ˌɪnfɪlˈtreɪʃən/ 名词 【地质】【应用气象】 不可数 入渗(水[water]自地表进入土壤的运动):

✍**Infiltration** *occurs* when surface water enters the soil. 地表水进入土壤时发生入渗。

✍ The **infiltration** is *prevented* or *reduced* by a nearly impermeable soil layer. 土壤层几乎不透水,阻止或减少了入渗。

✍It's significant to *model* **infiltration** into soil. 为土壤入渗建模是有意义的。

✍The results show that the *cumulative* **infiltration** in Case 1 is the highest among the three cases. 结果显示在三种情况中第一种情况的累积性入渗最强。

✍A series of equations were developed for *predicting* **infiltration** into soils with modified surfaces. 提出了系列方程,旨在通过改变地表来预测土壤入渗。

✍As long as the *vertical* **infiltration** is not *hindered* or *blocked* by less permeable layers, there will be no significant increase in pore pressure 只要垂直入渗不受低透水层的阻碍或堵塞,空隙压力就不会显著增加。

✍Sands and gravels allow more *rapid* **infiltration** due to their high permeability. 由于高透水性,砂砾碎石可加快入渗速度。

📖✍**Infiltration** is *measured* in inches per hour or millimeters per hour. 入渗的计量单位是每小时的英寸数或毫米数。

📖 **Infiltration** *consists of vertical* **infiltration** and *lateral seepage*. 入渗包括垂直入渗和侧向渗流。

📖 **Infiltration** and *percolation* are *components of hydrologic cycle*. 入渗和渗透都是水循环的组成部分。

📖Only the **infiltration** *produced* by the vertical *rainfall* on the slope surface has been considered. 仅考虑了垂直降雨引起的坡面入渗。

📖The significance of *rainwater* **infiltration** in *causing landslides* is widely recognized. 普遍认识到雨水入渗在引发滑坡中的重要作用。

易混词辨析

> infiltration(入渗)和 percolation(渗透)都表示水的向下运动,但是二者在运动的起点和终点以及经过的路径方面存在不同:infiltration 是指水分自地表进入土壤,percolation 发生在植物根区以下,指水分通过土壤或覆盖层。
>
> ✍📖**Infiltration** *occurs* when water sinks into the soil surface or into fractures of rocks. 入渗是指水渗进土壤表层或岩石缝隙。
>
> 📖Ground water moves downward through the soil by **percolation** and then toward a stream channel or large body of water as *seepage*. 地下水向下渗透穿过土壤,以渗流的形式流向河槽或大片水域。

☞词根:infiltrate(入渗)

在普通英汉专科词典中,名词在词目中占据绝对多数,形容词一般仅出现在多词型术语中,动词更是难觅踪影。就宏观层面上的认知语境表征而言,英汉气象学习词典在收词方面需兼顾学科的各个分支;交际语境的组合维度和聚合维度又要求词典在收词中既兼顾词目在词性和构成上的分布特点,还要考虑词目的词汇—语义(lexico-semantic)维度。本节选取了 advect、atmospheric、barometer、freezing rain 和 infiltration 等五个词目,涉及多个气象分支学科,不仅兼顾了单词型术语和多词型术语,而且还涵盖了动词、形容词和名词三种词性。其中,advect、atmospheric、infiltration 为谓词型术语,barometer、freezing rain 为非谓词型术语。由于属于不同的术语类型,这些词目在词典中的文本表征彼此之间也存在差异。

在普通英汉专科词典中,无论是哪类词目,其微观结构都非常简单,通常仅包含拼写和译语对应词这两类信息。英汉气象学习词典的复合语境要素在文本中由针对词目的多种信息类型予以表征。因此,本节设计的样条在词条内容方面比普通英汉专科词典要丰富得多,除拼写和译语对译词,还包含发音(如/bəˈrɒmɪtə/)、语法信息(如动词、名词、及物、可数等语法标示)、学科标签(如【物理】【大气物理】)、例句(如 atmospheric conditions)和参见(如下义:aneroid barometer)等五类信息。就语法信息而言,有的样条还给出了语法次范畴信息。例如,样条 2 就指出 atmospheric 仅用于名词前且没有比较级和最高级形式。不同词目涉及的学科标签数目也存在差异。例如,advect 和 infiltration 可同时归于多个学科或学科分支,样条因而给它们设置了多个学科标签。

在上述五类信息之外,样条还为部分词目提供了其他的信息类型。例如，对于拼写可分解为词根、词素或词缀的词目，样条还提供了构词信息（如样条 3 把 barometer 分解为"baro-重量"和"-meter 测量"两个词素），以帮助词典用户在词目的拼写和含义之间建立联系。对于动词和形容词词目，样条提供了常见型式（如词条 1 指出 advect 作为不及物动词后常跟表方向的副词或介词）。形容词术语 atmospheric 由名词术语 atmosphere 派生而来，与后者相比，其语义并没有增加新的概念内涵，样条因而仅提供译语对译词以及常见的共现成分。但是 advect、barometer 等词目的释义还涉及与其他术语之间的概念关系或语义关系。因此，样条为它们不仅提供了译语对应词，还给出了较为详尽的译语释义（如词条 3 中的"用以测量气压〔atmospheric pressure〕的仪器"）。

　　复合语境设计集中地体现了词典信息的系统性，是满足词典用户对知识面的学习需求的重要保障。然而，词典文本以词条为基本单位，只能以分板块和分层次的方式表征复合语境。为了更好地再现复合语境中围绕节点形成的网络结构，编者必须借助中观结构重建词条之间的互补性和关联性。首先，通过在词目的释义和例句中标出其他相关的专业术语，样条在不同的词目之间建立起了概念关系。其次，参见是建立词目之间多种概念或语义关系的重要手段。例如，通过在样条 4 中增加"上义：freezing precipitation（冻结降水）"，不仅在 freezing rain 和 freezing precipitation 之间建立了概念关系，而且还指明了后者是前者的上义词。再次，设置辨析专栏框（如样条 5 对 infiltration 和 percolation 的辨析①）或插图（如样条 4 对 rain、freezing rain、sleet 和 snow 的形成图示）也是对前述两种手段的重要补充。最后，多义术语各义项之间关系也得到了体现。例如，advect 是一个多义词，不及物义项 1"平流移动"和及物义项 2a"使平流"之间存在一定程度的启动/致使交替关系，前者表示 air、moisture 和 air mass 发生了位置变化，后者突出 anomaly、current 和 wind 是造成这种位置变化的原因。及物义项 2a"使平流"和义项 2b 之间是一种伴随关系，前者表示 anomaly、current 和 wind 使 air、moisture 和 air mass 的位置发生变化，后者表示 heat 和 humidity 也伴随该过程同时发生位置变换。从搜集的语料看，这种编排也兼顾了义项频率的高低，可以兼顾词典用户的查询和学习需求。

　　复合语境包含多种要素，在词典中分别以不同的信息类型予以表征。为了真正发挥语境要素的认知功能和交际功能，样条设计还需要重视这些

---

① 样条对 infiltration 和 percolation 的辨析，参考了雷梅林克、德克萨达和蒙特罗·马丁内斯（Reimerink,de Quesada & Montero Martínez 2010:1945）。

要素在文本表征中的便查性和易读性。例如,样条首先将 advect 的义项分为不及物和及物两类,然后按照频率高低把不及物义项排在及物义项之前。为了增强信息的区分度,便于词典用户准确识别,样条还使用了不同的字体和标示。例如,样条分别使用字符边框(如 名词 、 不及物 等)和实心方头括号(如【地质】、【应用气象】)凸显了语法信息和学科标签这两类信息。如前所述(6.1.2),用法示范类例句主要服务于词典的交际功能,涵盖"动+名""名+动""动+副""动+介""形+名""名+介"等搭配类型。概念补充类例句体现的是词典的认知功能,主要包括构成、种属、因果、功用、位置、特征等常见的几种概念关系。样条在这两类例句之前分别使用书写标示 ✍ 或/和图书标示 📖。对于用以释义的相关术语,样条在这些术语之后的方括号中给出其英语对译词。例证中的词目用粗体标出,词目以外的其他相关术语则用粗斜体标出,搭配、知识型式等共现成分则以斜体标示。在参见方面,样条使用了手指标示 ☞,引导词典用户对相关术语进行查询。最后,通过坚持以下三个原则,样条尽可能兼顾了信息的易读性:(1)使用全称不使用简称(例如,使用【应用气象】,不使用【应气】);(2)使用汉语不使用英语(例如,使用 不及物 ,不使用 vi. 或 intransitive verb);(3)注意从信息量、用词和句子结构方面控制例句的难度,为所有例句配备汉语翻译。

6.4.2 复合语境要素表征的样条调研

在框架术语学和其他相关术语学理论的指导下,本章探讨了如何在词典文本中对复合语境进行表征,挑选了有代表性的词目并设计了样条。由此可见,本研究遵循了词典学"理论阐发—文本描述—样条编写"的经典研究思路。这样一种编者视角本质上属自上而下式的理论演绎,往往会不自觉地把词典用户异化为研究者心目中理想的用户,导致词典设计与用户的需求脱节。(魏向清 2005)因此,本节将通过问卷向目标用户展示样条,初步了解他们对英汉专科学习型词典设计特征的认可度。

问卷旨在考察目标用户是否认为样条对 ESP 学习有用,其设计首先需要解决的是在什么情况下对 ESP 学习有用,这涉及词典功能论对使用场景的描述。奥胡斯学派把使用场景主要分为交际场景和认知场景。据该派论述可知,两种场景交织在一起,实质上形成一个连续体,二者之间的区分仅具备理论上的方法论意义(参见 3.1.2)。考虑到词典的交际和认知功能一定程度上相互融合,为了简化答题者的理解负担,问卷把用户对英汉专科学习型词典的使用场景笼统分为阅读和表达两种情况,调查样条中的信息类型对这两种学习是否有用。例如,针对构词信息设计的问题如下所示:

advect （ad 向+vect 运输） /æd'vekt/ 动词【物理】【大气物理】

1. 不及物 （ +表方向的介词或副词） 平流移动（气候异常[anomaly]、气流[current]、空气[air]、湿汽[moisture]、气团[air mass]等沿水平方向移动）:

2. 及物 （ +名词+表方向的介词或副词）

　2a. 使平流（气候异常[anomaly]、气流[current]、风[wind]等携带湿汽[moisture]、空气[air]、气团[air mass]等沿水平方向流动）:

　2b. 使平移（气候异常[anomaly]、气流[current]、风[wind]等导致热量[heat]、湿度[humidity]等沿水平方向转移）:

我认为上图中方框内的信息

A. 仅对英语理解有帮助

B. 仅对英语表达有帮助

C. 对英语理解和表达都有帮助

D. 对英语理解和表达都没有帮助

　　样条截图中使用方框可以直观地标出词条中需要调查的信息类型,避免在提问时使用语言学或词典学术语。其好处在于答题者即使不知道如何指称相关信息类型也能够对它们是否有用做出评价。然而,使用方框也存在局限。由于仅能在截图中标出词条中的显性设计特征,问卷调查了以参见形式呈现的派生关系和语义关系和以专栏形式呈现的图解和辨析,却无法直接考察其他涉及信息互补性、关联性、便查性和易读性的隐性设计特征对 ESP 学习是否有用。

　　在显性设计特征中,音标虽然非常重要,但是仅与口头交际中的理解和表达相关。鉴于目标用户主要在书面交际中使用 ESP,问卷把音标排除在外,以减少问题数量。为了简化截图,突出待调查的信息类型,被引样条删除了无关的信息,一般只包含词目、学科标签、词性、释义、对译词和待调查的信息类型,大致保留了原词条内部的信息布局。例如,上图删除了 advect 的所有例句,但是其他信息布局与删减前的词条相同,3 个释义的编排顺序也予以保留。问卷基于 5 个样条考察了 12 类信息,各类信息在样条中的分布情况如表 6-2 所示:

表 6-2　样条中的信息类型分布

词目	调研所针对的信息类型
advect	构词(词素分解)、词性(不及物动词)、学科标签、型式(动词＋介词或副词)、汉语对译词、释义
atmospheric	派生关系(词根)
barometer	概念(补充)类例句(构成)、用法(示范)类例句(动宾搭配)、语义关系(上下义)
freezing rain	插图(五种降水形成图示)
infiltration	辨析(易混概念,删除例句)

每类信息设置一道问题,问卷主体部分由 12 道题目组成,通过问卷星平台在线发放给国内某大学大气科学专业二年级两个班的学生。共收回答卷 43 份,其中有效问卷 35 份。图 6-6 汇总了受访者对 12 类信息的整体看法。

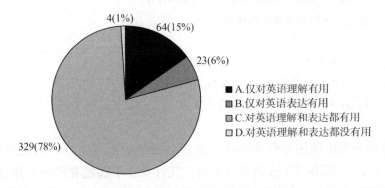

图 6-6　受访者对 12 类信息的总体看法

由样题可知,每个问题设有 4 个选项。问卷包含 12 道单选题,每位受访者答完问卷需要做出 12 次选择,这意味着 35 位受访者一共做出了420 次选择。从图 6-6 可知,在这 420 次选择中,受访者有 329 次选择 C 选项,占总次数 78%。换言之,他们多数情况下都肯定了样条提供的信息既对英语理解也对英语表达有用。受访者有 64 次(占比 15%)选择 A 选项(即仅对英语理解有帮助),23 次(占比 6%)选择 B 选项(仅对英语表达有帮助),只有 4 次(占比 1%)选择 D(即对英语理解和阅读都没有帮助)。总体而言,受访者在绝大多数情况下对 12 类信息都做出了正面评价。

虽然受访者整体上持正面看法,但是他们对 12 类信息评价并不完全一致。因此,还需要分别考察受访者对每一类信息的评价情况,思考这些评价对编者视角下的词典设计有什么启发。以下组图 6-7 显示了受访者对每一类信息的具体看法。

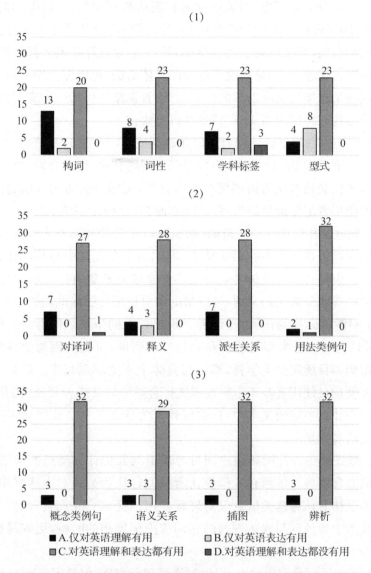

(1)

(2)

(3)

■A.仅对英语理解有用　　　□B.仅对英语表达有用
□C.对英语理解和表达都有用　■D.对英语理解和表达都没有用

图 6-7　受访者对 12 类信息的具体看法(1)(2)(3)

由组图可知,至少一半以上受访者认为这 12 类信息对英语理解和表达都有用,包括那些从编者角度看往往对一种场景下的 ESP 学习比另一种更有用的信息类型。这一方面可能是因为受访者在学习中非常需要这些信息类型,鉴于它们在一般专科词典中难觅踪影,受访者不吝给予它们以最高的评价,因而选择"对英语理解和表达都有用",个别学生的线下反馈也体现了这一点。另一方面也说明面向 ESP 学习的词典使用场景的确难以截然分开,在一种使用场景中有用的信息或多或少对另一种使用场景也有用,可能促使相当一部分受访者把"对英语理解和表达都有用"视作最保险的选项。与选项 C(即对理解和表达均有帮助)相比,其他选项认为相关信息类型要么仅对理解有用,要么仅对表达有帮助,抑或是对理解和表达都没用,这类受访者虽然占比较低,但是反映了他们的具体看法,可以促使编者从用户角度思考这些信息类型实际发挥的作用,对编者视角不失为一种有益的补充,下文将结合这三种情况对 12 类信息进行考察:

(1) 构词主要用于帮助词典用户在碰到或识记生词时基于拼写推知词义。有 37%的受访者(13 人)认为构词仅对理解有用,这符合设置构词的初衷。还有 2 位受访者认为构词仅对表达有用,可能是因为构词信息还可以帮助词典使用者记忆词目的拼写,从而方便在书面表达中使用。

(2) 词性及相应的次语法范畴(如 advect 的及物和不及物属性)旨在帮助用户推测词语在句子中的语法功能,据此决定在表达中与其他什么成分形成组合。但是有 8 位受访者认为这类信息仅对理解有用,或许是因为次语法范畴能够区分多义词义项,可以帮助词典使用者更好地理解文本。

(3) 对学科标签的作用,受访者表现出较大的争议。值得注意的是有 3 位同学认为该信息类型对理解和表达均无帮助,可能是因为学科标签只是笼统指明词目所属分支学科,难以与具体上下文联系起来。但是学科标签可以方便词典使用者基于学科范围选择合适的词义或者帮助他们决定词目应该用在什么主题的文本中,这也解释了为什么还有 7 位受访者选择 A 和 2 位受访者选择 B。

(4) 型式旨在告诉词典用户词目习惯上与其他什么类型的词搭配,其编码指向非常明显。虽然有 8 位受访者(23%)认为型式对表达有用,但是还有 4 名受访者认为这类信息仅对理解有用。就 advect 而言,原因可能是在专业文本中当该词与表达方向的介词或副词连用的时候,更容易推知其含义。

(5) 在双语词典编者看来,提供对译词理所当然,但是不应夸大 ESP 学习者对该信息类型的需求。从本质上讲,对译词和英语词目一样,都是语言标签,有时对辅助理解专业概念能够发挥的作用颇为有限。这也说明为什么虽然有 7 名受访者认为对译词仅对理解有用,但还有 1 位受访者认为对理解和表达都没有帮助,使得对译词和学科标签成为仅有的两类受访者认为可能无用的信息类型。

(6) 释义旨在提供对理解专业概念不可或缺的基本信息。但是具体到问卷,情况又有所不同。advect 的释义列出了 advect 指称的事件涉及的常见大气现象及其对应的英语术语,不仅提供了理解概念必需的基本信息,而且指明了哪些名词可以与英语词目形成主谓搭配关系。这一定程度上解释了为什么各有 4 名和 3 名受访者肯定了释义对理解和表达的作用。

（7）派生关系把词目与同一词族内的其他词语联系在一起，有利于学习者扩大词汇量，理解和记忆新词。样条将 atmospheric 与 atmosphere 关联起来，是因为对前者的理解必须以后者指称的专业概念为基础。总体而言，20％的受访者认为派生关系仅对英语理解有帮助，这种看法与词典编者在样条中设置该信息类型的目的较为一致。

（8）用法类例句结合具体的语境展示与词目相关的语法信息和搭配信息，旨在提高英汉专科学习型词典用户的英语表达能力。由于例句把词目置于典型的语境中，可以明晰词义，加之某些词汇搭配就是知识型式在句法层面上的体现，用法类例句同时可以辅助理解专业知识。因此，有 2 名受访者认为该类信息仅对英语理解有帮助，1 名认为仅对表达有帮助。

（9）概念类例句从富知识语境挑选而来，与释义形成呼应，可以补充后者无法涵盖的概念关系，共同参与构建一个微型的知识结构，丰富词典用户对专业概念内涵的理解。有 9％的受访者认为概念类例句仅对英语理解有帮助，这种看法较准确地反映了词典编者提供该类信息的初衷。

（10）语义关系把词目引向与之存在聚合关系的其他词目，旨在帮助 ESP 学习者联想记忆相关词语；该信息类型还可用以呈现概念关系，参与构建词典用户理解专业概念所依赖的知识结构。就问卷而言，语义关系展示了 barometer 的下位概念 aneroid barometer 和 mercury barometer，后两者在前者基础上增加了修饰语，还体现了横向组合关系。因此，各有 3 名受访者认为语义关系仅对理解或者表达有帮助。

（11）插图直观地展示了词目 freezing rain 与其他四种降水在形成条件上的区别和联系，辨析（不包含例句）则聚焦于词目 infiltration 与易混词 percolation 在水运动的起点、终点和路径方面的差异，设置这两类信息都是为了帮助词典用户准确理解相关专业概念。问卷调查显示，9％的受访者认这两类信息仅对英语理解有用。从受访者完全一致的选择可知，目标用户似乎领会了词典提供此类信息的意图。

鉴于样条目标用户的专业限制性，本问卷调查无法大规模展开，只能采用线上问卷形式，在小范围内收集目标用户对样条的具体看法，致使问卷回收有效样本量较小。此外，由于委托任课教师代为发放问卷，动员学生参与，此次调研难以避免问卷调查中常见的霍桑效应（Hawthorne effect）和光环效应（halo effect）（参见秦晓晴 2009：60），即受访者倾向于肯定问卷展示的信息类型。由回收问卷可知，绝大多数受访者选择"对英语理解和表达都有帮助",只有极少数选择"对英语理解和表达都没有帮助",前述两种效应由此可见一斑,受访者评价的真实性因而在一定程度上打了折扣。尽管如此,问卷调查还是提供了非常有价值的信息,整体上肯定了样条的作用。尤其是那些与编者视角相左的反馈,一方面可以帮助编者客观评估目标用户对词典设计特征的接受情况,合理调整对设计特征使用效果的预期;另一方面也说明欲使学习者从词典中最大程度受益,不仅要提高词典设计特征的用户友好性,还有必要就某些设计新理念和新创意对词典用户进行必要的使用培训。

6.5 小结

本书第五章探讨了如何从语料库中获取核心数据类型,指出了这些数据可以转化成哪些信息类型,但是仅仅在数据与文本之间建立起初步对应关系,还需要通过文本表征最终实现英汉专科学习型词典的语境化设计。本书作者认为只有在词典文本中对交际语境和认知语境的构成要素进行表征,英汉专科学习型词典潜在意义上的认知功能和交际功能才能转化成现实中的功能。因此,本章结合气象学学科系统考察了在词典设计中如何对英汉专科学习型词典的复合语境进行文本表征。

本书作者发现,词典文本所能够容纳的信息类型因层级结构而有相同之处,认为只有结合词典文本的层级结构才能对词典的内容特征做出较为合理的描述。本书作者主张从宏观结构、微观结构和外部材料三个方面对用以表征英汉气象学习词典复合语境要素的信息类型展开考察。在宏观结构层面上,英汉气象学习词典不仅需要收入名词、动词和形容词词目,而且还应该兼顾气象学的各个分支构成并酌情收入一定量的邻近学科、基础学科词汇和科技通用词汇。

本书作者发现处于词典文本底层的微观结构涉及的信息类型既复杂又重要,几乎包含所有与词目相关的形式和语义信息。这些信息可大致分为形式信息和语义信息两类。形式方面的信息相对简单,包括拼写(及构词信息)、发音、词类和屈折变化形式。语义方面的信息主要涉及标注、释义、例句和插图等类型。其中的标注在英汉气象学习词典中主要包括学科标签和语法信息。在释义方面,本书作者主张采用"翻译+定义"释义方式,其中定义的撰写还需要根据词目的类型采取不同的策略。在例句选择方面,本书作者主张根据英汉气象学习词典复合语境的表征需要把例句分为用法示范类和概念补充类两种。两类例句都应该选自真实文本并为其配备汉译。至于词典中的插图信息,本书作者主张可借鉴框架术语学对图示信息的三分法,根据微观认知语境要素的表征需要为词目选配合适的例句,以弥补文字释义的不足。本书作者把外部材料中的信息分为使用类信息和功能类信息,认为只有后者直接参与了对复合语境的表征。

　　本书作者注意到在英汉气象学习词典文本中还存在一些要素或特征横跨多个结构层面,涉及多种信息类型。它们要么参与对复合语境的构建,要么辅助用户对词典的使用[1],所以在词典文本设计中应该予以重视。首先,编者在词典编纂中应该努力重建词典信息之间的互补性和关联性。其次,编者在词典编纂中应尽可能提高词典信息的便查性和易读性。

　　本章最后还选择典型词目设计样条,把抽象的复合语境转变为能够满足词典用户检索需求和学习需求的词典文本,基于样条编写问卷,根据受访者反馈分析了目标用户对样条的认可度,检验了英汉专科学习型词典语境化设计在编纂实践中的可行性。

---

　　① 对多义词义项关联的详细论述参见附录。

第七章　结语

本书对英汉专科学习型词典的设计特征展开了较为系统的研究。由于涉及多个相互关联的论题,非常有必要在本章对本研究的主要发现进行归纳和总结,阐述其理论意义和实践价值,反思专科词典研编出现的新变化,并对后续研究做出展望。

7.1　本研究的主要贡献

在文献综述的基础上,本研究发现以往的专科学习型词典研编大多依赖普通学习词典研编理论,对专科学习型词典的特殊性关注不够。鉴于此,本研究首先考察了双语专科学习型词典设计的特殊性,然后在框架术语学的观照下,以英汉气象学习词典为例探讨了英汉专科学习型词典语境化设计的构成要素、技术实现和文本表征。本研究的主要贡献可从以下几个方面进行归纳:

7.1.1　英汉学习型专科词典语境化设计的构成要素

本研究主张把英汉专科学习型词典语境化设计的认知语境分为宏观和微观两个层面。宏观层面上的认知语境构建意味着把英汉专科学习型词典的学科范围确定为二级学科意义上的单学科,厘清所涉学科的内部构成以及各分支之间的关系。至于微观层面上的认知语境构建,本研究认为层级概念关系(即属—种关系和整体—部分关系)为理解术语提供了最基本的认知参照,概念之间的非层级关系则拓展了术语的概念语境,二者都需要在英汉专科学习型词典的语境化设计中予以再现。

英汉专科学习型词典的交际语境可以分为组合和聚合两个维度,前者指的是术语的句法和搭配等共现特征,后者是指术语之间的多义、近义、反义、派生等替换关系。术语学对术语组合维度的研究成果为英汉专科学习型词典的收词、释义和例证都带来了新的启示,而术语学对聚合维度上替换关系的考察对英汉专科学习型词典的词条中的信息布局以及参见的设置也提出了新的要求。

本研究认为认知语境和交际语境虽然分别服务于英汉气象学习词典的认知功能和语言功能,但是它们的部分构成要素完全一致,其他的构成要素之间则是一种互补关系,使得这两种语境在功能上呈现出互相融合的特点。因此,本书作者认为在英汉专科学习型词典的语境化设计中宜把二者融合在一起。

7.1.2　英汉专科学习型词典语境化设计的技术实现

本书作者认为,可靠的数据来源和获取方法是英汉专科学习型词典文本表征是否成功以及质量是否过硬的重要基础。词典、内省、引例等传统数据获取来源或方式在词典编纂中依然发挥着不可替代的作用,互联网、语料库等新兴的数据获取来源则是传统手段的补充,在词典设计中正发挥越来越重要的作用。

语料库代表了词典学技术发展的主流趋势,其建设环节决定着是否能够从中提取可靠数据。为了满足英汉专科学习型词典数据提取的需要,词典编者需要明确专用英语语料库的类型特征,根据建库目的和主题范围确定语料的大致规模,基于专业交际的特点和所涉学科的内部构成确定语料选择的标准。最后,在把语料投入使用之前,还应该对收集的文本进行必要的格式转换、内容清洁和信息标注。

术语、搭配组合和概念或语义关系这三类数据是撰写词典各类信息的基础。使用术语研究工具 TermoStat 可以从语料库中提取术语,在收词立目方面为词典编者提供参考;词典编纂辅助工具 Sketch Engine 在获取与术语相关的搭配和概念关系方面具有独特的优势,可以大大减轻词典编者获取相关信息的工作量。

本研究构建了一个由语料库建设、数据提取和文本表征三个板块组成的技术实现模型。其中,语料库建设是技术实现的准备阶段,数据提取是实施阶段,文本表征是应用阶段。三者既彼此独立,又前后承接,都是英汉专科学习型词典语境化设计的整个技术实现过程中缺一不可的环节。

7.1.3 英汉专科学习型词典语境化设计的文本表征

本研究发现词典文本所能够容纳的信息类型因层级结构而有所相同，认为只有结合词典文本的层级结构才能对词典的内容特征做出较为合理的描述。

本研究主张从宏观结构、微观结构和外部材料三个方面对用以表征英汉专科学习型词典语境化要素的信息类型展开考察。在宏观结构层面上，英汉专科学习型词典的收词不仅需要涵盖名词、动词和形容词等词性，而且还需兼顾所涉学科的各个分支构成并酌情收入一定量的邻近学科、基础学科词汇和科技通用词汇。在词典文本的微观结构层面上，形式方面的信息包括拼写（及构词信息）、发音、词类和屈折变化形式，语义方面的信息主要涉及标注、释义、例句和插图等类型。本研究把外部材料中的信息分为使用类信息和功能类信息，认为只有后者直接参与了复合框架的表征，具体包括学科导引、整页插图、语言提示、学术英语常用表达、主题分类等内容。

值得注意的是，在英汉专科学习型词典语境化设计的文本表征中，一些复合语境要素横跨多个结构层面，涉及多种信息类型。它们要么参与对复合语境的构建，要么辅助用户对词典的使用，在词典文本设计中也应该予以重视。编者在词典编纂中既要努力重建词典信息之间的互补性和关联性，也应尽可能提高词典信息的便查性和易读性。

基于 advect、atmospheric、barometer 等五个词的样条设计展示了如何把语境化设计转变为具体的词典文本，问卷调查显示大部分目标用户对样条在 ESP 学习中的作用表示认可，验证了前述技术模型在操作上的可行性和可用性。

7.2 本研究的主要意义与价值

词典学界在编纂实践中对专科词典的学习性关注由来已久，但是仅仅在 20 世纪末才开始对双语专科学习型词典展开专题研究。本研究在梳理文献的基础上，在框架术语学和其他术语学理论的观照下，结合气象学学科，对英汉专科学习型词典的语境化设计展开了较为系统的探讨，其价值主要体现在理论和实践两个方面。

7.2.1　本研究的理论意义

本研究的理论意义主要体现在以下几个方面：首先，本研究对英汉专科学习型词典的类型特征、文本功能和用户需求进行了详细的词典学考察，突出了英汉专科学习型词典与邻近类型之间的差异，使词典研究者对这一词典家族中的新成员及其特殊性有更清晰的认识，有助于澄清"专科学习型词典＝专科词典＋语言编码信息"的错误认识。其次，本研究采用跨学科的研究思路，讨论了框架术语学的三个研究焦点和其他术语学理论为英汉专科学习型词典语境化设计带来的启发，把学习型词典的语境化理论拓展到了学科体系和概念系统的层面，一定程度上拓宽了学习词典学和专科词典学的研究视野。再次，本研究在考察各个结构层面上的信息类型的同时，还探讨了英汉专科学习型词典信息之间的关联性和互补性以及信息的便查性和易读性，丰富了对词典文本隐性结构成分的认识。最后，本研究不仅探讨了内容特征、结构特征和技术特征这三大设计维度，而且还考察了英汉专科学习型词典语境化设计的本质问题——复合语境的构建，指出复合语境与文本表征之间是深层与表层的关系，使文本表征要素的选择和呈现不仅有据可依，而且重点突出。总之，本研究不仅可以深化词典研究者对双语专科学习型词典的认识，而且对专科学习词典学本体理论的构建也有一定的推动作用。

7.2.2　本研究的实践价值

本研究的实践价值主要体现在以下几个方面：首先，本研究以设计特征为考察对象，具有鲜明的实践指向。如前所述，设计特征一方面反映了设计者的理念和设计所依托的理论，另一方面又与有着具体功能的词典文本联系在一起，因而被视为联结词典学理论与实践的接口。从设计特征研究中获取的理论认识可直接用于英汉专科学习型词典的编纂实践。其次，本研究并非针对双语专科学习型词典设计特征的泛泛而谈，而是结合气象学检验了设计特征的三个维度在具体学科中的适用性，对涉及其他学科的词典编纂也有一定的借鉴价值。再次，本研究特别重视英汉专科学习型词典的内容特征设计的数据来源，不仅简要介绍了传统和新兴的数据获取来源或方式，而且探讨了面向英汉专科学习型词典语境化设计的专用英语语料库的建设问题以及基于语料库的数据提取手段和工具。本研究对技术特征的考察为词典编纂中的数据获取提供了一种实用途径。最后,本研究不仅构建了英汉专科学习型词典语境化设计的技术模型,而且还选取了有代表性的词目并设计了样条,把有关内容特征、结构特征和技术特征的总结认识转化为直观的样条,通过问卷了解目标用户对样条的看法,对编纂相关学科的词典编纂和词条设计有着直接的示范价值。总之,本研究虽然以理论探讨为首要任务,但是也注重理论与实践之间的互动关系,对英汉专科学习型词典的编纂实践也有积极的指导作用。

7.3 专科学习型词典研编的新变化

目前,英汉专科学习型词典研究的内外学科环境均发生了变化,这为进一步推进该类词典的语境化设计研究带来新契机。

近年来,专科学习词典学研究发展迅速,内部呈现出新趋势,外部也面临着新条件,主要体现在以下两个方面:

一方面,专科词典研究的大本营——丹麦奥胡斯学派提出的词典功能理论开始受到更多质疑,该派已部分调整了自己的观点。如第二章所述,奥胡斯学派把词典功能视为词典学理论的基石,认为用户场景是确定词典功能的核心要素。该派辨识了认知和交际两大类别的用户场景,据此把专科词典功能分为认知功能和交际功能。词典学界对这种基于认知和交际的二元划分持怀疑态度,认为虽然理论上可行,但是在实践中难以彼此分开。勒鲁瓦耶和西蒙森(Leroyer & Simonsen 2018)开展的实证研究为这种质疑提供了新依据。他们通过录屏、记录、考察了词典用户的查找和检索行为,发现用户无论是解决交际相关问题还是认知相关问题时,其行为并无实质不同,因而认为专业知识和专业语言交织在一起,质疑认知和交际二分法的实际意义。这些批评进一步说明,英汉专科学习型词典的认知语境和交际语境在功能上是融合的,在语境化设计中不必、也不应分开处理。此外,奥胡斯学派特别强调词典学的独立学科地位,反对将其视为语言学的一个应用分支,因而轻视语言学理论的指导作用,排斥在词典编纂中使用语料库。对奥胡斯学派的这一倾向,词典学界也提出了批评,指出奥胡斯学派虽然基于用户场景和词典功能讨论了词典数据的选择和呈现,但是并没有回答不经语言分析该如何获得这些数据这一核心问题。(参见 Rundell 2012;Swanepoel 2015)奥胡斯学派近来转变了对语料库的态度,认为"不管专科词典收入哪些数据类型,词典编者都应该以语料库为基础来选择数据"

(Nielsen 2018)。奥胡斯学派对语料库的转变肯定了使用计算术语学和语料库语言学的研究工具,从专用语料库中提取核心数据类型对英汉专科学习型词典语境化设计的重要性。

另一方面,现代术语学理论日益重视研究术语的语言维度。传统术语学坚持概念优先的工作原则,认为术语只是指称概念的抽象语言标签,概念及其标签之间的关系可以人为进行标准化。这种术语观突出了术语和词语之间的差别,把术语的句法和语用因素排除在外。现代术语学把术语重新定义为"专门用途语言中专业知识的语言表达"(冯志伟 2011:20),根据研究取向可大致分为知识驱动型(knowledge-driven)和词汇驱动型(lexicon-driven)两派(L'Homme 2018:4)。前者不仅开始关注术语的句法维度,而且突出了语境在理解专业概念时发挥的重要作用;后者更是把词汇语义学的理论框架引入术语学研究中,对术语的搭配特征和句法特征以及术语之间的各种替换关系都做了非常细致的考察。现代术语学对术语语言维度的描写,为专门用途英语学习者在二语环境中学习和使用术语,以及英汉专科学习型词典语境化设计提供了重要指导。值得注意的是,两类术语学研究都特别重视利用专用语料库获取术语数据:词汇驱动型术语研究使用语料库获取术语的典型搭配和组合信息,在此基础上总结术语的论元结构,进而构建起基于框架的知识结构。知识驱动型术语研究深入研究了如何基于知识型式自动获取术语的语义和概念关系。这都为英汉专科学型词典获取语境化设计需要的数据提供了技术手段和工具。

专科词典学及术语学研究领域的新进展为更深入地探讨英汉专科学习型词典语境化设计创造了有利的环境,也带来了新的启发。

7.4 对后续研究的建议和展望

受切入视角和关注重心的限制,本研究尚有进一步深入和拓展的空间。后续工作至少可以在以下两个方面展开研究:

首先,后续研究可对词典释义展开更深入的专题研究。本研究出于整体考虑,对英汉专科学习型词典的释义只能有所侧重。作为语义表征的核心手段,释义是学习型词典内容特征中最重要的信息类型,一直是设计特征研究中的热门话题。为了便于非母语用户理解,普通学习型词典的编者往往通过控制释义用词来提高释义的易读性。比如,OALD 第八版对 lobster 的释义中没有使用与之最近的上位概念 shellfish,而是在牛津释义词汇范围内选择了 sea creature 这个较宽泛的概念。(Béjoint 1988；黄希玲 2014：66)这样处理虽然保证了释义的易读性，却牺牲了专业知识的准确性。比较而言，本研究主张在英汉专科学习型词典编纂中采用对应词＋定义的译义方式，针对谓词型性词目和非谓词型词目使用不同的定义策略(见 6.1.2)。这一做法虽然保证了释义的准确度，但是由于释文中使用了用户未必理解的其他专业术语，释义的易读性明显降低。如何才能在释义的准确性和易读性之间求得平衡？专科学习型词典是否可以向普通学习型词典学习，对释义用词进行控制？这些都是后续研究中需要进一步思考的问题。

其次，后续研究还可结合其他学科或词典类型进一步拓展和完善双语专科学习型词典的设计特征研究。从学科的性质看，英汉专科学习型词典还可以分为文化相关型（culture-dependent）和文化无关型（culture-independent），前者涉及政治、经济、法律等存在文化或地域差异的学科，后者处理的是不因国家或地域而改变的自然或科技领域(Bergenholtz & Tarp 1995：61)。前者在设计中需要考虑信息的跨语不对应问题，后者则一般不存在这样的问题，二者在设计特征方面必然存在一定的差异。为了使讨论更有针对性，本研究选择了英汉气象学习词典作为具体的考察对象。基于这样一种文化无关型词典探讨英汉专科学习型词典的设计特征，相关理论认识在适用范围上肯定存在一定的局限性。鉴于此，有必要结合政治、经贸等学科展开进一步的探讨，以完善对英汉专科学习型词典设计特征的研究。理论上讲，本研究针对英汉专科学习型词典提出的语境化设计原则同样适用于汉英专科学习型词典。但是在汉英专科学习型词典中，汉语是描写对象，英语是描写工具。两种语言的角色互换必然对词典的设计产生重要的影响，需要编者根据词典的描写对象和服务对象对设计特征做出相应的调整。受研究视角的限制，本研究并没有把汉英专科学习型词典的设计特征纳入考察的范围。因此，非常有必要在后续工作中对汉英专科学习型词典的设计特征展开专题讨论，从而进一步拓展相关研究。

参考文献

Ahmad,K. , Davies, A. , Fulford, H. & Rogers, M. 1994. The elaboration of special language terms: The role of contextual examples, representative samples and normative requirements[C]//*Euralex'92 Proceedings I*,139-150.

Andersen,B. & Leroyer,P. 2008. The dilemma of grammatical data in travel dictionaries [J]. *Lexikos*,18:27-45.

Antia,B. E. & Ivo,N. 2013. The interaction of text and visual in specialized dictionary definitions[J]. *Terminology*,19(2):151-174.

Atkins,B. S. & Rundell,M. 2008. *The Oxford Guide to Practical Lexicography*[M]. Oxford University Press.

Barnhart,C. L. 1962. Problems in editing commercial monolingual dictionaries[J]. *International Journal of American Linguistics*,28(2):161-181.

Barsalou,L. 1992. Frames,concepts,and conceptual fields[C]//Lehrer,A. & Kittay,E. F. (eds.). *Frames, Fields, and Contrasts: New Essays in Lexical and Semantic Organization*,21-74. Hillsdale,NJ:Lawrence Erlbaum.

Barsalou,L. 2003. Situated simulation in the human conceptual system[J]. *Language and Cognitive Processes*,18(5-6):513-562.

Beaugrande. R. & Dressler,W. 1981. *Introduction to Text Linguistics*[M]. London: Longman.

Bergenholtz,H. & Kaufmann, U. 1997. Terminography and lexicography:A critical survey of dictionaries from a single specialised field [J]. *Hermes: Journal of Linguistics*,18:91-125.

Bergenholtz,H. & Nielsen,S. 2006. Subject-field components as integrated parts of LSP dictionaries[J]. *Terminology*,12(2):281-303.

Bergenholtz, H. & Tarp, S. 2010. LSP Lexicography or terminography? The lexicographer's point of view [C]//Fuertes Oliveira, P. (ed.). *Specialised Dictionaries for Learners*. Berlin:De Gruyter,27-37.

Bergenholtz,H. & Tarp, S. (eds.),1995. *Manual of Specialised Lexicography: The Preparation of Specialised Dictionaries* [M] (Vol. 12). Amsterdam: John

Benjamins Publishing Company.

Béjoint H. 1988. Scientific and technical words in general dictionaries[J]. *International Journal of Lexicography*,1(4):354-368.

Béjoint H. 2000. *Modern Lexicography: An Introduction* [M]. Oxford: Oxford University Press.

Béjoint H. 2010. *The Lexicography of English*[M]. Oxford:Oxford University Press.

Béjoint,H. 1981. The foreign student's use of monolingual English dictionaries:A study of language needs and reference skills[J]. *Applied Linguistics*,2(3):207-222.

Biber,D. 1994. Representativeness in corpus design[C]//Zampolli,A. ,Calzolari,N. & Palmer,M. (eds.). *Current Issues in Computational Linguistics : In Honor of Don Walker*(Vol. 9). Pisa:Springer Science & Business Media. ,377-407.

Biber,D. ,Conrad,S. & Reppen,R. 1998. *Corpus Linguistics : Investigating Language Structure and Use*[M]. Cambridge:Cambridge University Press.

Bothma,T. J. & Tarp,S. 2013. Lexicography and the relevance criterion[J]. *Lexikos*, 22:86-108.

Bourigault,D. ,Jacquemin,C. & L'Homme,M. C. (eds.). 2001. *Recent Advances in Computational Terminology*(Vol. 2)[C]. Amsterdam:John Benjamins Publishing Company.

Bowker,L. & Pearson,J. 2002. *Working with Specialized Language : A Practical Guide to Using Corpora*[M]. London:Routledge.

Bowker,L. 1993. Multidimensional classification of concepts for terminological purposes [C]//*Advances in Classification Research Online*,4(1):39-56.

Bowker,L. 1997. Multidimensional classification of concepts and terms[C]//Wright,S. E. & Budin,G. (eds.). *Handbook of Terminology Management : Basic Aspects of Terminology Management*. Vol. 1:133. Amsterdam:John Benjamis Publishing.

Bowker,L. 1998. Using specialized monolingual native-language corpora as a translation resource:A pilot study[J]. *Meta*,43(4):631-651.

Bowker, L. 2003. Specialized lexicography and specialized dictionaries [C]//van Sterkenburg,P. (ed.). *A Practical Guide to Lexicography*(Vol. 6). Amsterdam: John Benjamins Publishing Company.

Bowker,L. 2010. The contribution of corpus linguistics to the development of specialised dictionaries for learners [C]//Fuertes Olivera, P. A. (ed.). *Specialised Dictionaries for Learners*(Vol. 136). Berlin:Walter de Gruyter.

Brkan,M. 2007. Examples of use in technical dictionaries[J]. *Inter Alia*,1:5-14.

Buendía Castro,M. 2012. Verb dynamics[J]. *Terminology*,18(2),149-166.

Buendía Castro,M. 2013. Phraseology in specialized language and its representation in environmental knowledge resources[D]. Granada:University of Granada(Doctoral dissertation).

Buendía Castro, M. , Montero Martínez, S. &. Faber, P. 2014. Verb collocations and phraseology in EcoLexicon[J]. *Yearbook of Phraseology*, 5(1):57-94.

Buendía Castro, M. &. Sánchez-Cárdenas, B. 2012. Linguistic knowledge for specialized text production [C]//Calzolari, N. , Choukri, K. , Declerck, K. , et al. (eds.). Proceedings of the Eight International Conference on Language Resources and Evaluation(LREC'12). Istanbul: ELRA: 622-626.

Cabré, M. T. 1999. *Terminology Theory, Methods and Applications*[M]. Amsterdam/Philadelphia: John Benjamins Publishing Company.

Cabré, M. T. 2000. Elements for a theory of terminology: Towards an alternative paradigm[J]. *Terminology*, 6(1):35-57.

Cabré, M. T. 2003. Theories of terminology: Their description, prescription and explanation[J]. *Terminology*, 9(2):163-199.

Caruso, V. 2011. Online specialised dictionaries: A critical survey [C]//*Electronic Lexicography in the 21st Century: New Applications for New Users. Proceedings of eLex*: 66-75.

Chłopek, D. 2013. Encyclopedic meaning through a printed dictionary of business English: Strengths and weaknesses of a hybrid structure[C]//Jesenšek, V. (ed.), *Specialised Lexicography: Print and Digital, Specialised Dictionaries, Databases* (Vol. 144). Berlin: Walter de Gruyter.

Cowie, A. P. 1983. English dictionaries for the foreign learner[C]//Hartmann, R. R. K. (ed.), *Lexicography: Principles and Practice*. London: Academic Press, 135-144.

Cowie, A. P. 2002. *English Dictionaries for Foreign Learners: A History* [M]. Oxford: Oxford University Press.

Coxhead, A. , Demecheleer, M. &. McLaughlin, E. 2016. The technical vocabulary of Carpentry: Loads, lists and bearings[J]. *TESOLANZ Journal*, 24:38-71.

Cronbach, L. J. 1942. An analysis of techniques for diagnostic vocabulary testing[J]. *The Journal of Educational Research*, 36(3):206-217.

Cruse, A. 1986. *Lexical Semantics*[M]. Cambridge: Cambridge University Press.

Cubillo, M. C. C. 2002. Dictionary use and dictionary needs of ESP students: An experimental approach[J]. *International Journal of Lexicography*, 15(3):206-228.

Daille, B. , Habert, B. , Jacquemin, C. &. Royauté, J. 1996. Empirical observation of term variations and principles for their description[J]. *Terminology*, 3(2):197-257.

de Schryver, G. M. 2003. Lexicographers' dreams in the electronic-dictionary age[J]. *International Journal of Lexicography*, 16(2):143-199.

Diab, T. A. A. 1989. The role of dictionaries in ESP, with particular reference to student nurses at the University of Jordan[D]. University of Exeter. (Doctoral dissertation)

Drouin,P. 2003. Term extraction using non-technical corpora as a point of leverage[J]. *Terminology*,9(1):99–115.

Dudley-Evans, T. & St John, M. J. 1998. *Developments in English for Specific Purposes:A Multi-disciplinary Approach*[M]. Cambridge:Cambridge University Press.

Evert,S. 2009. Corpora and collocations[C]//Lüdeling,A. & Kytö,M. (eds.),*Corpus Linguistics. An International Handbook*,Berlin:Mouton de Gruyter.

Faber,P. 2009. The cognitive shift in terminology and specialized translation[J]. *MonTI. Monografías de Traducción e Interpretación*,(1):107–134.

Faber,P. 2011. The dynamics of specialized knowledge representation:Simulational reconstruction or the perception-action interface[J]. *Terminology*,17(1):9–29.

Faber,P. (ed.),2012. *A Cognitive Linguistics View of Terminology and Specialized Language*(Vol. 20)[C]. Berlin:Walter de Gruyter.

Faber,P. 2015. Frames as a framework for terminology[C]//Kockaert, H. J. & Steurs, F. (eds.). *Handbook of Terminology* (Vol. 1). Amsterdam:John Benjamins Publishing Company:14–33.

Faber,P. 2022. Frame-based terminology[C]//Faber,P. & L'Homme,M. C. (eds.), *Theoretical Perspectives on Terminology:Explaining Terms, Concepts and Specialized Knowledge* (Vol. 23). Amsterdam:John Benjamins Publishing Company:353–376.

Faber,P. et al. 2005. Framing terminology:a process-oriented approach[J]. Meta, 50(4).

Faber,P. et al. 2006. Linking images and words:The description of specialized concepts [J]. *International Journal of Lexicography*,20(1):39–65.

Faber P. & Mairal,R. 1999. *Constructing a Lexicon of English Verbs*[M]. Berlin/New York:Mouton de Gruyter.

Faber, P. & León-Araúz, P. 2016. Specialized knowledge representation and the parameterization of context[J]. *Frontiers in psychology*(7):1–20.

Faber,P. & López-Rodríguez,C. I. L. 2012. Terminology and specialized language [C]//Faber, P (ed.), *A Cognitive Linguistics View of Terminology and Specialized Language*, Berlin:Walter de Gruyter(V20),9–31.

Faber,P. & L'Homme,M. C. 2014. Lexical semantic approaches to terminology:An Introduction[J]. Terminology,20(2):143–150.

Faber, P. & San Martin, A. 2012. Specialized Language Pragmatics[C]//Faber, P (ed.),*A Cognitive Linguistics View of Terminology and Specialized Language*, Walter de Gruyter(Vol 20),Berlin/New York:Mouton de Gruyter. 177–204.

Faber, P. &. Tercedor Sánchez, M. I. 2001. Codifying conceptual information in descriptive terminology management[J]. *META*,46(1):192-204.

Faber, P. , León-Araúz, P. &. Prieto, J. A. 2009. Semantic relations, dynamicity, and terminological knowledge bases[J]. *Current Issues in Language Studies*,1(1), 1-23.

Faber,P. , León-Araúz, P. &. Pérez Hernández, C. 2010. A wine dictionary for non-drinkers: LSP dictionary functions[C]//Rodríguez, M. I. (ed.), *Vino*, *lengua y traducción*. Valladolid:Universidad de Valladolid, Secretariado de Publicaciones e Intercambio Científico,109-120.

Faber, P. , León-Araúz, P. &. Reimerink, A. 2014. Representing environmental knowledge in EcoLexicon[C]//Bárcena,E. ,Read,T. &. Arús,J. (eds.),*Languages for Specific Purposes in the Digital Era* (Vol. 19). London:Springer Science &. Business Media:267-301.

Felber,H. 1984. *Terminology Manual*[M]. Vienna:Infoterm.

Fellbaum,C. 1990. English verbs as a semantic net[J]. *International Journal of Lexicography*,3(4):278-301.

Fillmore,C. J. 1975. An alternative to checklist theories of meaning[A]. In *Annual Meeting of the Berkeley Linguistics Society* (Vol. 1)[C],123-131.

Fillmore,C. J. 1987. A private history of the concept 'frame'[C]//Dirven,R. (ed.), *Concepts of Case*(Vol. 4). Tübingen:Gunter Narr Verlag.

Frawley,W. 1988. New forms of specialized dictionaries[J]. *International Journal of Lexicography*,1(3):189-213.

Fuertes Oliveira P. A. 2007. Metaphor in specialised discourse:An analysis of farming verbs in the WBE corpus and some business English dictionaries[C]//Fuentes, A. C. ,P. E. Rokowski &. García,M. R. (eds.),*Approaches to Specialised Discourse in Higher Education and Professional Contexts*. Cambridge:Cambridge Scholars Publishing:2-20.

Fuertes Oliveira,P. A. 2010. (ed.),*Specialised Dictionaries for Learners*[C]. Berlin: De Gruyter.

Fuertes Olivera, P. A. , Bergenholtz, H. , Nielsen, S. et al. 2012. Classification in lexicography: The concept of collocation in the Accounting Dictionaries [J]. *Lexicographica*:293-307.

Fuertes Olivera,P. A. &. Arribas-Baño,A. 2008. *Pedagogical Specialised Lexicography: The Representation of Meaning in English and Spanish Business Dictionaries*[M]. Amsterdam:John Benjamins Publishing Company.

Fuertes Olivera, P. A. &. Velasco-Sacritán, M. 2001. A critical comparison of the macrostructure and microstructure of two bilingual English-Spanish dictionaries of

Economics[J]. *International Journal of Lexicography*,14(1):31-55.

Fuertes Olivera, P. A. 2009a. Specialised lexicography for learners: Specific proposals for the construction of pedagogically-oriented printed business dictionaries [J]. *Hermes: Journal of Language and Communication Studies*,42:167-188.

Fuertes Olivera, P. A. 2009b. Systematic introductions in specialised dictionaries[C]// Nielsen, S. & S. Tarp. (eds.), *Lexicography in the 21st century. In Honour of Henning Bergenholtz*, 161-178.

Fuertes Olivera, P. A. 2011. Equivalent selection in specialized e-lexicography: A case study with Spanish accounting terms[J]. *Lexikos*,21:95-119.

Gagné, A. M. & L'Homme, M. C. 2016. Opposite relationships in terminology[J]. *Terminology*. 22(1),30-51.

Gaudin, F. 2003. *Socioterminologie: Une Approche Sociolinguistique de la Terminologie*[M]. Bruxelles:De Boeck Supérieur.

Gavioli, L. 2005. *Exploring Corpora for ESP Learning* [M]. Amsterdam: John Benjamins Publishing Company.

Geeraerts, D. 1984. Dictionary classification and the foundations of lexicography[J]. *ITL, Review of Applied Linguistics Louvain*,(63):37-63.

Geeraerts, D. 2013. The treatment of meaning in dictionaries and prototype theory[C]// Hausmann, F. J., Reichmann, O., Wiegand, H. E. et al. *Dictionaries. An International Encyclopedia of Lexicography: Supplementary Volume: Recent Developments with Focus on Electronic and Computational Lexicography*. Berlin: Walter de Gruyter,487-495.

Glušac, T. & Milić, M. 2020. How university teachers of English for specific puporses and their students employ dictionaries in teaching and learning[J]. *Annual Review of the Faculty of Philosophy*, Novi Sad, Volume XLV-5:281-295.

Gläser, R. 2000. Should LSP dictionaries also include professional jargon and slang? [J] *Lexikos*,10(1):86-98.

Gouws, R. H. 2010. The monolingual specialised dictionary for learners[C]//Fuertes Olivera, P. A. (ed.). *Specialised Dictionaries for Learners*. Berlin:De Gruyter:55-68.

Gouws, R. H. 2013. Establishing and developing a dictionary culture for specialised lexicography[C]//Vida Jesenšek (ed.). *Specialised Lexicography: Print and Digital, Specialised Dictionaries, Databases*(Vol. 144). Berlin:Walter de Gruyter.

Gouws, R. H. 2020. Special field and subject field lexicography contributing to lexicography[J]. *Lexikos*,30:143-170.

Grefenstette, G. 2016. Determining the characteristic vocabulary for a specialized dictionary using Word2vec and a directed crawler [C]//*GLOBALEX 2016*:

Lexicographic Resources for Human Language Technology, May 2016, Portoroz, Slovenia. Technology Workshop Programme.

Grinev, S. & Klepalchenko, I. A. 1999. Terminological approach to knowledge representation[C]// *TKE'99: Proceedings of the 5th International Congress on Terminology and Knowledge Engineering*. Innsbruck, Austria. Vienna: TermNet: 147-151.

Gross, D. , Fischer U. & Miller, G. A. 1989. The organization of adjectival meanings [J]. *Journal of Memory and Language*, 28(1): 92-106.

Hajduk, A. 2008. Contextualization in L2 vocabulary instruction—an action research study[J]. *Lublin Studies in Modern Languages and Literature*, (32): 261-272.

Halskov, J. , et al. 2010. Quality indicators of LSP texts-selection and measurements measuring the terminological usefulness of documents for an LSP corpus[C]// *Proceedings of the Seventh International Conference on Language Resources and Evaluation*. European language resources distribution agency.

Hanks, P. 1987. Definitions and Explanations[C]//Sinclair, J. (ed.). *Looking Up. An Account of the COBUILD Project in Lexical Computing and the Development of the Collins COBUILD English Language Dictionary*, Collins Elt: 115-136.

Harman, G. 1999. *Reasoning, Meaning and Mind* [M]. Oxford: Oxford University Press.

Hartmann, R. R. K. & James, G. (eds.). 2002. *Dictionary of Lexicography* [Z]. London: Routledge.

Hartmann, R. R. K. 1985b. Four perspectives on dictionary use: A critical review of research methods[C]//Cowie, A. P. (ed.). *The Dictionary and the Language Learner: Papers from the Euralex Seminar at the University of Leeds*, 1-3 April Vol. 17. KG Saur Verlag Gmbh and Co. : 246-256.

Hartmann, R. R. K. 1987. Dictionaries of English: The user's perspective[C]//Bailey, R. W. (ed.). *Dictionaries of English: Prospects for the Record of Our Language*. Ann Arbor: University of Michigan Press: 121-135.

Hartmann, R. R. K. 2001. *Teaching and Researching Lexicography* [M]. Harlow: Pearson Education.

Hartmann, R. R. K. 2005. Pure or hybrid? The development of mixed dictionary genres [J]. *Facta Universitatis-Series: Linguistics and Literature*, 3(2): 193-208.

Hartmann, R. R. K. 2013. Mixed dictionary genres[C]//Gouws, R. H. , Schweickard, W. , Wiegand, H. E. et al. Rovere. *Dictionaries. An International Encyclopedia of Lexicography* (Supplementary Vol). Berlin: Walter de Gruyter: 381-393.

Hartmann, R. R. K. (ed.). 1986. *The History of Lexicography* (Vol. 40) [C]. Amsterdam: John Benjamins Publishing.

Hausmann,F. J. & Wiegand,H. E. 1989. Component parts and structures of general monolingual dictionaries[C]//Hausmann, F. J. , Reichmann, O. , Wiegand, H. E. et al. (eds.). *Wörterbücher/Dictionaries/Dictionnaires. An International Encyclopedia of Lexicography (Handbücher zur Sprachund Kommunikationswissenschaft)*, Berlin:Water de Gruyter. 328-360.

Hausmann,F. J. 1977. Einführung in die Benutzung der neufranzösischen Wörterbücher [M]. Tübingen:Niemeyer.

Heid,U. 2001. Collocations in sublanguage texts:Extraction from corpora[C]//Wright, S. E. & Budin,G. (eds.). *Handbook of Terminology Management :Application- oriented Terminology Management* (Vol. 2). Amsterdam: John Benjamins Publishing Company,788-808.

Heylen,K & De Hertog,D. 2015. Automatic term extraction[C]//Hendrik J. K. , Frieda Steurs (eds). *Handbook of Terminology* (Vol1). Amsterdam: John Benjamins Publishing Company.

Hupka,W. 2003. How pictorial illustrations interact with verbal information in the dictionary entry:A case study[C]//Hartmann, R. R. K. (ed.). *Lexicography: Critical Concept*,Vol. III. London and New York:Routeledge.

Hutchinson,T. & Waters,A. 1987. *English for Specific Purposes*[M]. Cambridge: Cambridge University Press.

Ilson,R. 1987. Illustrations in dictionaries[C]//Cowie, A. P. (ed.). *The Dictionary and the Language Learner :Papers from the Euralex Seminar at the University of Leeds*,1-3(Vol. 17). München:KG Saur Verlag.

Impong,N. & Vitayapirak,J. 2019. *Corpus-based terminological dictionary of music : A case study of rock guitar* [D]. Rachel Edita O. ROXAS President National University(The Philippines).

ISO/TC 37/SC 1. ISO 704:2000. *Terminology Work—Principles and Methods* [Z] (2000-11-15).

Jakobson,R. 1956. Two aspects of language and two types of aphasic disturbances[C]// Jakobson, R. & Halle, M. *Fundamentals of Language*. The Hague Mouton: 55-82.

Johns,A. M. 1991. English for specific purposes(ESP):Its history and contributions [C]//Celce-Murcia,M. (ed.). *Teaching English as a Second or Foreign Language* (2nd ed.). New York:Newbury House,67-75.

Jousse,A. L. , L'Homme, M. C. , Leroyer, P. & Robichaud, B. 2011. Presenting collocates in a dictionary of computing and the Internet according to user needs[C]// *Proceedings of the 5th International Conference on Meaning-Text Theory.* Barcelona,September 8-9:134-144.

Judd,E. L. 1978. Vocabulary teaching and TESOL: A need for reevaluation of existing assumptions[J]. *Tesol Quarterly*,12(1):71-76.

Justeson,J. S. & Katz,S. M. 1995. Technical terminology: Some linguistic properties and an algorithm for identification in text[J]. *Natural Language Engineering*, 1(01):9-27.

Kageura,K. 2015. Terminology and lexicography[C]//Kockaert, H. J. & Steurs, F. (eds.). *Handbook of Terminology* (Vol. 1). Amsterdam: John Benjamins Publishing Company:45-59.

Kharma, N. N. 1984. Contextualization and the bilingual learner's dictionary[C]// Hartmann, R. R. K., (ed.), *Lexeter'83 Proceedings: Papers from the International Conference on Lexicography at Exeter*,9-12 September 1983(Vol. 1). Tübingen:Max Niemeyer Verlag:199-206.

Kilgarriff,A. & Rundell, M. 2002. Lexical Profiling Software and its lexicographic applications:A case study[C]//*Proceedings of the Tenth EURALEX International Congress,EURALEX 2002*: Copenhagen,Denmark,August 13-17,2002,807-818.

Kilgarriff,A. ,et al. 2008. GDEX:Automatically finding good dictionary examples in a corpus [C]//*Proceedings of the XIII EURALEX International Congress* (Barcelona,15-19 July 2008),425-432.

Kilgarriff,A. ,P. Rychlý, P. Smrz,and D. et al. Tugwell. 2004. The Sketch Engine [C]//Williams, G. (ed.), Proceedings of the Eleventh EURALEX International Congress,Lorient,France. Université de Bretagne-Sud,116.

Kirkpatrick,B. 1989. User's guides in dictionaries[C]//Hausmann,F. J. ,Reichmann, O. Wiegand, H. E. et al. (eds.). *Wörterbücher/Dictionaries/ Dictionnaires. An International Encyclopedia of Lexicography*(Vol. 1),Berlin:Walter de Gruyter: 754-761.

Kopecka,B. 2005. Active learner's dictionary of English for technology[J]. *Studia Anglica Resoviensia*, 25(3).

Krishnamurthy,R. 2002. The corpus revolution in EFL dictionaries[J]. *Kernerman Dictionary News*,10:1-6.

Kruse, T. & Heid, U. 2021. Lemma selection and microstructure: Definitions and semantic relations of a domain-specific e-Dictionary of the mathematical field of graph theory [C]//Gavriilidou, Z. , Mitsiaki, M. & Fliatouras, A. (eds.). *Proceedings of XIX EURALEX Congress: Lexicography for Inclusion 7 - 9 September 2021 Vol. I*:415-424. Democritus University of Thrace.

Kwary, D. A. 2010. From language-oriented to user-oriented electronic LSP dictionaries:A case study of an English dictionary of finance for Indonesian students [C]//*XIV Euralex International Congress*:1112-1120.

Kwary,D. A. 2011. Towards a typology of definitions for LSP dictionaries[J]. *Journal of English Studies*,(9),55-74.

Landau,S. 2005. 词典编纂的艺术与技巧[M]. 2 版. 章宜华,夏立新,译. 北京:商务印书馆.

Langacker,R. W. 2008. *Cognitive Grammar:A Basic Introduction* [M]. Oxford: Oxford University Press.

Lauder,A. F. 2010. Data for lexicography:The central role of the corpus[J]. *Wacana, Journal of the Humanities of Indonesia*,12(2):219-242.

Laursen, A. L. 2010. Explanatory notes in LSP dictionaries [C]//Heine, C. & Engberg,J. (eds.). *Reconceptualizing LSP:Online Proceedings of the XVII European LSP Symposium* 2009.

Leech,G. 1997. Introducing corpus annotation[C]//Garside,R. ,Leech,G. & McEnery V. (eds.). *Corpus Annotation:Linguistic Information From Computer Text Corpora*. London:Longman:1-18.

Lemay, C. , L'Homme, M. C. & Drouin, P. 2005. Two methods for extracting "specific" single-word terms from specialized corpora: Experimentation and evaluation[J]. *International Journal of Corpus Linguistics*,10(2):227-255.

Lenci,A. ,Bell, N. ,Busa, F. et al. 2000. SIMPLE:A general framework for the development of multilingual lexicons[J]. *International Journal of Lexicography*, (4):249-263.

Leroyer,P. & Simonsen,H. K. 2018. When Learners Produce Specialized L2 Texts: Specialized Lexicography between Communication and Knowledge[C]//Klosa,A. , Lüngen, H. , Čibej, J. , et al. (eds.). *Proceedings of the XVIII EURALEX International Congress:Lexicography in Global Contexts*. Ljubljana:Ljubljana University Press,329-338.

Levin,B. 1993. *English Verb Classes and Alternations:A Preliminary Investigation* [M]. Chicago:University of Chicago Press.

Lew, R. 2011. User studies:Opportunities and limitations [C]//ASIALEX2011 Proceedings *Lexicography:Theoretical and Practical Perspectives*. Kyoto:Asian Association for Lexicography:7-16.

León-Araúz P, San Martín A & Faber P. 2016. Pattern-based word sketches for the extraction of semantic relations[C]//Drouin,P. ,Grabar,N. ,Hamon,T. ,Kageura, K. & Takeuchi, K. (eds.). *Proceedings of the 5th International Workshop on Computational Terminology*,73-82.

León-Araúz, P. & Faber, P. 2010. Natural and contextual constraints for domain-specific relations [C]//Barbu Mititelu, V. & Pekar, V. (eds.). *The Workshop Semantic Relations,Theory and Applications*. Valletta,Malta:12-17.

León-Araúz, P. & Reimerink, A. 2010. Knowledge extraction and multidimensionality in the environmental domain[C]//*Proceedings of the Terminology and Knowledge Engineering (TKE) Conference*. Dublin: Dublin City University. Accessed at: http://lexicon. ugr. es/pdf/leonreimerink2010. pdf[18/02/2020].

León-Araúz, P. & Reimerink, A. 2018. Improved knowledge-rich context extraction for terminography[C]//Read, T. , Montaner, S. & Sedano, B. (eds.), *Technological Innovation for Specialized Linguistic Domains*. Beau Bassin: Éditions universitaires européennes: 69-84.

León-Araúz, P. & Reimerink, A. 2019. High-density knowledge rich contexts[J]. *Argentinian Journal of Applied Linguistics*. 7(1): 109-130.

León-Araúz, P. & San Martín, A. 2011. Distinguishing polysemy from contextual variation in terminological definitions[C]//*Actas del X Congreso de la Asociación Europea de Lenguas para Fines Específicos: La investigación y la enseñanza aplicadas a las lenguas de especialidad ya la tecnología*: 173-186.

León-Araúz, P. & San Martín, A. 2012. Multidimensional categorization in terminological definitions [C]//Fjeld, R. V. & Torjusen, J. M. (eds.). *Proceedings of the 15th EURALEX International Congress*. Oslo: EURALEX: (578-584).

León-Araúz, P. , Faber, P. & Montero Martínez, S. 2012. Specialized language semantics [C]//Faber, P. (ed.), *A Cognitive Linguistics View of Terminology and Specialized Language* (Vol. 20). Berlin: Walter de Gruyter. : 95-175.

León-Araúz, P. , Faber, P. & Pérez Hernández, C. 2008. LSP dictionaries and their genuine purpose: A frame-based example from MARCOCOSTA[C]//*Proceedings of the 13th European Association for Lexicography Conference* (EURALEX '08): 997-1006.

León-Araúz, P. , Reimerink, A. & Faber, P. 2009. Knowledge extraction in multidimensional concepts: Corpus pattern analysis (CPA) and concordances[C]//*Proceedings of the 8th International Conference on Terminology and Artificial Intelligence*. Toulouse, France.

León-Araúz, P. , Reimerink, A. & García-Aragón, A. 2013. Dynamism and context in specialized knowledge[J]. *Terminology*, 19(1): 31-61.

L'Homme, M. C & Robichaud, B. 2014. Frames and terminology: Representing predicative terms in the field of the environment[J]. *COLING*: 186.

L'Homme, M. C. & Bae, H. S. 2006. A Methodology for developing multilingual resources for terminology[C]//*Language Resources and Evaluation Conference* (LREC 2006): 22-27.

L'Homme, M. C. & Marshman, E. 2006. Terminological relationships and corpus-based methods for discovering them: An assessment for terminographers[C]// Bowker, L. (ed.). *Lexicography, Terminology, and Translation. Text-based Studies in Honour of Ingrid Meyer*. Ottawa: University of Ottawa Press, 67-80.

L'Homme, M. C. 1998. Le statut du verbe en langue de spécialité et sa description lexicographique[J]. *Cahiers de Lexicologie*, 73(2): 61-84.

L'Homme, M. C. 2000. Understanding specialized lexical combinations [J]. *Terminology*, 6(1): 89-109.

L'Homme, M. C. 2002. What can verbs and adjectives tell us about terms? [C]// *Proceedings of the 6th International Congress on Terminology and Knowledge Engineering*, 65-70.

L'Homme, M. C. 2003. Capturing the lexical structure in special subject fields with verbs and verbal derivatives. A model for specialized lexicography[J]. *International Journal of Lexicography*, 16(4): 403-422.

L'Homme, M. C. 2007. Using explanatory and combinatorial lexicology to describe terms[C]//Wanner, L. (ed.). *Selected Leixcal and Grammatical Issues in the Meaning-Text Theory. In Honour of Igor Mel'cuk*. (Vol. 84) Amsterdam/ Philadelphia: John Benjamins Publishing Company: 167-202.

L'Homme, M. C. 2009. A methodology for describing collocations in a specialized dictionary[C]//Nielsen, S. & Tarp, S. (eds.). *Lexicography in The 21st Century: In Honour of Henning Bergenholtz* (Vol. 12). Amsterdam: John Benjamins Publishing Company: 237-256.

L'Homme, M. C. 2010. Designing terminological dictionaries for learners based on lexical semantics: The representation of actants[C]//Fuertes-Oliveira, P. (ed.), *Specialised Dictionaries for Learners*. Berlin: De Gruyter: 141-153.

L'Homme, M. C. 2012a. Adding syntactico-semantic information to specialized dictionaries: An application of the FrameNet methodology[J]. *Lexicographica*, 28(1): 233-252.

L'Homme, M. C. 2012b. Using ECL (Explanatory Combinatorial Lexicology) to discover the lexical structure of specialized subject fields[C]//*Words, Meanings and other Interesting Things*. Moscow: RCK: 378-390.

L'Homme, M. C. 2014. Terminologies and taxonomies[C]//Taylor, J. (ed.). *The Handbook of the Word*. Oxford: Oxford University Press.

L'Homme, M. C. 2015. Predicative lexical units in terminology[C]//Gala, N., Rapp, R. & Bel-Enguix, G. (eds.). *Language Production, Cognition, and the Lexicon*. Cham: Springer International Publishing: 75-93.

L'Homme, M. C. 2018. Maintaining the balance between knowledge and the lexicon in terminology: A methodology based on frame semantics[J]. *Lexicography*, 4(1):

3-21.

L'Homme,M. C. 2020. *Lexical Semantics for Terminology: An Introduction* [M]. Amsterdam:John Benjamins Publishing Company.

L'Homme,M. C. & J. Pimentel. 2012. Capturing syntactico-semantic regularities among terms:An application of the FrameNet methodology to terminology[C]// Vossen, P. , Görög, A. , Izquierdo, R. , et al. (eds.) *Language Resources and Evaluation*,LREC 2012. Istanbul,Turkey,262-268.

L'Homme,M. C. ,et al. 2014. Discovering frames in specialized domains[C]//Calzolari, N. , Choukri, K. , Declerck, T. , et al. (eds.). *Proceedings of the Ninth International Conference on Language Resources and Evaluation*. Reykjavik, Iceland,1364-1371.

Litwack,D. M. 1979. Procedure:The key to developing an ESP curriculum[J]. *TESOL Quarterly*,13(3):383-391.

Logar,N. & Kosem,I. 2013. TERMIS:A corpus-driven approach to compiling an e-dictionary of terminology [C]//*Electronic Lexicography in the 21st Century: Thinking Outside the Paper:Proceedings of the Elex 2013 Conference*,Tallinn, Estonia:164-178.

Lorente,M. 2002. Verbos y discurso especializado[J]. *Estudios de lingüística española* (ELiEs),16.

Louw, P. 2000. An Integrated semasiological and onomasiological presentation of semantic information in general monolingual dictionaries as proposed in HE Wiegand's semantics and lexicography[J]. *Lexikos*,10(1):119-137.

López-Rodríguez,C. I. ,Buendía Castro,M. & García-Aragón,A. 2012. User needs to the test:Evaluating a terminological knowledge base on the environment by trainee translators[J]. *The Journal of Specialized Translation*,18:57-76.

Malkiel,Y. 1962. A typological classification of dictionaries on the basis of distinctive features [C]//Householder, F. W. & Saporta, S. (eds.). *Problems in Lexicography*. Bloomington:Indiana University:217-227. Marshman, E. 2022. Knowledge patterns in corpora[C]//Faber, P. & L'Homme, M. C. (eds.). *Theoretical Perspectives on Terminology:Explaining Terms, Concepts and Specialized Knowledge* (Vol. 23). Amsterdam:John Benjamins Publishing Company:291-310.

Martínez,S. M. 2010. A constructional approach to terminological phrasemes[J]. *TRANS. Revista de Traductología*,(14).

Marzá,N. E. 2009. The generation of active entries in a specialised,bilingual,corpus-based dictionary of the ceramics industry:What to include,why and how[J]. *Ibérica: Revista de la Asociación Europea de Lenguas para Fines Específicos* (AELFE),

(18):43-70.

McDavid, J. D. 1980. The social role of the dictionary[C]//McDavid, R. L. *Varieties of American English*. Stanford: Stanford University Press: 296-309.

McDermott, A. 2005. Johnson's definitions of technical terms and the absence of illustrations[J]. *International Journal of Lexicography*, 18(2): 173-187.

McEnery, T. & Wilson, A. 2001. *Corpus Linguistics* [M]. Edinburgh: Edinburgh University Press.

McEnery, T., Xiao, R. & Tono, Y. 2006. *Corpus-based Language Studies: An Advanced Resource Book*[M]. London: Routedge.

Mel'čuk, I. A., Clas, A. & Polguère, A. 1995. *Introduction à la lexicologie explicative et combinatoire*[M]. Bruxelles: De Boeck Supérieur.

Meyer, I. 2001. Extracting knowledge-rich contexts for terminography[C]//Bourigault, D., Jacquemin, C. & L'Homme, M. C. (eds.). *Recent Advances in Computational Terminology*(Vol. 2). Amsterdam: John Benjamins Publishing Company: 279.

Milić, M., Glušac, T. & Kardoš, A. 2018. The effectiveness of using dictionaries as an aid for teaching standardization of English-based sports terms in Serbian [J]. *Lexikos*, 28: 262-286.

Miller, G. A., Beckwith, R., Fellbaum, C., et al. 1990. Introduction to WordNet: An on-line lexical database[J]. *International Journal of Lexicography*, 3(4): 235-244.

Montero-Martínez, S. 2008. Tidying up tides: Modelling coastal processes in terminology management[C]//*Proceeding of XVIII FIT 2008 World Congress of Shanghai*. Shangahai: Foreign Languages Press: 1-9.

Mufwene, S. S. 1984. The manifold obligations of the dictionary to its users[J]. *Dictionaries: Journal of the Dictionary Society of North America*, 6(1): 1-30.

Mugdan, J. 1989. Grammar in dictionaries of languages for special purposes(LSP)[J]. *Hermes: Jounal of Linguistics*, 3: 125-142.

Murphy, M. L. 2003. Semantic relations and the lexicon: Antonymy, synonymy and other paradigms[J]. Cambridge: Cambridge University Press.

Müller, M., Kocánová, B. & Zacharov, P. 2022. Meteorological glossaries and dictionaries: A review of their history and current state [J]. *Bulletin of the American Meteorological Society*, 103(1): 157-180.

Nation, I. S. 2001. *Learning Vocabulary in Another Language* [M]. Cambridge: Cambridge Univesity Press.

Nesi, H. 2013. ESP and corpus studies[C]//Paltridge, B. & Starfield, S. (eds.). *The Handbook of English for Specific Purposes*(Vol. 120). Hoboken: John Wiley & Sons: 407-426.

Nielsen, S. & Fuertes Olivera, P. A. 2014. Development in lexicography: From polyfunctional to monofunctional accounting dictionaries [J]. *Lexikos*, 23 (1): 323-347.

Nielsen, S. & Mourier, L. 2005. Internet accounting dictionaries: Present solutions and future opportunities[J]. *Hermes*, 34:83-116.

Nielsen, S. 1999. Mediostructures in bilingual LSP dictionaries[J]. *Lexicographica. International Annual for Lexicography*, 15:90-113.

Nielsen, S. 2011. Function- and user-related definitions in online dictionaries[C]// *Ivanovskaya leksikografischeskaya shkola : traditsii i innovatsii[Ivanovo School of Lexicography: Traditions and Innovations]: A Festschrift in Honour of Professor Olga Karpova*. Ivanovo: Ivanovo State University: 197-219.

Nielsen, S. 2013. Domain-specific knowledge in lexicography: How it helps lexicographers and users of accounting dictionaries intended for communicative usage situations[J]. *Hermes, Journal of Language and Communication in Business*, 50: 51-60.

Nielsen, S. 2014. Example sentences in bilingual specialised dictionaries assisting communication in a foreign language[J]. *Lexikos*, 24:198-213.

Nielsen, S. 2018. LSP lexicography and typology of specialized dictionaries [C]// Humbley, J., Budin, G. & Laurén, C. (eds.). *Languages for Special Purposes. An International Handbook*. Berlin: Walter de Gruyter: 73-97.

Nkomo, D. & Madiba, M. 2011. The compilation of multilingual concept literacy glossaries at the University of Cape Town: A lexicographical function theoretical approach[J]. *Lexikos*, 21.

Nkwenti-Azeh, B. 1995. The treatment of synonymy and cross-references in special-language dictionaries(SLDs)[J]. *Terminology*, 2(2):325-350.

Oliveira, C. & Peters, P. 2009. Ontologies in the mediostructure of LSP eDictionaries [J]. *eLEX2009* : 169.

Opitz, K. 1983. On dictionaries for special registers: The segmental dictionary[C]// Hartmann, R. R. K. (ed.). *Lexicography: Principles and Practice*. London: Academic Press: 53-64.

Oxford, R. & Crookall, D. 1990. Vocabulary learning: A critical analysis of techniques [J]. *TESL Canada Journal*, 7(2):09-30.

Oxford, R. L. & Scarcella, R. C. 1994. Second language vocabulary learning among adults: State of the art in vocabulary instruction[J]. *System*, 22(2):231-243.

Pearson, J. 1998. *Terms in Context* [M]. (Vol. 1). Amsterdam: John Benjamins Publishing Company.

Pecman, M. & Kübler, N. 2012. The ARTES bilingual LSP dictionary: From collocation to higher order phraseology[C]//Granger, S. & Paquot, M. (eds.). *Electronic*

Lexicography. Oxford:Oxford University Press:186-208.

Petruck,M. R. L. 1996. Frame semantics[C]//Östman J. O. & Blommaert,J. (eds.). *Handbook of Pragmatics*. Amsterdam:John Benjamins Publishing Company.

Pihkala,T. 2001. *Socioterminology*[M]. Terminfo 1/2001-Summaries,Nordterm 2001.

Piotrowski,T. & Sven Tarp. 2009. Lexicography in the borderland between knowledge and non-knowledge. General lexicographical theory with particular focus on learner's lexicography[J]. *International Journal of Lexicography*, 22(4):480-486.

Pustejovsky,J. 1995. *The Generative Lexicon*[M]. Cambridge:MIT Press.

Pustejovsky,J. 2001. Type construction and the logic of concepts[C]//P. Bouillon & Busa,F. (eds.). *The Syntax of Word Meaning*. Cambridge:Cambridge University Press.

Pustejovsky,J. , Havasi, C. , Littman, J. , et al. 2006. Towards a Generative Lexical Resource:The Brandeis Semantic Ontology[C]//Wittenburg, P. , Brugman, H. , Russel,A. , et al. (eds.). *Proceedings of the Fifth International Conference on Language Resources and Evaluation*. Genoa.

Reimerink, A. , de Quesada, M. G. & Montero Martínez, S. 2010. Contextual information in terminological knowledge bases:A multimodal approach[J]. *Journal of Pragmatics*,42(7):1928-1950.

Richards,J. C. 1976. The role of vocabulary teaching[J]. *TESOL Quarterly*,10(1):77-89.

Rieber,L. P. 1994. *Computers,Graphics and Learning*[M]. Madison,WI:Brown & Benchmark.

Riggs,F. W. 1993. Social science terminology:Basic problems and proposed solutions [C]//Sonneveld,H. B. & Loening,K. L. (eds.). *Terminology:Applications in Interdisciplinary Communication*. Amsterdam: John Benjamins Publishing Company:195-222.

Rogers,M. 2004. Multidimensionality in concepts systems[J]. *Terminology*,10(2):215-240.

Rondeau,G. 1984. *Introduction à la terminologie*[M]. Montréal:Centre éducatif et culturel.

Rubin, J. & Thompson, I. 1994. *How to Be a More Successful Language Learner: Toward Learner Autonomy*[M]. Boston:Heinle & Heinle Publishers.

Rundell,M. 1998. Recent trends in English pedagogical lexicography[J]. *International Journal of Lexicography*,11(4):315-342.

Rundell,M. 2012. 'It works in practice but will it work in theory?' The uneasy relationship between lexicography and matters theoretical[C]//*Proceedings of the 15th EURALEX International Congress*:47-92.

Sager, J. C. 1990. *A Practical Course in Terminology Processing* [M]. Amsterdam: John Benjamins Publishing Company.

San Martín, A. & León-Araúz, P. 2013. Flexible terminological definitions and conceptual frames [C]//Seppälä, S. & Ruttenberg, A. (eds.). *Proceedings of the International Workshop on Definitions in Ontologies*. Montreal: Concordia University.

San Martín, A. & L'Homme M. C. 2014. Definition patterns for predicative terms in specialized lexical resources [C]//*Proceedings of the Ninth International Conference on Language Resources and Evaluation*, LREC 2014, Reykjavik, Iceland, May 26-31:3748-3755.

San Martín, A., Trekker, C. & Díaz-Bautista, J. C. 2023. Extracting the Agent-Patient Relation from Corpus With Word Sketches [C]//*Proceedings of the 4th Conference on Language, Data and Knowledge*. Vienna: NOVA CLUNL:666-675.

Sánchez-Cárdenas, A. 2010. The treatment of cultural and/or encyclopaedic items in specialised dictionaries for learners [C]//Fuertes Oliveira, P. (ed.). *Specialised Dictionaries for Learners*. Berlin: De Gruyter:107-129.

Sánchez-Cárdenas, B. & Faber, P. 2014. A functional and constructional approach for specialized knowledge resources [C]//Nolan, B. & Periñán-Pascual, C. (eds.). *Language Processing and Grammars: The role of Functionally Oriented Computational Models*. Caen(France):John Benjamins,297-312.

Sauer, H. 2009. Glosses, glossaries, and dictionaries in the medieval period [C]//Cowie, A. P. (ed.). *The Oxford History of English Lexicography*. Oxford: Oxford University:17-40.

Sebeok, T. A. 1962. Materials for a typology of dictionaries [J]. *Lingua*, 11:363-374.

Shcherba, L. V. 1940. Opyt obshchei teorii leksikografii [C]//Izvestija Akademii Nauk SSSR3, 89-117 [English translation "Towards a general theory of lexicography" by D. Farina reprinted in Hartmann 2003, Vol. III, 11-50].

Sidorenko, T. V., Rozanova, Y. V. & Shamina, O. B. 2020. CLIL: Apublic technical university experience [C]//Işik-Taş, E. E. & Kenny, N. (eds), *English for Specific Purposes Instruction and Research: Current practices, Challenges and Innovations*: 289-305.

Sinclair, J. 2003. Corpora for lexicography [C]//van Sterkenburg, P. (ed.). *A Practical Guide to Lexicography* (Vol. 6). Amsterdam:John Benjamins Publishing.

Sinclair, J. 2005. Corpus and text: Basic principles [C]//Wynne M. (ed.). *Developing Linguistic Corpora: A Guide to Good Practice*. Oxford, UK: AHDS:1-20.

Sowa, J. F. 1984. *Conceptual Structures: Information Processing in Mind and Machine* [M]. Reading, Mass.: Addison-Wesley.

Stark,M. P. 1999. *Encyclopedic Learners' Dictionaries : A Study of Their Design Features from the User Perspective*(Vol. 92)[M]. Berlin:Walter de Gruyter.

Stark,M. P. 2003. Describing a new lexicographic hybrid: the encyclopedic learner's dictionary[C]//Hartmann, R. R. K. (ed.). *Lexicography : Lexicography, metalexicography and reference science* (Vol. 3). Psychology Press:124-134.

Strevens. P. 1988. ESP after twenty years:A reappraisal[C]//Tickoo,M. (ed.). *ESP : State of the Art*. SEAMEO Regional Language Centre,2.

Stubbs,M. 1995. Collocations and semantic profiles:On the cause of the trouble with quantitative studies[J]. *Functions of Language*,2(1):23-55.

Svensén, B. 2009. *A Handbook of Lexicography : The Theory and Practice of Dictionary-Making*[M]. Cambridge:Cambridge University Press.

Swales,J. 1985. *Episodes in ESP : A Source and Reference Book on the Development of English for Science and Technology*(Vol. 1)[M]. Pergamon.

Swanepoel, P. H. 2003. Dictionary typologies: A pragmatic approach[C]//van Sterkenburg,P. (ed.). *A Practical Guide to Lexicography*(Vol. 6). Amsterdam: John Benjamins Publishing.

Swanepoel, P. H. 2015. The design of morphological/linguistic data in L1 and L2 monolingual,explanatory dictionaries:A functional and/or linguistic approach? [J]. *Lexikos*, 25:353-386.

Talman,C. F. 1925. The vocabulary of weather. Experiences in gathering material toward a meteorological dictionary[J]. *Quarterly Journal of the Royal Meteorological Society*,51(214):139-144.

Tarp,S. 2005. The pedagogical dimension of the well-conceived specialised dictionary [J]. *Ibérica*,10:7-21.

Tarp, S. 2008. *Lexicography in the Borderland between Knowledge and Non-knowledge : General Lexicographical Theory with Particular Focus on Learner's Lexicography*(Vol. 134)[M]. Berlin:Walter de Gruyter.

Tarp,S. 2009. Reflections on lexicographic user research[J]. *Lexikos*,19:275-296.

Tarp,S. 2010. Functions of specialised learners' dictionaries[C]//Fuertes Oliveira,P. (ed.). *Specialised Dictionaries for Learners*. Berlin:Walter De Gruyter:39-53.

Tarp, S. 2011. Pedagogical lexicography: Towards a new and strict typology corresponding to the present state-of-the-art[J]. *Lexikos*,21.

Tarp,S. 2012. Specialised lexicography:20 years in slow motion[J]. *Ibérica : Revista de la Asociación Europea de Lenguas para Fines Específicos*(AELFE),(24):117-128.

Tarp,S. 2016. 语料库驱动词典学,语料库词典学与语料库辅助词典学:论语料库在注释专科术语词条时的局限性[J]. 薛梅,译. 辞书研究,(4):1-11.

Tarp. S. 2013. Lexicographic function[C]//Gouws,R. H.,Schweickard,W.,Wiegand, H. E., et al. (eds.). *Dictionaries. An International Encyclopedia of Lexicography: Supplementary Volume: Recent Developments with Focus on Electronic and Computational Lexicography.* Berlin:Walter de Gruyter.

Temmerman,R. 1997. Questioning the univocity ideal. The difference between socio-cognitive Terminology and traditional Terminology [J]. *Hermes: Journal of Linguistics*,18:51-91.

Temmerman, R. 2000. *Towards New Ways of Terminology Description: The Sociocognitive-Approach*[M]. (Vol. 3). Amsterdam:John Benjamins Publishing Company.

Temmerman,R. 2006. Sociocultural situatedness of terminology in the life sciences:The history of splicing [C]//Frank, R. M. (ed.). *Body, Language, and Mind: Sociocultural Situatedness*(Vol. 2). Berlin:Walter de Gruyter:327-360.

Tercedor Sánchez, M. &. López-Rodríguez, C. I. 2008. Integrating corpus data in dynamic knowledge bases:The Puertoterm project[J]. *Terminology*,14(2):159-182.

Tercedor Sánchez,M.,López Rodríguez,C. I. &. Faber,P. 2012. Working with words: Research approaches to translation-oriented lexicographic practice [J]. *TTR: Traduction,terminologie,rédaction*,25(1):181-214.

Toope,M. 1996. Examples in the bilingual dictionary[D]. University of Ottawa(MA Dissertation).

Tumolo,C. H. S. 2007. Vocabulary and reading: Teaching procedures in the ESP classroom[J]. *Linguagem and Ensino*,10(2):477-502.

Van der Meer,G. 2010. The treatment of figurative meaning in specialised dictionaries for learners[C]//Fuertes Oliveira,P. (ed.). *Specialised Dictionaries for Learners.* Berlin:Walter De Gruyter.

Van Valin Jr,R. D. 2005. *Exploring the Syntax-Semantics Interface*[M]. Cambridge: Cambridge University Press.

Vrbinc, A. 2013. LSP dictionaries in Slovenia. Are theoretical guidelines reflected in practice? [C]//Jesenšek, Vida(ed.). *Specialised Lexicography.* Berlin:Mouton De Gruyter.

Vrbinc, M. &. Vrbinc, A. 2014. Differences in the inclusion and treatment of terminology in *OALD3*,*OALD4* and *OALD8*[J]. *Lexikos*,23(1):440-455.

Wanner,L. (ed.),1996. *Lexical Functions in Lexicography and Natural Language Processing*[C]. Amsterdam:John Benjamins Publishing Company.

Wermter,J. &. Hahn,U. 2005. Paradigmatic modifiability statistics for the extraction of complex multi-word terms [C]//*Proceedings of the Conference on Human*

Language Technology and Empirical Methods in Natural Language Processing. Association for Computational Linguistics：843-850.

Wiegand，H. E. 1998. *Wörterbuchforschung：Untersuchungen zur Wörterbuchbenutzung，zur Theorie，Geschichte，Kritik und Automatisierung der Lexikographie*[M]. Berlin：Walter de Gruyter.

Wiegand，H. E. 2014. Printed dictionaries and their parts as texts. An overview of more recent research as an introduction[J]. *Issues*，30.

Wilkins. G. W. 1972. *Linguistics in Language Testing*[M]. London：Edwaard Arnold

Williams，G. C. 2003. Corpus-driven lexicography and the specialised dictionary：Headword extraction for the Parasitic Plant Research Dictionary[C]//*Proceedings of the Tenth EURALEX International Congress*，EURALEX：Copenhagen，Denmark：859-864.

Williams，G. C. 2003. From meaning to words and back：Corpus linguistics and specialised lexicography[J]. *ASP. la revue du GERAS*，(39-40)：91-106.

Williams，G. C. 2006. Advanced ESP and the learner's dictionary：Tools for the non-language specialist[C]//*Atti del XII Congresso Internazionale di Lessicografia*：Torino，6-9 settembre，795-801.

Xiao，R. 2010. Corpus creation[C]//Indurkhya，N. & Damerau，F. J. (eds.)，*Handbook of Natural Language Processing*(2nd Revised edition)，CRC Press：147-165.

Zenner，E. ，Kristiansen，G. ，Janda，L. & Verhagen，A. 2015. Introduction[C]//Daems，J. ，Zenner，E. ，Heylen，K. ，et al. (eds.). *Change of Paradigms—New Paradoxes：Recontextualizing Language and Linguistics*. Berlin：Walter de Gruyter.

Zgusta，L. 1971. *Manual of lexicography*[M]. Berlin：Walter de Gruyter.

Zipf，G. K. 1935. *The Psycho-biology of Language*[M]. Cambridge，MA：Houghton Mifflin.

布莱尔. 2014. 工具书的诞生：近代以前的学术信息管理[M]. 北京：商务印书馆.

蔡基刚，廖雷朝. 2010. 学术英语还是专业英语[J]. 外语教学，(6)：47-50.

蔡基刚. 2004. ESP与我国大学英语教学发展方向[J]. 外语界，(2)：22-28.

蔡基刚. 2017. 高校外语教学理念的挑战与颠覆：以《大学英语教学指南》为例[J]. 外语教学，(1)：6-10.

陈炳迢. 1990. 辞书编纂学概论[M]. 上海：复旦大学出版社.

陈国华，梁茂成，Kilgarriff. 2006. 语料库与词典编纂的接口：词典编纂辅助工具Sketch Engine剖析[J]. 广东外语外贸大学学报，16(B11)，116-120.

陈国华，田兵. 2008. 下一代英语学习词典的设计特征[M]. 外语教学与研究，40(3)：224-233.

陈劲波.2007.中国 ESP 学生的词典使用和词典需求之间的差距研究[D].广东外语外贸
　　大学硕士论文.

陈伟.2007.翻译与词典间性研究[M].上海:上海译文出版社.

陈燕.1997.浅议英语辞典的插图[J].辞书研究,(6):47-54.

程世禄,张国扬.1995.ESP 教学的理论和实践[J].外语教学与研究,(4):51-54.

迪毕克.1990.应用术语学[M].张一德,译.北京:科学出版社.

范谊.1995.ESP 存在的理据[J].外语教学与研究,(3):43-48.

冯春波.2009.英语词典插图研究[M].上海:华东理工大学出版社.

冯志伟.2001.现代术语学的主要流派[J].科技术语研究,(1):33-35.

冯志伟.2011a.传统的术语定义和它的局限性[C]//魏向清,裴亚军(编).术语翻译研
　　究:面向翻译的术语研究(全国学术研讨会).南京:南京大学出版社.

冯志伟.2011b.现代术语学引论(增订本)[M].北京:商务印书馆.

耿云冬.2013.英汉学习词典配例语境观初探[J].辞书研究,(6):34-41.

顾大权,刘高飞.2012.对数据、信息、知识和智慧的研究与思考[J].长春大学学报,22
　　(4):399-401.

何家宁,张文忠.2009.中国英语学生词典使用定量实证研究数据收集与统计方法现状
　　分析[J].现代外语,(1):94-101.

胡美华.2004.英语学习词典在大学英语教学中峥嵘未露前景犹广:两次学生问卷调查
　　的启示[J].辞书研究(6):129-138.

胡明扬,谢自立,梁式中等.1982.词典学概论[M]北京:中国人民大学出版社.

黄建华.1987.词典论[M].上海:上海辞书出版社.

黄建华.2001.词典论[M].上海:上海辞书出版社.

黄建华,陈楚祥.1997.双语词典学导论[M].北京:商务印书馆.

黄萍.2007.专门用途英语的理论和应用[M].重庆:重庆大学出版社.

黄希玲.2014.《牛津高阶英汉双解词典》(第八版)专科词条的设置解析[J].中国出版,
　　(17):66-66.

黄媛,秦志红.2012.医学院校学生医学英语词典使用调查[J].医学研究与教育,29(2):
　　97-100.

季佩英.2017.基于《大学英语教学指南》框架的专门用途英语课程设置[J].外语界.
　　(3):16-21.

贾敏,敬炼.1983.双语词典的插图[J].辞书研究,(4):19-25.

教育部高等教育司.2007.大学英语课程教学要求(试行)[Z].北京:外语教学与研究出
　　版社.

李德俊.2007.平行语料库与积极型汉英词典的研编[M].上海:上海译文出版社.

李德俊.2015.语料库词典学理论与方法探索[M].南京:译林出版社.

李开.1990.现代词典学教程[M].南京:南京大学出版社.

李蓝.2006.从双语商务词典看专业语料库对词典编纂的重要性[J].辞书研究,(3):

87-94.

李明一,周红红.2011.双语词典编纂导论[M].2版.上海:上海外语教育出版社.

李永才.2007. ESP 教学中学生自主学习能力培养研究[J].内蒙古农业大学学报(社会科学版),9(6),232-234.

利奇,G.1998.语义学[M].李瑞华,等译.上海:上海外语教育出版社.

梁茂成,李文中,许家金.2010.语料库应用教程[M].北京:外语教学与研究出版社.

林玉山.1995.词典学导论[M].福州:海峡文艺出版社.

刘法公.2001.论专门用途英语的属性与对应教学法[J].外语与外语教学,(12):25-27.

刘绍龙.2001.论二语词汇深度习得及发展特征:关于词义与词缀习得的实证调查[J].外语教学与研究,(6):436-441.

刘晓保.2013.技术学科论[M].上海:上海教育出版社.

柳冠中.2011.设计方法论[M].北京:高等教育出版社.

卢华国,李平,张雅.2013.中国气象词典编纂史述略[J].辞书研究,(5):68-75.

卢华国,张雅.2015.基于 Sketch Engine 的专门用途英语(ESP)词汇数据驱动教学模式探索[J].现代教育技术,25(2):67-73.

罗思明.2008.词典学新论[M].合肥:安徽教育出版社.

罗永胜,杨劲松.2008.从用户视角探索英语学习词典语法标注的发展趋势:兼评历版《牛津高阶学习词典》中的语法标注[J].佛山科学技术学院学报(社会科学版),26(1):60-63.

倪传斌,郭鸿杰,赵勇.2003.论利用互联网搜索引擎协助翻译的科学性和可行性[J].上海科技翻译,(4):53-55.

秦晓晴.2009.外语教学问卷调查法[M].北京:外语教学与研究出版社.

秦秀白.2003. ESP 的性质、范畴和教学原则[J].华南理工大学学报,(4):79-83.

阮智富.1982.专科词典体例中的几个问题[J].辞书研究,(6):38-45.

邵永真.1999.《大学英语教学大纲》修订说明[J].外语教学与研究,(1):14-16.

盛俐.2012.浅议网络词典辅助大学 ESP 词汇教学[J].湖北广播电视大学学报,32(9):120-121.

石静,何家宁.2012.国内商务词典研究与商务英语学习词典编纂[J].外国语文,28(5):88-91.

宋作艳.2011.生成词库理论的最新发展[J].语言学论丛,(44):202-221.

孙文龙.2019.学习词典类型学意义再思考:兼谈对 CFL 学习词典研编的启示[J].辞书研究,(4):101-110.

田兵,陈国华.2009.英语高阶学习词典设计特征研究:兼及多义词的认知语义结构和义项特征[M].北京:科学出版社.

万江波.2001.析《朗文当代英语词典》的编纂特点及走势[J].外语教学理论与实践(3):31-36.

王蓓蕾.2004.同济大学 ESP 教学情况调查[J].外语界,(1):35-42.

王东海. 2014. 基于五大元功能的汉语语文词典类型新探[J]. 民俗典籍文字研究,(1):
  155-168.

王东海,王丽英. 2010. 基于术语教育的术语学习词典释义研究[J]. 辞书研究,(2):
  111-123.

王丽英,王东海. 2009. 基于术语教育的术语学习词典研究[J]. 中国科技术语,11(6):
  35-39.

魏向清,耿云冬,卢华国. 2014. 双语学习型词典设计特征研究[M]. 北京:外语教学与研
  究出版社.

魏向清. 2005a. 研究范式的转变与现代双语词典批评的新思维[J]. 外语与外语教学,
  (4):53-56.

魏向清. 2005b. 双语词典译义研究[M]. 上海:上海译文出版社.

魏向清. 2009. 应充分重视我国大学英语教学与研究中英语类辞书资源的有效利用[J].
  外语界,(2):74-78.

魏向清. 2010. 外语词汇系统认知的教学策略与词典的介入[J]. 中国外语,(3)15.

魏向清. 2011. 英语学习词典释义语境观之文本折射:历时考察与思考[J]. 外语研究,
  (3):64-69.

魏向清等. 2014. 中国辞书发展状况报告 1978—2008[M]. 北京:商务印书馆.

温克刚. 2004. 中国气象史[M]. 北京:气象出版社.

文军. 1995. 双语专科词典需上一个新台阶[J]. 辞书研究,(6):72-82.

文军. 1996. 双语专科词典:宏观,微观结构分析及改进构想[J]. 重庆大学学报(社会科学
  版),(1):60-66.

文军. 2001. 专门用途英语教学与研究领域论[J]. 外语与外语教学,(12):23-24.

文军. 2006. 英语词典学概论[M]. 北京:北京大学出版社.

吴建平. 1997. 双语词典编纂中的文化问题[J]. 辞书研究,1997(1):150-157.

吴晓真. 2007. 英语为源语言词典编纂中的用户友善问题[M]. 上海:复旦大学出版社.

谢家成. 2008. 搭配的多视角透视[J]. 解放军外国语学院学报,31(2):13-17.

徐海,源可乐,何家宁. 2012. 英语学习型词典研究[M]. 北京:外语教学与研究出版社.

徐庆凯. 1984. 专科词典的义项问题[J]. 辞书研究,(4):66-73.

徐庆凯. 2011. 专科词典论[M]. 上海:上海辞书出版社.

徐树德,李气纠. 2010. 论多功能汉英专科词典的编纂[J]. 中国科技翻译,23(2):42-47.

杨祖希,徐庆凯. 1991. 专科词典学[M]. 成都:四川辞书出版社.

姚喜明,张霖欣. 2008. 英语词典学导论[M]. 上海:复旦大学出版社.

叶其松. 2007. 俄国术语学研究综观[J]. 中国科技术语,(2):7-12.

叶赛华. 2002. 关于学科概念的若干辨析与思考[J]. 黑龙江高教研究,(2):89-92.

雍和明,罗振跃,张相明. 2006. 中国辞典史论[M]. 北京:中华书局.

雍和明,彭敬. 2013. 交际词典学[M]. 上海:上海辞书出版社.

张济华,高钦,王蓓蕾. 2009. 语料库与大学专门用途英语(ESP)词汇教学探讨[J]. 外语

界(3):17-23

张济华,王蓓蕾,高钦.2009.基于语料库的大学基础阶段 ESP 教学探讨[J].外语电化教学,(4):38-42.

张鹏.2011.交际术语学理论(TCT 理论)对普通术语学理论(TGT 理论)的批判[J].中国科技术语,13(2):15-21.

张志毅,张庆云.2001.词汇语义学[M].北京:商务印书馆

章宜华,雍和明.2007.当代词典学[M].北京:商务印书馆.

章宜华.2002.语义学与词典释义[M].上海:上海辞书出版社

章宜华.2009.关于双语教学与双语专科学习词典的几点设想:以英汉词典为例[J].外语界,(4):30-37.

章宜华.2012.中介语偏误特点与学习词典理想作用机制探讨[J].外语教学与研究:外国语文(双月刊),44(2):233-245.

赵彦春.2003.认知词典学探索[M].上海:上海外语教育出版社.

郑述谱.2008.专科词典编纂的学科依托:术语学[J].辞书研究,(6):1-7.

兹古斯塔.1983.词典学概论[M]林书武,等译.北京:商务印书馆.

主要参考词典

Collin, S. M., and Collin, P. H. (eds.), 2002. *Dictionary of Information Technology* [Z]. 3rd ed. Teddington: Peter Collin Pub Ltd.

Cowie, A. P. (ed.), 1989. *Oxford Advanced Learner's Dictionary*[Z]. 4th ed. Oxford: Oxford University Press.

Glickman, T. S. (ed.), 2000. *Glossary of Meteorology* [Z]. 2nd ed. Boston: American Metorology. Society.

Godman, A. & Payne, E. M. F. (eds.), 1979. *Longman Dictionary of Scientific Usage* [Z]. London: Longman Group.

Höfer, G. (ed.), 2013. *Dictionary of Meteorology and Climatology German-English/English-German* (German edition) [Z]. Scotts Valley: CreateSpace Independent Publishing Platform.

Hornby, A. S., Gatenby, E. V. & Wakefield, H. (eds.), 1942. *Idiomatic and Syntactic English Dictionary*[Z]. Tokyo: Kaitakusha.

Kay, C., Roberts, J., Samuels, M. & Wotherspoon, I. (eds.), 2009. *Historical Thesaurus of the OED*[Z]. Oxford: Oxford University Press.

Law, J., Pallister, J., Isaacs, A. & Betts, G. (eds.), 2009. *Oxford Dictionary of Business and Management* (5th edtion) [Z]. Oxford: Oxford University Press (ODBM)

Lea, D. (ed.), 2010. *Oxford Learner's Thesaurus*[Z]. Oxford: Oxford University Press.

Noble, J. & Parkinson, D. (eds.), 2005. *Oxford Business English dictionary for Learners of English*[Z]. Oxford: Oxford University Press. (OBEDL)

Rundell, M. (ed.), 2007. *Macmillan English Dictionary for Advanced Learners* (2nd edition)[Z]. Oxford: Macmillan Education.

Sinclair, J. M. (ed.), 1987. *Collins COBUILD English Language Dictionary* [Z]. Glasgow: HarperCollins Publishers.

Smith, J. (ed.), 2009. *The Facts on File Dictionary of Weather and Climate*[Z]. New York: Infobase Publishing.

Wehmeier, S. (ed.), 2005. *Oxford Advanced Learner's Dictionary of Current English*

［Z］. 7th ed. Oxford：Oxford University Press.

West，M. & Endicott，J. G. （eds.），1935. *The New Method English Dictionary*［Z］. London：Longmans，Green & Co. Ltd.

P. H. Collin. 2002. 英汉双解出版印刷词典［Z］. 韩闽红，等译. 北京：外语教学与研究出版社.

贾俊民，陈冠英. 2005. 新编英汉汉英旅游词典［Z］. 北京：机械工业出版社.

江澄. 2002. 实用经贸英语用法词典［Z］. 北京：机械工业出版社.

卢思源. 2004. 科技英语词语用法词典［Z］. 上海：上海外语教育出版社.

钱申贤. 2006. 初级英汉数理化词典［Z］. 北京：金盾出版社.

全国科学技术名词审定委员会审定. 2009. 大气科学名词（第 3 版）［Z］. 北京：科学出版社.

孙复初. 2009. 新英汉科学技术词典［Z］. 北京：国防工业出版社.

特朗博，史蒂文森. 2004. 牛津英语大词典（简编本）（*Shorter Oxford English Dictionary*）［Z］. 上海：上海外语教育出版社.

文军. 1995. 商贸英语学习词典［Z］. 重庆：重庆大学出版社.

徐树德，赵予生. 2010. 多功能汉英·英汉钢铁词典［Z］. 北京：化学工业出版社.

英汉汉英大气科学词汇编写组. 2007. 英汉汉英大气科学词汇［Z］. 北京：气象出版社.

中国大百科全书总编辑委员会. 2002. 中国大百科全书（大气科学、海洋科学、水文科学）［Z］. 北京：中国大百科全书出版社.

在线数据库资源或工具

百度百科：http://baike. baidu. com/

Corpus of Contemporary of American English(COCA)：http://corpus. byu. edu/coca/

FrameNet：https://framenet. icsi. berkeley. edu/fndrupal/

Sketch Engine：http://www. sketchengine. co. uk/

EcoLexicon：http://ecolexicon. ugr. es/en/index. htm

DiCoEnviro：http://olst. ling. umontreal. ca/cgi-bin/dicoenviro/search-enviro. cgi

SpringerExemplar：http://www. springerexemplar. com/

TermoStat：http://termostat. ling. umontreal. ca/

Bridging across Polysemic Senses in Bilingual Specialized Dictionaries for ESP Learners[①]

Huaguo Lu and Yundong Geng

Abstract: Research has shown that links between polysemic senses(sense links) can and should be used to facilitate the acquisition of polysemy. However, sense links have received little attention in specialized lexicography because the concern about domain specificity has considerably reduced the number of polysemic senses that can be entered in specialized dictionaries. The descriptive shift in terminology research and the implications of cognitive semantics for learner's dictionaries have paved the way for dealing with sense links further in specialized dictionaries for learners(SDLs). Using computing-related lexical items as examples, this article proposes three guidelines for treating polysemy in SDLs with the aim of entering polysemic senses that do not belong to a given subject field while maintaining the focus on the subject field. It also presents four models for describing sense links in bilingual specialized dictionaries for ESP learners(BSDLs). Depending on the magnitude of overlap between the target language(TL) equivalents of the source and target senses as well as the effects of other factors, sense links are represented by ordering senses logically, appending the source sense[1], combining logical ordering with a short explanation, or providing both the source sense and a short explanation. The guidelines and models can help address the major situations that lexicographers encounter when describing sense links in

---

① 原载 *Lexikos*,2024,34:486—508。此文探讨了在英汉专科学习型多义词义项编排中,如何借助多种手段明示专业义项之间、专业义项与非专业义项之间的衍生关系,是对本书第六章相关论述的补充与展开。

BSDLs and hopefully contribute to learners' acquisition of technical senses.

Keywords：sense links, acquisition of technical senses, bilingual specialized dictionaries for learners, domain specificity, guidelines, models, semantic distance, overlap of target language equivalents

Opsomming：**Die oorbrugging van polisemiese betekenisse in tweetalige gespesialiseerde woordeboeke vir ESD-leerders.** Navorsing het getoon dat polisemiese betekenisse(betekenisskakels) gebruik kan en moet word om die aanleer van polisemie te vergemaklik. Betekenisskakels het egter min aandag in gespesialiseerde leksikografie ontvang aangesien die fokus op domeinspesifiekheid die aantal polisemiese betekenisse wat in gespesialiseerde woordeboeke opgeneem kan word, aansienlik verminder het. Die deskriptiewe skuif in terminologienavorsing en die implikasies wat die kognitiewe semantiek vir aanleerderwoordeboeke inhou, het die weg gebaan vir die verdere hantering van betekenisskakels in gespesialiseerde woordeboeke vir leerders(GWL's). Deur rekenaarverwante leksikale items as voorbeelde te gebruik, word daar in hierdie artikel drie riglyne vir die hantering van polisemie in GWL's voorgestel met die doel om polisemiese betekenisse wat nie tot 'n gegewe vakgebied behoort nie, op te neem, terwyl die fokus steeds op die vakgebied bly. Vier modelle vir die beskrywing van betekenisskakels in tweetalige gespesialiseerde woordeboeke vir ESD-leerders (TGWL's) word ook voorgestel. Afhangende van die omvang van die oorvleueling tussen die doeltaalekwivalente(DT-ekwivalente) van die bron- en doelbetekenisse sowel as die gevolge van ander faktore, word die betekenisskakels voorgestel deur die betekenisse logies te orden, deur die bronbetekenis[1] by te voeg, deur logiese ordening met 'n kort verklaring te kombineer, of deur die bronbetekenis en 'n kort verklaring te verskaf. Die riglyne en modelle kan help om die vernaamste situasies wat leksikograwe teëkom wanneer hulle betekenisskakels in tweetalige gespesialiseerde woordeboeke vir ESD-leerders beskryf, te hanteer, en hopelik bydra tot leerders se aanleer van tegniese betekenisse.

Sleutelwoorde：betekenisskakels, aanleer van tegniese betekenisse, tweetalige gespesialiseerde aanleerderwoordeboeke, domeinspesifiekheid, riglyne, modelle, semantiese afstand, oorvleueling van doeltaale kwivalente

1 Introduction

Polysemy has been recognized as a significant problem in learning vocabulary in both General English(GE) and English for Specific Purposes (ESP)(MiĆoviĆ and Beko 2022: 125). It is acknowledged that "there is a great deal more involved in knowing a word in an L2 than being able to match it with an L2 synonym or provide an L1 translation equivalent" (Read 2004: 211). One suggestion for increasing the depth of EFL learners' vocabulary knowledge is to acquire the multiple meanings of polysemous lexical items (Richards 1976; Nation 1990; Li and Kirby 2015). However, achieving this goal is not easy.

Compared to native speakers' use of polysemy, EFL learners' difficulty in acquiring polysemy can partly be attributed to their limited ability to deduce peripheral or infrequent senses from central or frequent ones(Miao 2015: 221). Therefore, teachers are recommended to "help learners to get accustomed to the idea that different uses of words may have a shared underlying meaning"(Nation 2013: 306) and "to see how the technical sense of the words relates to the core meaning of the word" (Chung and Nation 2003: 113). Empirical studies have shown that awareness of the central or core senses of polysemes contributes to the acquisition of the peripheral or non-core senses(Verspoor and Lowie 2003; Maby 2016). Cognitive linguistics provides further insights into this issue. Various mechanisms such as metaphor, metonymy, specialization, generalization, profile shift and image-schema transformations have been proposed to explain how polysemic senses are interrelated(Lakoff 1987; Radden and Kövecses 1999; Taylor 2003; Tyler and Evans 2004; Gries 2015: 474). These insights can be used to train EFL learners to see the connections between polysemic senses. In fact, some researchers have experimented with the cognitive semantic view of polysemy in EFL settings, and the majority of these studies have confirmed that explaining the motivations for semantic extensions promotes L2 learners' acquisition of polysemes (Csábi 2004; Morimoto and Loewen 2007; Beréndi et al. 2008; Tyler et al. 2011; and Zhao et al. 2018).

However, specialized lexicography has shown limited interest in these theoretical insights and empirical findings. There have been few discussions about the links between polysemic senses in specialized dictionaries for learners (SDLs). The first noteworthy study is Van der Meer(2010: 139), who suggested that definitions can be written "using a vocabulary(e. g. collocations) that at least strongly hints at the field of discourse from which the metaphor was originally taken" for technical senses that are extended from basic ones through transparent metaphors. Van der Meer also pointed out that "the more farfetched fanciful or complicated cases will have to remain unexplained" to avoid "changing the dictionary's ESP character"(ibid). L'Homme(2020a) is another study of particular relevance. While describing how to make meaning distinctions by presenting lexical functions, labeling argument structures or relating to semantic frames, the researcher admitted that it is difficult to account for connections between remotely linked senses using lexicographical devices such as hierarchical alphanumeric systems and cohesiveness between definitions, as terminologists usually deal with domain-specific meanings only. As revealed by both studies, links between senses remain to be further explored, and the focus on domain-specificity seems to hinder efforts to capitalize on these links more extensively.

On the one hand, it is important for ESP students to learn technical sensesbecause they are part of key code words essential for their communication within academic discourse communities(Swales 1990). On the other hand, technical senses are difficult to learn as they are usually more peripheral and less frequent. Considering the importance and difficulty of learning technical senses, it is necessary to help ESP learners of technical vocabulary understand how a technical sense of a polyseme is extended from its other senses, regardless of whether these senses are domain-specific. This article aims to explore how bilingual specialized dictionaries for ESP learners(BSDLs) can deal with the restrictions arising from domain specificity and exploit various sense links in a user-friendly way. The rest of the article is structured as follows. Section 2 will describe the impact of the paradigm shift from Prescriptive Terminology to Descriptive Terminology on the view of polysemy. Section 3 will review the practice and proposals regarding the representation of sense links in general language dictionaries(GDs). Section 4 will explain why SDLs need to focus on one single subject field and how it is still possible to represent links between polysemic senses. Section 5 will describe the different ways of representing sense links in BSDLs, using various lexicographical devices and taking into account the semantic distance between the involved senses in a bilingual setting. The last section will summarize the research findings and limitations.

2   The influence of Descriptive Terminology on polysemy

Traditional Terminology(as a discipline) considers language in terms of its naming capacity only(Temmerman 1997: 54). It is the vocabulary that assumes the role of naming specialized concepts. However, the vocabulary used in specialized communication, i. e. terminology, does not seem to be very different from that used in general situations(Cabré 1999: 81), which is often described as too ambiguous. In order to promote effective and efficient communication, terminology must be standardized before it is suitable for naming concepts univocally. For instance, deliberate, albeit not always successful, attempts have been made to reduce polysemy, a common language phenomenon where one term designates more than one concept. There is now a growing consensus that "standardisation is only one aspect of what should be the concern of the theory of Terminology"(Temmerman 2000: 220). Some basic tenets of Traditional Terminology have been challenged by a descriptive paradigm. We will discuss two aspects of this paradigm that are most relevant to the present study.

2. 1   Polysemy and the semasiological approach to Terminology

According to Wüster(1991: 1), Terminology begins with concepts. Only after concepts are clearly delineated within a conceptual system will terms be assigned as ideal linguistic labels. Prioritizing concepts in terminology work entitles terminologists to select or create labels for concepts, leading to an overwhelming dominance of nouns over other parts of speech in terminological resources (Rey 1979; Sager 1990: 51). Moreover, Traditional Terminology holds that the relationship between concepts and terms can be manipulated through standardization to achieve univocity. For example, when concepts across domains are designated by one term, polysemy is treated as homonymy despite the perceptible relatedness between the meanings. When concepts within a single domain share one label, polysemy is eliminated by creating new names to distinguish the concepts.

However, the onomasiological approach is rarely adopted in the practiceof terminography(Sager 1990: 56; Cabré 1999: 108; Temmerman 2000: 230; L'Homme 2005: 1117) because "quite obviously, the concept is not accessible unless via the designations" and "it is the designation that serves as a starting point" (Costa 2013: 32). The alternative is the semasiological approach, which allows terminologists to identify terms in texts and work towards their meanings or the concepts they designate. It is difficult for terminologists to ignore polysemy, where one term designates several concepts. The semasiological approach also extends terms to other word classes(see L'Homme 1998). Corpus data confirm that nouns are not the only category of designations for concepts. Verbs and adjectives are more typical linguistic expressions of ACTIVITY and ATTRIBUTE, laying the foundation for defining the corresponding noun forms(L'Homme 2015: 79). Therefore, it is theoretically possible to study polysemy associated with two or more parts of speech. In addition, terms, according to the new approach, do not seem to be very different from words when considered from the formal or semantic point of view (Cabré 1999: 81). Theories of lexical semantics are also applied to researching polysemy in Terminology. In particular, insights about regular polysemy, alterations, and micro senses are used to identify polysemy in Terminology by making finer-grained distinctions between the multiple meanings of a term within a single field (L'Homme 2020a; L'Homme 2024).

2.2 Polysemy and the diachronic perspective on Terminology

Traditional Terminology does not study language development and language evolution. The logic behind this principle of synchronicity is that "the present meanings of terms are important", and, in order to delineate the meanings of terms, "the system of concepts is what matters in language" (Felber 1984: 98). This is not difficult to understand since "normally, when one studies terms, it is useful to view them as highly 'fixed' entities, marking clearly delineated conceptual spaces within a given domain of expertise" (Meyer and Mackintosh 2000: 111). The synchronic perspective, however, has further marginalized polysemy in Terminology.

According to Blank(2003: 268), "the best-known type of polysemy is metaphoric polysemy which derives in most cases from metaphor as a diachronic process". After all, "understanding is never a static situation but a constantly changing process in time ···", so "there is a constant development in what a term can be used to refer to" (Temmerman 2000: 149-150). Therefore, it would be impossible to do justice to polysemy in Terminology without considering the diachronic dimension of the specialized language. Thanks to the descriptive shift in Terminology, researchers have come to realize that it is wishful thinking to try to fix concepts. Meyer and Mackintosh (2000) provide a textbook example of this dynamic process. Their case study of "virtual" illustrates how a general language sense (i. e. almost) evolved into a technical sense in computing (as in "virtual reality") through terminologization, which in turn was diluted to give rise to a new general language sense (as in "virtual cheesecake") or a new sense loosely related to computing (as in "virtual tours") by means of de-terminologization. It is interesting to note that the derived technical sense (as in "virtual reality"), when used in economics, was re-terminologized into a new technical sense (as in "virtual currency"). Temmerman(2000: 141, 143) traced the history of cloning, revealing that the meaning extensions of "clone" are a diachronic process of polysemization influenced by critical advancements in biology. She also investigated the metaphorical models (e. g. DNA IS A LANGUAGE) behind the process whereby a word (e. g. translate) is borrowed from one domain(e. g. language) by another domain(e. g. biology), resulting in a new sense(e. g. "decipher genetic instructions for making protein")(ibid: 184).

3 Representation of sense links in general language dictionaries

In the 19th century, lexicography, as well as etymology and semantics, "were engaged in discovering the connections between the meanings of polysemous words"(Nerlich and Clarke 1997: 351). The connection between polysemic senses is still a central topic in the treatment of polysemy in dictionaries. Lexicographers have been trying to represent sense links in the following two ways:(1) by laying out senses to reflect the semantic structure; and(2) by explicating how one polysemic sense extends to another. Depending on whether the lexicographical representation is informed by cognitive linguistics(CL), we will identify two periods, namely the traditional period and the CL-informed period, and review what lexicographers have achieved in the two periods respectively.

3. 1 Traditional representation of sense links

The first use of the term*polysemous* in a linguistic sense can be attributed to the literary theorist August Wilhelm Schlegel(Nerlich and Clarke 1997: 351). Schlegel(1832: 42, quoted in Nerlich and Clarke 1997: 356) wrote that, when dealing with polysemous terms, lexicographers should observe the affinity between meanings and retrace the gradual and graded pathway that leads from one to the other. The author pointed out that "sometimes a single series is not enough: we have to come back several times to the common stem, so as to be able to retrace the divergent ramifications"(ibid). The processes of semantic development were referred to by Darmesteter(1886: 76) as radiation(i. e. a word accumulates meanings around a core) or concatenation(i. e. a word develops a polysemic chain of meanings). According to him, radiation and concatenation are generally mixed and combined, resulting in far more complex forms.

Lexicographers explore how the structural complexity of polysemy can be represented in dictionaries. For instance, Mel'Čuk and Polguère (1995: 162 – 171) developed methodologies to order senses and indicate semantic distances between them in their dictionary project. Specifically, polysemic senses are ordered by considering factors such as the inclusion relationship between senses, their semantic proximity to the basic sense, the nature and regularity of semantic extension, and the underlying component for metaphorical extension. In addition, the semantic distances between senses are classified as large, medium or small according to the common part of their definitions as well as the semantic distinction between them. Finally, senses are hierarchically arranged into three layers, labelled with Roman numerals, Arabic numerals and lowercase letters to indicate the semantic distances across layers or within each layer. Mel'Čuk and Polguère(1995: 157–159) hold that links between senses can be direct or indirect, depending on whether they are connected by a semantic bridge(i. e. an explicit or implicit semantic component shared between definitions). In the case of metaphorical extensions, a component is introduced in the definition of a derived sense to serve as a semantic bridge with the source sense(ibid: 161).

Arguing against treating sense links merely as an appendage to definitions, Barque(2008: 84–85) dedicated a separate module to represent sense links in a dictionary project. Thanks to this new approach, the researcher refined Martin(1979)'s typology of sense links and characterized them more systematically. The inclusion relationship between senses is analyzed in terms of the central or peripheral status of the shared semantic component in the definitions. The actantial structure and referential nature (abstract or concrete) of polysemic senses are compared to determine whether and how they change due to meaning extension. Additionally, the rhetorical effect(contiguity or analogy) or the lack thereof is also examined in modeling sense links(Barque 2008: 117). By considering the syntactic, semantic, and rhetorical dimensions, the researcher identified four types of sense links: restriction, extension, metonymy and metaphor. Each category is further divided: restriction is sorted into specialization and euphemism, and extension into generalization and exaggeration. Metonymy is characterized as strong or weak, and metaphor as sensory or structural(ibid: 127).

3.2 CL-informed representation of sense links

According to Geeraerts(2001: 7), cognitive semantics has added a number of new insights to the description of sense links. Prototype Theory characterizespolysemy as follows: one sense may directly or indirectly form the basis of others, carrying more structural weight and functioning as the prototype. Peripheral meanings are derived from, and clustered around the prototypical meaning. All meanings of polysemous lexical items are structured into radial sets and interrelated through family resemblance(Lewandowska-Tomaszczyk 2007: 148). Cognitive semantics has identified various types of motivational links between polysemic senses: metaphor, metonymy, specialization, generalization, profile shift, and image-schema transformations (Radden and Kövecses 1999, Taylor 2003, Tyler and Evans 2004, Gries 2015: 474). These links, grounded in experience, cannot be adequately explained without drawing on language users' experience of their physical, social and cultural surroundings(Boers and Lindstromberg 2008, 2009).

The cognitive linguistic view of polysemy has sparked interest in the pedagogical value of logical sense ordering in learner's dictionaries(Van der Meer 2004, Wojciechowska 2012, Ostermann 2015: 321, Xu and Lou 2015: 224, etc.). Logical sense ordering arranges senses at two levels(i. e. a central or basic level for core senses and a subordinate level for sub-senses) (Moerdijk 2003: 286) and nests sub-senses under their corresponding core senses. Due to its linear layout, logical sense ordering cannot fully capture the multidimensional structure of polysemy. To solve the linearization issue identified by Geeraerts(1990: 198), Lu and Wei (2019) proposed a graphic representation of the polysemic structure as a supplement to the linear layout of senses. Instead of a radial network, Lu et al. (2020) presented a left-to-right mind map, where all senses are reduced to short definitions and expressed as nodes, with the prototypical sense placed at the leftmost part and extending rightward to peripheral senses.

Another weakness of logical sense ordering is its failure to explain theextension of one sense to another. To address this problem, some researchers suggested using core definitions to "cover in a general way all derived subsense definitions"(Van der Meer 2000; Smirnova 2016). Halas (2016: 136) proposed incorporating the dominant semantic component shared with the superordinate sense in the definition of a sub-sense. While these defining strategies sometimes successfully clarify links between core senses and sub-senses, they encounter difficulties when metaphor is involved. An alternative solution is to label senses as "metaphoric extensions"(Smirnova 2016) or use phrases like "resemble"(Halas 2016: 137), "as if"(Van der Meer 2000: 426), and "metaphorized into"(Zhao 2003: 186) to introduce metaphor in definitions. However, this kind of dictionarese may not be clear enough for users to understand the mechanism. Full-sentence definitions(Hanks 1987: 119; Rundell 2006: 324; Atkins and Rundell 2008: 441) offer a remedy to explain sense links (Lu and Wei 2019; Lu et al. 2020). They consist of two parts: the left-hand part introduces the headword, and the right-hand part relates two vertically adjacent senses in the hierarchy. If a sense link is metonymic, the short definition of the superordinate sense is treated as an adverbial or modifier and attached to the subordinate sense. In the case of metaphoric links, a *like* phrase or an *as-if* clause is used to relate the two senses. Occasionally, life experience is invoked to clarify an obscure relation involving conceptual metaphor.

4 Domain specificity and polysemy in specialized dictionaries for learners

Polysemy is notably less common in SDLs than in GDs. For instance, Bergenholtz and Kaufmann(1997) found that out of 2,500 dictionary articles in a dictionary of biotechnology, only three have more than one meaning. Even when the same word is entered in both types of dictionaries, the ratio of meaning to lexical items is still lower in SDLs than in GDs(see Cooper 2005; L'Homme 2020a). This difference can be partly explained by SDLs' usual preference for polysemy that is specific to a particular subject field only and often limited in number compared with other types of polysemy. While it is reasonable for SDLs to focus on a single subject field, it is also possible to reconcile domain specificity with polysemy that spans multiple subject fields or includes both specialized and general meanings.

4. 1 Reasons for SDLs' focus on a single field

According to Bergenholtz and Tarp (1995: 59), a specialized dictionary can cover either an entire subject field, several subject fields, or one or more sub-fields, referred to as single-field, multi-field and sub-field dictionaries, respectively. There has been some debate among lexicographers regarding the disciplinary coverage of SDLs. Zhang(2009: 32), for example, believes that SDLs at the initial stages should not be too narrow in their coverage of the subject field. Instead, comprehensive or multidisciplinary dictionaries should be compiled first, and then gradually move towards single-field dictionaries. In contrast, Gouws (2010: 66) argues against covering multiple fields in one SDL, stating it "may be confusing to the users, especially if each central list text has its own front and back matter texts, constituting a range of secondary frame structures". We also argue against covering multiple fields in SDLs.

Similar to Gouws(2010: 66), our first reason is also concerned with the lexicographer's perspective. Bergenholtz and Tarp(1995: 59) pointed out that multi-field dictionaries are not recommended. They detailed the difficulties that the coverage of multiple subject fields might cause in the compilation process: it is hard to ensure a uniform treatment of the subject fields. For example, lemma selection for a multi-field dictionary is often based on the most frequently used terms or the basic vocabulary of the subject fields. Despite having specialized corpora for some disciplines, lexicographers still need to consult a wide range of experts for lemma selection. Unfortunately, "experts may turn out to differ widely as to what should be considered important or central in their respective subject fields", resulting in "different criteria being employed for practical lemma selection in the same dictionary"(ibid: 60). Another problem with dealing with multiple subject fields simultaneously is related to the treatment of encyclopedic information in SDs. Firstly, the coverage of vocabulary in multi-field dictionaries is often so massive that there is little or no space left for encyclopedic information, which is often necessary for disambiguating terms that may have different meanings across subject fields. Secondly, the preparation of encyclopedic notes requires the involvement of experts from various subject areas, leading to coordination challenges similar to lemma selection. Finally, it is difficult to offer an encyclopedic section or subject-field introduction that provides an overall view of the individual subject areas. Although considered important for the pedagogical dimension of specialized dictionaries(Tarp 2005) and beneficial to layman users in particular (Bergenholtz and Nielsen 2006: 290), a subject-field component covering all subject fields would be too voluminous and complex to be implemented in compilation.

Our second piece of evidence comes from Terminology and relates to the facilitation of learners' acquisition of specialized knowledge of concepts. Terminologists have found that many concepts can be classified in more than one way because there are multiple characteristics that can be used to distinguish between the concepts. This was referred to as multidimensionality by Bowker(1993) in Terminology. This term has since been expanded to mean the "phenomenon where the same concept can be conceptualized from different perspectives"(L'Homme 2020b: 89). Subject fields provide important perspectives that can influence how concepts are related to other concepts. For example, in Engineering, the most prominent conceptual relations to the concept "water" are MADE_ OF and AFFECTS, whereas in Geology, CAUSES and TYPE_OF are the most salient conceptual relations. Additionally, subject fields also shape the conceptual categories that a concept can be associated with. In Engineering, "water" is only linked to artificial entities or processes (PUMPING, CONCRETE, CULVERT), while in GEOLOGY it is primarily associated with natural ones(EROSION, GROUNDWATER, SEEPAGE)(León-Araúz and Faber 2010). While multidimensionality can be used to enrich traditional static representations in terminological resources, it can also lead to information overload, which hinders knowledge acquisition. This can also be illustrated with the concept "water". According to León-Araúz and Faber (2010), 'water' is a versatile concept involved in numerous environment-related situations. Therefore, a large number of conceptual relations will form around "water" if all its dimensions are reflected in the conceptual network. Obviously, users would not acquire meaningful knowledge if they are overwhelmed by a multitude of conceptual relations. The problem of information overload can be solved through recontextualization, such as by specifying a certain subject field. For example, when the contextual constraint of Engineering is applied(León-Araúz et al. 2013: 46), relevant relations(e. g. WATER part_ of CONCRETE) will be retained while irrelevant ones(e. g. WATER affects SEEPAGE, which is more typical of Geology) will be filtered out. Recontextualization not only reduces interference from other subject fields but also increases coherence within the specified domain, thereby enhancing the effectiveness of knowledge acquisition.

4.2　Guidelines for treating polysemy in SDLs

The subject coverage of specialized dictionaries is primarily reflected in the selection of headwords. To maintain a focus on a particular subject field, only lexical items specific to the field will be considered for inclusion in the lemma list of an SDL. Since it is usually the meanings, rather than the forms, of lexical items that indicate their affinity with a subject field, the domain specificity ofmeanings is often used as the criterion for determining whether a word or phrase should be included. However, if the criterion of domain specificity is strictly applied, SDLs will only record polysemes consisting of meanings that are specific to a subject field, as is the case with most specialized dictionaries. This would limit SDLs' ability to utilize sense links to assist learners in acquiring specialized senses they may struggle with. To address this, we propose the following guidelines for handling polysemy in SDLs while still maintaining a focus on a subject field. We will demonstrate these guidelines using computing-related expressions.

4.2.1　The polyseme considered for inclusion in SDLs should contain at least one domain-specific meaning. This guideline establishes the minimum requirement that polysemy must meet in order to be considered in SDLs. As mentioned earlier, the domain specificity of a lemma is represented by the meaning which belongs to a specific subject field. Therefore, a polysemous expression can be included in the lemma list as long as it carries a meaning that is specific to the subject field that defines the disciplinary boundary of an SDL. The requirement for domain specificity should not obscure the fact that the meanings of a polysemous word are often not limited to a single subject field. The composition of polysemic meanings in SDLs can be summarized in the following three situations: (1) Polysemous terms are exclusively domain-specific, comprising meanings that are unique to a particular subject field(hereafter referred to as domain-specific meanings). For instance, "write-protect" carries two domain-specific meanings: "protect(a disk) from accidental writing or erasure" and "able to stop data being written to or erased from a disk". (2) Polysemes have specialized meanings only, with some being domain-specific and others pertaining to diverse subject fields. For example, the two meanings of "working memory" are specific to the subjects of psychology and computing respectively. (3) Certain polysemic meanings are specific to a particular domain, while others are used in language for general purposes. A typical example is "menu", for which the computing meaning is a metaphorical extension of its general language use. Intra-domain polysemy and inter-domain polysemy, as defined by Meyer and Mackintosh(2000), will be used to designate the first and second types of polysemy respectively. The third type, where the meaning range of polysemy extends beyond specialized domains, will be referred to as extra-domain polysemy.

4.2.2 At least one domain-specific meaning should be addressed as the learning target. This guideline emphasizes the pedagogical considerations when incorporating polysemy in SDLs. When we classify polysemy into three categories, we take a synchronic perspective. However, the three types of polysemy can be understood as resulting from a diachronic process involving semantic extensions between pairs of meanings. The composition of polysemy in SDLs shows that there are three types of meanings: domain-specific meanings, meanings related to other subject fields, and meanings used in language for general purposes. Theoretically, each type of meaning can derive from, and extend to, other types of meanings. Since our goal is to enhance learners' acquisition of domain-specific senses, we are primarily interested in links leading to a domain-specific sense. The domain-specific sense that is to be learned will hereafter be referred to as the target sense, as opposed to the source sense from which it derives. This does not rule out the possibility that a domain-specific sense functioning as the source sense may extend to another domain-specific sense and facilitate its learning. Therefore, the three processes of polysemization described in Section 2. 2 will be treated differently: terminologization(as in "menu") will be fully considered in the treatment of polysemy in SDLs but de-terminologization (such as the computing meaning of "real time" being extended to describe processes like reporting and decision-making) will not be included in meaning descriptions. Re-terminologization will only be taken into account when it results in domain-specific meanings. For instance, the link between the two senses of "working memory" will be considered in SDLs because the psychological sense extends to the computing sense, not the other way around.

4. 2. 3　The target sense should be explained in relation to the source sense(s) in the meaning description. This guideline clarifies the position of a target sense relative to its source senses in SDL's representation of polysemy. Semantic extension involves at least two senses: a source sense and a target sense. It is important to have an operational description of both terms. According to L'Homme and Polguère(2008), the perception of semantic extension is usually connected to a diachronic reality. They argue that "it is necessary to decide whether one bases oneself on the true etymology, as one can retrace it in a historical dictionary, or on the intuitive perception of the ordinary speaker"(ibid). We will adopt the second approach: two senses will be treated as the source sense and the target sense, respectively, as long as the meaning description of the latter can build on the former, regardless of the chronological sequence of their earliest occurrences as documented in a historical dictionary. For example,

citations in *The Oxford English Dictionary* (Simpson and Weiner 1989) show that the intransitive use of "reboot" is younger (more recent) than the transitive use. However, the former is still considered the source sense and the latter the target sense because the transitive use specifies the agent by building on the argument structure of the intransitive use and the arrangement aligns with ordinary people's intuition that a syntactically simpler meaning appears first and develops into a more complex one later. The target and source senses are not of equal importance in the meaning description: the latter is a means to an end, i. e. it is used to help learners acquire the former. Therefore, they are treated differently at the micro-structural level: the target sense always receives a definition in SDLs. In contrast, the source sense is usually not defined unless it is specific to the same domain. In terms of the meaning description of a given target sense, the source sense is either used as part of the gloss for the definition of the target sense (e. g. , placed within brackets to make explicit the sense link) or incorporated into its definition (e. g. , embedding the meaning of an inchoative verb in that of a causative verb).

5 Representation of sense links in bilingual specialized dictionaries for ESP learners

Building sense links involves bridging semantic gaps between polysemic senses. Therefore, the magnitude of the semantic gap, or the semantic distance, must be assessed to determine how sense links are represented in BSDLs. There have been attempts to characterize the semantic distance between polysemic senses. For instance, Mel'Čuk and Polguère(1995: 162 – 171) categorize it as large, medium and small, depending on the extent of the semantic intersection and the regularity of the semantic distinction. L'Homme(2020b: 107) suggests that the scale of semantic distance accounts for three forms of polysemy: long-distance polysemy, which occurs between a basic meaning and a metaphorical extension; short-distance polysemy, where one or a few semantic components are shared by the lexical units; and regular polysemy, as originally defined by Apresjan (1974: 16). These discussions provide useful insights, but they only address monolingual settings. When representing sense links in BSDLs, the linguistic dimension must also be considered because the perceived closeness between polysemic senses in a bilingual dictionary may be influenced by the degree of overlap between their target language(TL) equivalents.

In what follows, we will illustrate the lexicographical representation of sense links using computing-related polysemy extracted from *The English-Chinese Dictionary* (*Unabridged*) (Lu 2007). Thanks to the subject labels for computer science, we were able to retrieve all polysemous items with at least one computing-specific sense. When phrasing definitions, we also drew upon specialized dictionaries such as the *Oxford Dictionary of Computing for Leaners of English* (Pyne and Tuck 1996) and the *Dictionnaire fondamental de l'informatique et de l'internet* (L'Homme 2024). By surveying and adapting the extracted data, we will attempt to represent sense links in BSDLs. The proposed model takes into account factors such as the semantic intersection of the polysemic senses, the regularity of their semantic distinction, the mechanism for semantic extension, and the overlap between their Chinese equivalents. Since we are only interested in information categories that facilitate the explanation of sense links, we will leave out pronunciations but retain parts of speech, subject labels, and TL equivalents. Illustrative sentences will be omitted to highlight the layout of the model, although they are particularly useful in describing the meaning of predicative senses. Moreover, to make the overlap between the source and target senses identifiable and accessible, we will italicize the shared parts of their Chinese equivalents. According to the lexicographical devices needed to bring out the connections between senses, the models are presented using one of the following four means: ordering senses logically, appending the source sense, combining logical ordering with short explanation, or providing the source sense and a short explanation. We will also translate the right-core semantic comment of each entry into English in a literal (and perhaps unnatural) way to help non-Chinese readers of this paper understand how the Chinese equivalents overlap and how two senses in Chinese are linked (Please note that the

English translation is not intended as part of the BSDL models).

5.1 Lexicographical representation by ordering senses logically

When the senses forming regular polysemy are all domain-specific and their TL equivalents clearly overlap, links between them can be represented by placing the source sense before the target sense.

(1) GIF *n.*【计】<computing>

1. 图形交换格式 <*graphic interchange format*>

2. 图形交换格式文件 <a file in *graphic interchange format*>

(1) is a typical case of regular polysemy since the "format to file" pattern of extension can be observed in other polysemous words such as PDF and JPEG. As shown by the Chinese equivalents, the source sense "图形交换格式" is included in the target sense "图形交换格式文件". The former denotes a file format whereas the latter refers to the file in this format. Learners should be able to understand the link between the two senses by comparing their Chinese equivalents. Therefore, there is no need for further lexicographical devices.

(2) boot up【计】<computing>

1. *vi.*(电脑、系统)启动 <(*computer, system*) *start*>

2. *vt.*(用户)启动(电脑、系统)<(user) *start*(*computer, system*)>

(2) illustrates another type of regular polysemy, which is also called inchoative/ causative alternation(L'Homme 2020b: 108). In the source sense, the phrasal verb "boot up" is used intransitively, meaning that the computer or system starts by itself. In the target sense, the same expression is used transitively, where the user is the subject who causes the computer or system to start. Although they differ in the argument structure, they are clearly derived from the same underlying event of rebooting, with one realizing part of the event structure linguistically and the other encoding the whole. Therefore, placing the intransitive sense before the transitive one should suffice to account for the sense link.

(3) telnet【计】<computing>

1. *n.*远程登录服务 <*remote log-in service*>

2. *vi.*(访客、用户) 使用远程登录服务 <(visitor, user) use *remote log-in service*>

(3) results from a process of word-formation traditionally known as conversion. This mode of word-formation is now recategorized by some cognitive semanticists as a process whereby a salient participant is singled out as the "metonymic focus" to designate the whole event(Dirven 1999: 280, Dirven and Verspoor 2004: 64). The new perspective is reflected by the close link between the Chinese equivalents of the two senses, where "telnet" is used to designate the event of using "telnet".

5.2　Lexicographical representation by appending the source sense

When the source sense is not domain-specific and the TL equivalents of the headword in the source and target senses clearly overlap, links between them can be represented by appending the source sense. The added sense will be marked with an arrow pointing to the target sense and placed in the brackets following the target sense.

(4) mouse n. 【计】＜computing＞ 鼠标 ［←鼠；老鼠］＜*mouse pointer* ［←rat, *mouse*]＞

In(4), the source sense "鼠；老鼠" is added to help learners understand why a word often referring to a small rodent can be used in computing to mean an input device especially for a computer. The source sense is terminologized into the target sense through a metaphor that is based on similarity in shape: a classic computer mouse has a cable extending from one end of its grip portion, resembling a mouse dragging its tail behind it. Even if the shape of a mouse has evolved in response to new technology(e. g. a wireless mouse does not have a cable), the shape of the grip portion remains largely the same. Therefore, italicizing the shared character "鼠" contributes to learners' understanding of the sense link.

(5) validation *n.*【计】＜computing＞(计算机用户对数据、文件的) 确认 ［←批准；确认］＜(user's) *confirmation* (of data, file) ［←approval, *confirmation*]＞

(5) is another example of extra-domain polysemy. The source sense is translated into two Chinese words(i. e. 批准 and 确认), which are combined to cover the meaning. Of the two words, 确认 is used as the Chinese equivalent of the technical sense after it is modified by a phrase

specifying the possible agent and patient of the action denoted by the headword "validation". A comparison of the equivalents reveals that the technical sense is actually a specialization of the general sense or a microsense(See Cruse 1995).

5. 3 Lexicographical representation by logical ordering plus short explanation

When the source sense and target sense(s) are both domain-specific and there is little or no overlap between their TL equivalents, it is not sufficient to place the source sense before the target sense only. A short explanation placed in the brackets following the target sense is also needed to make explicit its link with the source sense.

(6) bit *n*. 【计】<computing>

1. 二进制位,二进制数字 <*binary digit*, binary number>

2. 比特(度量信息的最小单位)[比特(bit 的音译)用于度量以二*进制位*编码的信息量] <pi-tê(the smallest unit of information)[pi-tê(the transliteration of bit) is used to measure the amount of information encoded in *binary digits*]>

(6) is a case of regular polysemy where one sense denotes a concrete elementwhile the other refers to an abstract measure. However, this element-to-measure link between the two senses of the word "bit" is not obvious to learners because there is no overlap between the equivalents "二进制位,二进制数字" and "比特". As shown by the Chinese translations, the TL equivalents of the source sense are meaning-based whereas that of the target sense is form-based (i. e. transliteration). It is, therefore, necessary to add a short explanation to make explicit the link between the two senses.

(7) initialize *vt*. 【计】<computing>

1. 预置 <*prepare*>

2. 格式化(磁盘)[格式化磁盘就是*预置*磁盘,以存储和读取数据] <format(computer disk)[to format a computer disk is *preparing* it for storing and reading data]>

(7) falls into the category of intra-domain polysemy. Of the two computing-specific senses, the first can be defined as "to prepare a piece of

computer equipment or software for use" and the second as "to prepare a computer disk for use so that it can store and read data". The semantic intersection between the English definitions shows that the target sense is a specialized case of the source sense. However, the semantic connection is "lost" in translation due to the lack of overlap between their Chinese equivalents. A short gloss, therefore, is provided to restore the sense link.

5.4 Lexicographical representation by providing the source sense and a short explanation

When the source sense is not domain-specific and the overlap between theTL equivalents of the headword in the source and target senses is not sufficient to explain the links between them, a short explanation in addition to the source sense should be provided to make explicit its link with the target sense.

(8) toolbox *n.*【计】<computing> *工具箱* [←（由木头、塑料或金属制成的）*工具箱*：可从一个选单调用的一组程序或功能,如同装进*工具箱* 的一套工具] <*tool case* [←（wooden, plastic or metal）*tool case*：the set of programs or functions accessible from a single menu is like a set of tools kept in a *tool case*]>

(8) is a case of extra-domain polysemy. The technical sense "the set of programs or functions accessible from a single menu" is a metaphoric extension of the non-specialized sense "a container for keeping tools in". Both senses are translated into 工具箱, resulting in complete overlap between the Chinese equivalents and indicating a link between the two senses. Because it is not easy for learners to connect a sense about "a feature of a program" to one about "a container for tools", a short explanation is provided to highlight the similarity between a menu "containing" a set of programs or functions and a case containing a set of tools.

(9) Winchester *n.*【计】<computing> *温切斯特磁盘* [←*温切斯特连发步枪*：*温切斯特磁盘*按原设计可容纳 2 个 30 兆字节的磁盘,其 IBM 编号为 3030,恰与*温切斯特* 连发步枪用 0.30 格林火药的 0.30 口径子弹相同] <*Winchester* disk [←*Winchester* rifle：The *Winchester* disk, as

originally designed, can hold two 30-megabyte disks. Its IBM designation is 3030, coincidentally matching the caliber of the 0. 30 cartridge used in the *Winchester* rifle, which fires 0. 30 caliber bullets.]>

Similar to(8), the overlap(i. e. the shared name 温切斯特) between the Chinese equivalents of the computing sense and the added sense indicates, rather than explicates, the link between them. It is, in fact, the shared number 3030 that connects the two senses though its meaning in one sense is different from that in the other. However, this etymological knowledge is probably beyond lay people as well as some professionals. For this reason, a short gloss is used to provide learners with the fun fact about the coincidence between the two senses.

(10) syntax *n.*【计】<computing> *句法* [←【语】*句法*;语法;句子结构 (分析):编程用的指令系统比作是语言,编程的规则因而比作是*句法*,参见 PARSE, TRANSLATE, DICTIONARY 等 词] < *syntax* [← < linguistics> *syntax*; grammar; (analysis of) sentential structure: the instruction systems used for programming are likened to language and, accordingly, the rules of programming are compared to *syntax*. See PARSE, TRANSLATE, DICTIONARY, etc.]>

(10) is an instance of inter-domain polysemy, where the computing sense is re-terminologization— or rather, a metaphorical extension of the added linguistic sense. As in(5), the target sense is translated using one of the Chinese equivalents of the source sense. Despite the shared equivalent 句法, learners might find it still difficult to make sense of the similarity between the two technical senses. To enable learners to benefit further from the gloss, we invoke two mappings(i. e. , from the language to programming instructions and from syntax to programming rules) of the conceptual metaphor PROGRAMMING IS USING THE WRITTEN FORM OF A HUMAN LANGUAGE without resorting to linguistic jargon. Related terms are cross-referenced to reinforce the impression about the semantic regularity in these lexical items.

6 Concluding remarks

Sense links used to receive little attention in SDLs but can now be further discussed thanks to some favorable changes. For example, Descriptive Terminology has identified more polysemy within a domain than Prescriptive Terminology and removed the restriction of domain specificity to expand polysemy beyond a given domain. Interesting attempts have also been made to represent sense links systematically in formalized lexicons or demonstrate their pedagogical value in learners' dictionaries. Drawing upon insights from these studies, we proposed three guidelines and four models. Specifically, when treating intra-domain polysemy in BDSLs, lexicographers should place the source sense before the target sense and sometimes append a gloss to the target sense to explicate an obscure sense link. When dealing with inter-or extra-domain polysemy, the BDSL's focus on a single subject field must be maintained. The non-domain specific source sense needs to be added as a gloss and used as background knowledge to facilitate the understanding of the target, domain-specific sense. When it is difficult to relate the two senses, a short explanation is included in the gloss to make explicit the link between them.

Our research is useful in the following three ways. First, it demonstrates the feasibility of including polysemy extensively in SDLs that are supposed to be single-field dictionaries. Due to lexicographers' concern about domain specificity, there have been few attempts to exploit sense links in SDLs than in general dictionaries for learners. The present study offers practical suggestions on how to choose and treat polysemy without losing the SDL's focus on a single subject field. Second, our research incorporates the overlap between the TL equivalents of the source and target senses into the description of sense links. Sense links have been characterized chiefly in terms of the semantic intersection of the source and target senses, the regularity of their semantic distinction, and the mechanism for semantic extension. The present research proposes that the overlap between equivalents affects the perceived semantic distance between source and target senses and should be fully considered in describing sense links. Third, the study illustrates how sense links can be treated in BSDLs using computing-related polysemy. Sense links used to be represented by logical sense ordering alone. They are now further described in some research(e. g. Lu and Wei 2019; Lu et al. 2020) by means of definitions carefully crafted to reveal the shared semantic components between the source and target senses. However, these strategies are designed for non-specialized polysemy in monolingual dictionaries. They are therefore adapted to bilingual dictionaries, varied in line with the types of polysemy and embodied in four models.

Nevertheless, there is still much work to be done in advancing the study. Building on previous research in terminology and lexicography, we have proposed models for representing sense links in BSDLs with the aim of aiding learners in acquiring technical senses. Consequently, this approach primarily involves speculation. Therefore, it is necessary to conduct empirical investigations to assess the effectiveness of the models and gather feedback from users to enhance them. Additionally, the success of these models relies on the assumption that dictionary users already possess knowledge of the source sense and can utilize it as a foundation for learning the target sense. While this may hold true for extra-domain polysemy, it is less probable in the case of intra- or inter-domain polysemy, as the source sense itself is technical in nature. Hence, knowledge about morphology, etymology and even mnemonics could prove highly beneficial in helping users to grasp the source sense initially. Lexicographical research in these areas is scarce but extremely valuable for improving BSDLs.

Acknowledgements

This research was supported by the National Social Science Fund of China(No. 21FYYB004). We would like to express our gratitude to the anonymous reviewers for their insightful comments, which have greatly contributed to enhancing the quality of this article.

Endnote

1. Source sense is used in this paper to designate a sense that functions as the basis and extends to a specialized sense (which is called target

sense). A source sense can be the basic or core sense of a lexical item or an extension of the basic sense.

References

A. Dictionaries

L'Homme, M.-C. (Ed.). 2024. *Dictionnaire fondamental de l'informatique et de l'internet (DiCoInfo).*
https://olst.ling.umontreal.ca/dicoinfo/dicoinfo-bilingue-en.html

Lu, G. (Ed.). 2007. *The English—Chinese Dictionary (Unabridged).* Shanghai: Shanghai Translation Publishing House.

Pyne, S. and A. Tuck(Eds.). 1996. *Oxford Dictionary of Computing for Leaners of English.* Oxford: Oxford University Press.

Simpson, J. A. and E. S. C Weiner (Eds.). 1989. *The Oxford English Dictionary.* Second Edition. Oxford: Clarendon Press.

B. Other literature

Apresjan, J. 1974. Regular Polysemy. *Linguistics* 142: 5-32.

Atkins, B. T. S. and M. Rundell. 2008. *The Oxford Guide to Practical Lexicography.* Oxford/New York: Oxford University Press.

Barque, L. 2008. *Description et formalisation de la polysémie régulière du français.* Unpublished Doctoral Dissertation. Paris: Université Paris 7.

Beréndi, M., S. Csábi and Z. Kövecses. 2008. Using Conceptual Metaphors and Metonymies in Vocabulary Teaching. Boers, F. and S. Lindstromberg (Eds.). 2008. *Cognitive Linguistic Approaches to Teaching Vocabulary and Phraseology:* 65-100. Berlin: De Gruyter Mouton.

Bergenholtz, H. and U. Kaufmann. 1997. Terminography and Lexicography: A Critical Survey of Dictionaries from a Single Specialised Field. *Hermes* 18: 91-125.

Bergenholtz, H. and S. Nielsen. 2006. Subject-field Components as Integrated Parts of LSP Dictionaries. *Terminology* 12(2): 281-303.

Bergenholtz, H. and S. Tarp(Eds.). 1995. *Manual of Specialised Lexicography: The Preparation of Specialised Dictionaries.* Amsterdam/Philadelphia: John Benjamins.

Blank, A. 2003. Polysemy in the Lexicon and in Discourse. Nerlich, B., Z. Todd, V. Herman and D. D. Clarke(Eds.). 2003. *Polysemy: Flexible Patterns of Meaning in Mind and Language:* 267-296. Berlin/New York: Mouton de Gruyter.

Boers, F. and S. Lindstromberg. 2008. How Cognitive Linguistics Can Foster Effective Vocabulary Teaching. Boers, F. and S. Lindstromberg(Eds.). 2008. *Cognitive Linguistic Approaches to Teaching Vocabulary and Phraseology*: 1-61. Berlin: De Gruyter Mouton.

Boers, F. and S. Lindstromberg. 2009. *Optimizing a Lexical Approach to Instructed Second Language Acquisition*. Basingstoke: Palgrave Macmillan.

Bowker, L. 1993. Multidimensional Classification of Concepts for Terminological Purposes. Smith, Philip J., Clare Beghtol, Raya Fidel and Barbara H. Kwasnik (Eds.). *Proceedings of the 4th ASIS SIG/CR Classification Research Workshop*, Held at the 56th ASIS Annual Meeting, October 24—28, 1993, Columbus, Ohio: 39-56. Columbus, Ohio: American Society for Information Science.

Cabré, M. T. 1999. *Terminology: Theory, Methods, and Applications*. Amsterdam/ Philadelphia: John Benjamins.

Chung, T. M. and P. Nation. 2003. Technical Vocabulary in Specialised Texts. *Reading in a Foreign Language* 15(2):103-116.

Cooper, M. 2005. A Mathematical Model of Historical Semantics and the Grouping of Word Meanings into Concepts. *Computational Linguistics* 32(2): 227-248.

Costa, R. 2013. Terminology and Specialised Lexicography: Two Complementary Domains. *Lexicographica* 29: 29-42.

Cruse, D. A. 1995. Polysemy and Related Phenomena from a Cognitive Linguistics Viewpoint. Saint-Dizier, P. and E. Viegas(Eds.). 1995. *Computational Lexical Semantics*: 33-49. Cambridge: Cambridge University Press.

Csábi, S. 2004. A Cognitive Linguistic View of Polysemy in English and its Implications for Teaching. Achard, M. and S. Niemeier(Eds.). 2004. *Cognitive Linguistics, Second Language Acquisition, and Foreign Language Teaching*: 233 - 256. Berlin/New York: Mouton de Gruyter.

Darmesteter, A. 1886. *The Life of Words as the Symbols of Ideas*. London: Kegan Paul, Trench & Co.

Dirven, R. 1999. Conversion as a Conceptual Metonymy of Event Schemata. Panther, K.-U. and R. Günter(Eds.). 1999. *Metonymy in Language and Thought*: 275-288. Amsterdam/Philadelphia: John Benjamins.

Dirven, R. and M. Verspoor(Eds.). 2004. *Cognitive Exploration of Language and Linguistics*. Cognitive Linguistics in Practice. Vol. 1. Amsterdam/Philadelphia: John Benjamins.

Felber, H. 1984. *Terminology Manual*. Vienna: Infoterm.

Geeraerts, D. 1990. The Lexicographical Treatment of Prototypical Polysemy. Tsohatzidis, S. L. (Ed.). 1990. *Meanings and Prototypes: Studies in Linguistic*

Categorization：195-210. New York：Routledge.

Geeraerts, D. 2001. The Definitional Practice of Dictionaries and the Cognitive Semantic Conception of Polysemy. *Lexicographica* 17：6-21.

Gouws, R. H. 2010. The Monolingual Specialised Dictionary for Learners. Fuertes Olivera, P. A. (Ed.). 2010. *Specialised Dictionaries for Learners*：55-68. Berlin/ New York：De Gruyter.

Gries, S. T. 2015. Polysemy. Dąbrowska, E. and D. Divjak(Eds.). 2015. *Handbook of Cognitive Linguistics*. HSK 39：472-490. Berlin：Walter de Gruyter GmbH & Co KG.

Halas, A. 2016. The Application of the Prototype Theory in Lexicographic Practice：A Proposal of a Model for Lexicographic Treatment of Polysemy. *Lexikos* 26：124-144.

Hanks, P. 1987. Definitions and Explanations. Sinclair, J. M. (Ed.). 1987. *Looking Up：An Account of the COBUILD Project in Lexical Computing and the Development of the Collins COBUILD English Language Dictionary*：116-136. London/Glasgow：Collins ELT.

Lakoff, G. 1987. *Women, Fire, and Dangerous Things：What Categories Reveal about the Mind*. Chicago/ London：University of Chicago Press.

León-Araúz, P. and P. Faber. 2010. Natural and Contextual Constraints for Domain-Specific Relations. Barbu Mititelu, V., V. Pekar and F. Barbu(Eds.). 2010. *Proceedings of the Workshop, Semantic Relations. Theory and Applications, 18 May 2010, at the International Conference on Language Resources and Evaluation(LREC) 2010, Malta*：12-17. Malta：ELRA.

León-Araúz, P., A. Reimerink and A. G. Aragón. 2013. Dynamism and Context in Specialized Knowledge. *Terminology* 19(1)：31-61.

Lewandowska-Tomaszczyk, B. 2007. Polysemy, Prototypes, and Radial Categories. Geeraerts, D. and H. Cuyckens(Eds.). 2007. *The Oxford Handbook of Cognitive Linguistics*：139-169. Oxford/ New York：Oxford University Press.

L'Homme, M. -C. 1998. Le statut du verbe en langue de spécialité et sa description lexicographique. *Cahiers de lexicologie* 73(2)：61-84.

L'Homme, M. -C. 2005. Sur la notion de 再 terme 爲. *Meta* 50(4)：1112-1132.

L'Homme, M. -C. 2015. Predicative Lexical Units in Terminology. Gala, N., R. Rapp and G. Bel-Enguix (Eds.). 2015. *Language Production, Cognition, and the Lexicon*：75-93. Berlin：Springer.

L'Homme, M. -C. 2020a. Revisiting Polysemy in Terminology. Gavriilidou, Z, M. Mitsiaki and A. Fliatouras(Eds.). 2020. *Proceedings of the XIX EURALEX International Congress：Lexicography for Inclusion, 7—9 September 2021,*

Virtual. *Vol*. I：415–424. Komotini, Greece：Democritus University of Thrace.

L'Homme, M. -C. 2020b. *Lexical Semantics for Terminology：An Introduction*. John Benjamins.

L'Homme, M. -C. 2024. Managing Polysemy in Terminological Resources. *Terminology* 30(2)：216–249.

L'Homme, M. -C. and A. Polguère. 2008. Mettre en bons termes les dictionnaires spécialisés et les dictionnaires de langue générale. Maniez, F. and P. Dury(Eds.). 2008. *Lexicographie et terminologie：histoire de mots*. *Hommage à Henri Béjoint*：191–206. Lyon：Presses de l'Université de Lyon. https：//www. researchgate. net/publication/237511405_Mettre_en_bons_termes_les_dictionnaires_specialises_et_les_dictionnaires_de_langue_generale

Li, M. and J. R. Kirby. 2015. The Effects of Vocabulary Breadth and Depth on English Reading. *Applied Linguistics* 36(5)：611–634.

Lu, H. and X. Wei. 2019. Structuring Polysemy in English Learners' Dictionaries：A Prototype Theory-Based Model. *International Journal of Lexicography* 32(1)：20–37.

Lu, H. , Y. Zhang and X. Hao. 2020. The Contribution of Cognitive Linguistics to the Acquisition of Polysemy：A Dictionary Entry-Based Study with Chinese Learners of English. *International Journal of Lexicography* 33(3)：306–336.

Maby, M. 2016. *An Investigation of L2 English Learners' Knowledge of Polysemous Word Senses*. Unpublished Ph. D. Thesis. Cardiff：Cardiff University.

Martin, R. 1979. La polysémie verbale, esquisse d'une typologie formelle. *Travaux de linguistique et de littérature* 17：261–276.

Mel'Čuk, I. A. and A. Polguère. 1995. *Introduction à la lexicologie explicative et combinatoire*. Louvain-la-Neuve：Duculot.

Meyer, I. and K. Mackintosh. 2000. When Terms Move into Our Everyday Lives：An Overview of De-terminologization. *Terminology* 6(1)：111–138.

Miao, L. 2015. The Semantic Production and Development of Chinese Learners' Polysemous Words：A Corpus-Based Study. *Modern Foreign Languages* 38(2)：217–226.

MiĆoviĆ, D. N. and L. V. Beko. 2022. Polysemy-Related Problems in ESP Students — A Case Study. *Зборник радова Филозофског факултета у Приштини* 52(3)：123–144.

Moerdijk, F. 2003. The Codification of Semantic Information. Van Sterkenburg, P. (Eds.). 2003. *A Practical Guide to Lexicography*：273 – 296. Amsterdam/ Philadelphia：John Benjamins.

Morimoto, S. and S. Loewen. 2007. A Comparison of the Effects of Image-Schema-

Based Instruction and Translation-Based Instruction on the Acquisition of L2 Polysemous Words. *Language Teaching Research* 11(3): 347-372.

Nation, I. S. P. 1990. *Teaching and Learning Vocabulary*. New York: Newbury House.

Nation, I. S. P. 2013. *Learning Vocabulary in Another Language*. Cambridge: Cambridge University Press.

Nerlich, B. and D. D. Clarke. 1997. Polysemy: Patterns of Meaning and Patterns in History. *Historiographia linguistica* 24(3): 349-385.

Ostermann, C. 2015. *Cognitive Lexicography: A New Approach to Lexicography Making Use of Cognitive Semantics*. Lexicographica. Series Maior 149. Berlin/Boston: Walter de Gruyter GmbH.

Radden, G. and Z. Kövecses. 1999. Towards a Theory of Metonymy. Panther, K.-U. and G. Radden (Eds.). 1999. *Metonymy in Language and Thought*: 17 – 59. Amsterdam/Philadelphia: John Benjamins.

Read, J. 2004. Plumbing the Depths: How Should the Construct of Vocabulary Knowledge Be Defined? Bogaards, P. and B. Laufer(Eds.). 2004. *Vocabulary in a Second Language: Selection, Acquisition and Testing*: 209 – 227. Amsterdam: John Benjamins.

Rey, A. 1979. *La terminologie: noms et notions*. Paris: Presses universitaires de France.

Richards, J. C. 1976. The Role of Vocabulary Teaching. *TESOL Quarterly* 10: 77-89.

Rundell, M. 2006. More than One Way to Skin a Cat: Why Full-Sentence Definitions Have not Been Universally Adopted. Corino, E., C. Marello and C. Onesti (Eds.). 2006. *Proceedings of the 12th EURALEX International Congress, Torino, Italia, 6—9 September 2006*: 323-337. Alessandria: Edizioni Dell'Orso.

Sager, J. C. 1990. *A Practical Course in Terminology Processing*. Amsterdam/Philadelphia: John Benjamins.

Schlegel, A. W. 1832. *Réflexions sur l'étude des langues asiatiques adressées à Sir James Mackintosh, suivies d'une lettre à M. Horace Hayman Wilson*. Paris: Maze.

Smirnova, A. Y. 2016. "Where is the Bank?" or How to "Find" Different Senses of a Word. *Heliyon* 2(6): e00065.

Swales, J. 1990. *Genre Analysis: English for Academic and Research Settings*. Cambridge: Cambridge University Press.

Tarp, S. 2005. The Pedagogical Dimension of the Well-Conceived Specialised Dictionary. *Ibérica* 10: 7-21.

Taylor, J. R. 2003. *Linguistic Categorization*. New York: Oxford University Press.

Temmerman, R. 1997. Questioning the Univocity Ideal. The Difference Between Socio-Cognitive Terminology and Traditional Terminology. *Hermes* 18: 51-90.

Temmerman, Rita. 2000. *Towards New Ways of Terminology Description. The Sociocognitive-Approach.* Amsterdam/Philadelphia: John Benjamins.

Tyler, A. and V. Evans. 2004. Applying Cognitive Linguistics to Pedagogical Grammar: The Case of *Over.* Achard, M. and S. Niemeier (Eds.). 2004. *Cognitive Linguistics, Second Language Acquisition, and Foreign Language Teaching.* Studies on Language Acquisition 18: 257 – 280. Berlin/New York: Mouton de Gruyter.

Tyler, A. , C. Mueller and V. Ho. 2011. Applying Cognitive Linguistics to Learning the Semantics of English *to, for* and *at*: An Experimental Investigation. *Vigo International Journal of Applied Linguistics* 8: 181-205.

Van der Meer, G. 2000. Core, Subsense and the *New Oxford Dictionary of English* (NODE): On How Meanings Hang Together, and Not Separately. Heid, U. , S. Evert, E. Lehmann and C. Rohrer (Eds.). 2000. *Proceedings of the Ninth EURALEX International Congress, EURALEX 2000, Stuttgart, Germany, 8—12 August, 2000. Vol I*: 419 – 431. Stuttgart: Institut für maschinelle Sprachverarbeitung, University of Stuttgart.

Van der Meer, G. 2004. On Defining: Polysemy, Core Meanings and "Great Simplicity". Williams, G. and S. Vessier (Eds.). 2004. *Proceedings of the Eleventh EURALEX International Congress EURALEX 2004, Lorient, France, 6—10 July, 2004. Vol. 3*: 807-815. Lorient: Faculté des Lettres et des Sciences Humaines, Université de Bretagne Sud.

Van der Meer, G. 2010. The Treatment of Figurative Meaning in Specialised Dictionaries for Learners. Fuertes-Olivera, P. A. (Ed.). 2010. *Specialised Dictionaries for Learners.* Lexicographica. Series Maior 136: 131-139. Berlin/New York: Walter de Gruyter.

Verspoor, M. H. and W. Lowie. 2003. Making Sense of Polysemous Words. *Language Learning* 53(3): 547-586.

Wojciechowska, S. 2012. *Conceptual Metonymy and Lexicographic Representation.* Frankfurt am Main: Peter Lang.

Wüster, E. 1991. *Einführung in die allgemeine Terminologielehre und terminologische Lexikographie.* Bonn: Romanistischer Verlag.

Xu, H. and Y. Lou. 2015. Treatment of the Preposition *to* in English Learners' Dictionaries: A Cognitive Approach. *International Journal of Lexicography* 28 (2): 207-231.

Zhang, Y. 2009. Some Considerations on Bilingual Teaching and Bilingual Specialized

Learner's Dictionaries. *Foreign Language World* 133(4): 30-37.

Zhao, H. , T. Yau, K. Li. and N. Wong. 2018. Polysemy and Conceptual Metaphors: A Cognitive Linguistics Approach to Vocabulary Learning. Tyler, A. , L. Huang and H. Jan(Eds.). 2018. *What is Applied Cognitive Linguistics? Answers from Current SLA Research*: 257-286. Berlin/Boston: Mouton de Gruyter.

Zhao, Y. 2003. *Cognitive Exploration of Lexicography*. Shanghai: Shanghai Foreign Language Education Press.

后　记

　　拙作基于博士论文修改而成。虽然九年前通过了答辩,但心中始终未曾放下毕业论文。平时在阅读和检索文献时,每当发现相关的新论文、新观点,都忍不住思考如何利用这些新资料、新素材进一步充实和完善论文。本书得以完稿,离不开各位师长的谆谆教诲、挚友的热心相助和亲人一如既往的支持。

　　首先,特别感谢我的导师南京大学魏向清教授。魏老师学识渊博,诲人不倦,引领我步入词典学研究的殿堂。我对词典的兴趣始于本科学习阶段,但仅限于对词典使用的模糊感知。读硕期间虽粗读了几本词典学方面的书籍,也尝试写了文章,但是对词典学还是一知半解。后来跟随导师攻读双语词典学方向的博士学位,有幸接受专业和系统的学术熏陶。利用参与导师的项目研究和专著写作的机会,我开始查漏补缺,知识结构更趋于全面合理。导师治学严谨,是我们学习的楷模。从选题开始,老师就组织词典中心师生多次进行研讨把关。在论文写作过程中,导师不时通过电话和 QQ 与我讨论,帮我解决了一个又一个难题。初稿完成后,老师克服腰椎不适,逐章逐节阅读,给出了详尽的反馈和建议。即便是在论文的定稿阶段,导师依然指出一些标点、文字错误。导师虽然在学业上要求严格,但是生活中平易近人,对学生关怀备至。导师精心准备的小礼物以及创作的才气满满的毕业赠诗,让我既温暖又感动。

　　其次,特别感谢在博士论文撰写各个阶段给予我悉心指导的校内外专家学者,他们是:广东外语外贸大学的徐海教授和于屏方教授,华东师范大学的赵刚教授,国防科技大学的李德俊教授,北京外国语大学的王馥芳教授,南京师范大学的张辉教授,南京大学的陈新仁教授、周丹丹教授、王海啸教授、徐昉教授、陈桦教授和王文宇教授。诸位老师都是学界知名专家,造诣深厚,眼光独到,就博士论文的写作和修改提出了许多宝贵的建议,借此机会谨向他们表示诚挚的谢意!

　　感谢南京大学双语词典研究中心这个大家庭中的每一位成员。感谢郭启新老师和徐海江老师，每淘得好书，必慷慨分享，使我的资料收集更加全面。感谢杨娜同学、江娜同学，研讨的时候总是目光敏锐地发现我论文中存在的不足之处。感谢师兄耿云冬和师姐胡叶，他们毫无保留地分享自己的写作经验，使我在论文写作过程中少走了许多弯路。感谢叶莹、陶李春、乔丽婷、刘润泽、秦曦、梁鹏程、时闻、殷健、孙文龙、赵连振等同门好友为我在开题、预答辩、答辩等相关事宜安排和协调方面所做的大量工作。感谢我的博士生同学南京大学出版社张淑文老师，她不仅在论文写作过程中提出了很多建议，而且细心校对书稿，发现和纠正了多处错误，使本书出版时尽可能少留缺憾。

　　感谢在求学道路上曾给予我教诲与帮助的诸多老师、前辈和朋友，他们是南京大学的丁言仁教授、张翼教授、陈爱华老师、仇鹏飞老师，我的师兄南京信息工程大学陈志杰教授和我的同乡南京农业大学李平教授。

　　还要特别感谢我的硕士生导师南京师范大学的吕俊教授。攻读硕士学位时有幸跟随吕老师学习翻译研究，开阔了研究视野，提升了思辨能力，为我在学术道路上的启蒙与成长打下了坚实的基础。吕老师严谨治学、宽厚待人，对我的影响深远，至今仍令我受益匪浅。深切缅怀我的师母南京信息工程大学的侯向群教授，她生前在工作与学习上给予我诸多关心与指导。她的关怀与鼓励，我将永远铭记于心。

　　最后还要特别感谢支持我的家人。我的妻子教学工作繁重，但是在处理家务的同时，在孩子教育方面倾注了大量的心血，解决了我的后顾之忧。我的儿子不仅不介意我无暇陪他，还提出要跟我同时毕业（他上完幼儿园，我拿到博士学位）。每当论文写作一筹莫展之时，想到母亲的关心、妻子的鼓励和儿子快乐的笑声，心头的愁苦瞬间烟消云散，让我时常感叹亲情的奇妙和伟大。如今，我们夫妻二人已步入中年，儿子也成长为一米九的小伙儿，他们都是我学术求索的坚强后盾。

　　在书稿完成之时，不禁想起我已病逝多年的父亲。父亲生前勤勤恳恳、任劳任怨，竭尽所能为子女创造最好的教育条件。父亲若泉下有知，想必此刻也难掩欣喜，露出骄傲的笑容。母亲也于前年离开了我们。她生前一直对幼时没有机会接受教育感到遗憾，虽然讲不出大道理，但是对我的学习却给予了最温暖的支持。从我的儿子出生开始，母亲不仅帮忙带孩子，而且承担了许多家务，使我得以专心于自己的学业。行笔至此，眼前似乎又浮现出母亲一笔一画地学写自己名字的样子。这平凡的日子，母亲难以割舍，我们会接力过好……